Lettres à
Clotilde

18 Janvier 1873

Si un Mémoire qui a été publié contre moi en 1852 te tombe dans la main, mon enfant, tu verras dans cet imprimé d'une centaine de pages, comment, malgré la simplicité de ma vie, mes Contemporains et les gens-de-lettres ou Editeurs de Paris m'ont traité. J'ai donc tout-à-fait raison et je suis justifié, absous, de toute prétention vaine si je tiens à conserver mes Mémoires personnels ; et l'on ne peut pas être mon ami en marchant contre moi, contre mon appréciation de moi-même et, en faveur de ceux qui m'ont dénigré et méprisé très iniquement et constamment,

Ce que l'on articule surtout contre moi dans le pamphlet où l'on a résumé tout ce dont on a voulu m'accabler, c'est que je manquais (y dit-on) de fortune ! Voilà un fingue du tems très singulier. Le drôle qui a fait cette œuvre, ne demande pas si la pauvreté qu'il me reproche est un crime, Il établit que c'est un crime. Il Sait que dans cette Société et ce monde, plus que jamais, à cause du materialisme universel, est excusé quiconque, ayant tué son frère ou son père, peut donner de l'argent à d'autres; mais que celui-là qui a élevé sa famille avec soin et peine, est condamné s'il ne peut pas distribuer de l'argent ou du moins s'il passe pour ne pas le pouvoir.

[Je ne fais point le procès à Philarète Chasles l'Espèce humaine. Je la prens comme elle est, et la laisse telle qu'elle est. Mais ce que je soutiens, c'est qu'il est du devoir de tout homme sensé et de tout homme de cœur, d'imiter les honnêtes gens pauvres, les Coligny, les Fénelon, les Vauvenargues et de ne pas souffrir qu'un verdict de condamnation de crime soit prononcé contre tout homme qui n'est pas la richesse. Dans la position sociale où j'ai été placé il y a don devoir stricte à moi de le faire. Ce ne sera pas ma personelle défense, mais un bon enseignement que mes mémoires.

Philarète Chasles.

MÉMOIRES

TOME PREMIER

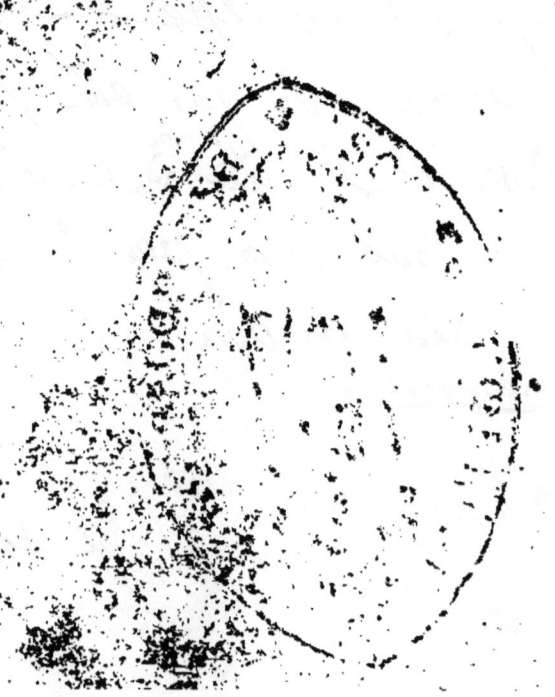

OUVRAGES DU MÊME AUTEUR

PUBLIÉS DANS LA BIBLIOTHÈQUE-CHARPENTIER

à 3 fr. 50 le volume

Psychologie sociale des nouveaux peuples................ 1 vol.
L'Antiquité.. 1 vol.
Le Moyen Age.. 1 vol.
L'Angleterre littéraire................................. 1 vol.
Voyages d'un critique a travers la vie et les livres.

Typographie Lahure, rue de Fleurus, 9, à Paris.

OEUVRES

DE

PHILARÈTE CHASLES

MÉMOIRES

TOME PREMIER

—

DEUXIÈME ÉDITION

—

PARIS

G. CHARPENTIER, LIBRAIRE-ÉDITEUR

13, RUE DE GRENELLE-SAINT-GERMAIN, 13

1876

Tous droits réservés

MÉMOIRES
DE
PHILARÈTE CHASLES.

C'est à l'âge de trente ans que M. Philarète Chasles a déjà eu la pensée d'écrire ses mémoires! Ne se croyant pas destiné à une longue vie, peut-être même doué d'une seconde vue, il prévoyait la mort subite et inattendue qui le foudroya à Venise.

Sa volonté a été de revivre par le souvenir, et de parler encore à ses concitoyens et d'eux et de la patrie.

Voici la première préface faite en 1828 ou 1830 :

PRÉFACE PRIMITIVE.

Un homme n'intéresse et sa vie n'a de prix que par ses rapports avec l'époque où il est né. Qu'est-ce que notre individualité auprès de cette masse de générations qui vont s'engouffrant dans les âges? Une feuille de la forêt; une goutte d'eau de la mer; un grain de poudre dans les champs. L'égoïsme des Mémoires serait inexcusable, s'il n'avait que lui-même pour fin et pour but.

Mais telles circonstances peuvent naître et entourer un berceau, développer une existence, planer sur un tombeau, de manière à faire d'un seul homme, même inférieur et médiocre, une spéciale et caractéristique curiosité de son époque. Alors qu'il s'explique, qu'il s'analyse; il fera de l'histoire : chacune de ses révélations sur lui sera précieuse; quand même il n'aurait point de génie, il en apprendra plus à son lecteur qu'un homme de génie qui devinerait au lieu d'avoir observé. Le hasard d'une naissance, la singularité d'une éducation, peuvent donner de la valeur à toute une existence; il serait dommage que de tels êtres, si complétement fils de leur temps, mourussent sans se déployer et se soumettre à l'analyse, sans donner sur leur propre caractère les lumières qu'eux seuls possèdent.

Je ne sais quel vague pressentiment me dit que je n'ai pas une longue vie à passer. Erreurs, défauts, vertus, dévouements, folies, bienfaisances, duperies, générosités, m'ont précipité vers une situation singulière, d'où je ne sortirai peut-être que par une mort violente. La source première d'une vie si étrange et si malheureuse est dans ma naissance et dans mon temps; dans l'éducation que cette époque m'a donnée, dans le développement de mon esprit et de mon âme. J'aime la bonne renommée; ma réputation est sinon flétrie, du moins compromise. J'aime la gloire; je n'ai rien fait pour elle. Mon avenir obscurci, mon cœur brisé, ce pressentiment douloureux d'une fin prochaine et misérable, me font prendre la plume. Je voudrais dire ce que je suis, pour que l'on ne me peigne point sous de fausses couleurs; je voudrais, à défaut de ces travaux utiles que je n'ai pu accomplir, laisser au moins une image de moi, non difforme et fausse, comme la créent les hommes menteurs, mais réelle, mais digne d'intérêt, d'estime et de pitié.

Je n'ai que trente-deux ans; et sans doute, à ma place, plus d'un de mes contemporains vivrait en paix. Mais les blessures morales que le monde m'a laissées sont profondes; et cette douleur que d'autres ne ressentiraient pas, il faut l'expliquer, il faut l'arracher à l'ironie et à l'injure. Si j'ai été bon, que le souvenir de ce qu'il y a de mieux en moi ne soit pas anéanti. Si j'ai été faible, que cette faiblesse, souvent généreuse, ne soit pas transformée en bassesse. Si les hommes parmi lesquels j'ai vécu m'ont méconnu et brisé, que justice leur soit faite. Si à mon dévouement l'ingratitude, à mes plus nobles efforts la malveillance, ont répondu, que je ne m'éteigne point sans laisser une trace, même légèrement et facilement effacée, de ce dévouement et de ces efforts.

Je suis fils de l'un de ces hommes qui concoururent de toute leur puissance au renversement du trône de Louis XVI. Mon père vota la mort de ce roi. Une enthousiaste ardeur, un esprit cultivé, une faconde hardie, une ambition plus vive qu'habile, un sincère amour des institutions républicaines, une parfaite sincérité dans ces opinions, isolèrent mon père, Pierre-Jacques-Michel Chasles, de la foule des démocrates. Personne ne reproduisait plus complétement que lui ces puritains, dont la pensée enflammée d'un seul désir, mais convaincue et naïve, eût détruit le monde pour construire la République de Jésus-Christ. Roturier, et devenu secrétaire d'un ministre, Loménie de Brienne, il subit avec douleur les humiliations que lui imposaient sa situation et son avancement. Longtemps, comme il me l'avoua lui-même, il couva cette haine de la monarchie, haine trop excitée par tant de vices joints à tant de médiocrité, de dédains et d'injustices. Dans le cours de la Révolution, il prit parti avec les plus véhéments, condamna Louis XVI au supplice, partit aussitôt pour l'armée, se battit bravement, se fit casser la jambe gauche devant Menin, jura de demeurer sur le champ de bataille tant que la ville ne serait pas prise, y resta sous un feu de mitraille opiniâtre; se fit à lui-même l'opération d'enlever les esquilles de sa jambe brisée; revenu à Paris, voulut relever la Convention croulante; entra dans la conspiration de prairial, et fut enfermé dans le château de Ham. Bonaparte régna; mon père, dévorant son courroux impuissant et sa douleur, se retira dans un asile profond, rompit avec tous ses anciens amis et passa ses derniers jours à regretter le passé, à mordre son frein et à prédire un avenir de République. C'était un homme peu commun. La sagesse d'un jugement froid lui manquait. Sa sincérité était extrême. Son caractère était un produit extraordinaire d'une époque extraordinaire. Il était né sensible; il avait voulu se faire austère. Professeur de rhétorique dans sa jeunesse, il s'était plié comme il avait pu au vulgaire dialecte des clubs. Il était entré dans les ordres; et dans sa vieillesse il porta le titre et jouit de la retraite de général de division. Ses mœurs premières étaient élégantes; il avait revêtu, avec le républicanisme, la sévérité. L'entraînement de son âme était sans bornes; ses intentions portaient toutes un caractère d'enthousiasme admirable; ses actions, mues par une exaltation si vive, pouvaient subir plus d'un reproche. L'habitude d'un théâtre tragique et public lui rendait la vie domestique impossible. Enfin, c'était l'idéal de cette puissance d'imagination fougueuse, que le bien séduit et qui souvent se trompe dans son élan.

Je reçus une éducation de fièvre grandiose et de sensibilité violente qui fut le premier chaînon de toute ma destinée. Je tenais de ma mère un caractère concentré, doux et réservé, qui ne s'accordait en rien avec l'ardeur véhémente de mon père. L'effet d'une telle éducation sur moi fut singulier. Au lieu de me précipiter dans toutes les idées que mon père m'offrait confusément, je les savourais, je les méditais, je les couvais; elles s'enfonçaient dans mon cœur; elles y restaient à jamais gravées. Un

1.

esprit tenace et une âme constante ne laissaient s'évanouir aucune de ces impressions. Je les ai conservées, et leur bizarre mélange a décidé de tous mes sentiments, de toutes mes fautes, de tout ce qui m'honore, de tout ce qui m'isole, de tout ce qui me perd, de tout ce qui me navre et me voue au malheur.

Mon père, singulier en tout, et n'ayant autre chose à faire qu'à élever son premier enfant, me traita comme une République à fonder. Il résolut que rien de mon éducation ne ressemblerait aux éducations communes. Né en 1799, au mois d'octobre, dans une petite propriété voisine de Chartres et appartenant à mon père, je fus, tout au sortir du sein maternel, plongé dans la cuve bouillante où le vin nouveau frémissait. Les préceptes de Rousseau furent suivis jusqu'à l'âge de quatre ans. Mais alors on changea de route. A cinq ans, je savais lire; à six ans, j'écrivais; à huit ans, je savais le latin et traduisais Horace. Au lieu de catéchisme et de livres enfantins, on me donna Plutarque, Anacharsis et Cornélius Népos. Chaque jour, il fallait copier une page de prose républicaine; des fragments de romans héroïques ou sentimentaux s'y mêlaient; c'était Clarisse Harlowe, Grandisson ou Cleveland. Jamais éducation ne fut plus entièrement, dois-je le dire! plus follement dirigée, vers la passion, vers le désintéressement, vers l'abnégation de soi, vers l'analyse de son propre cœur, vers le culte d'un héroïsme idéal. Qu'on y ajoute la continuelle présence de mon père, ses discours enflammés, ses commentaires véhéments, son adoration pour Jean-Jacques. Ma première pensée nette et décidée fut qu'il était nécessaire de s'oublier soi-même et de sacrifier aux autres sa personnalité.

Par une étrangeté nouvelle, les penchants de mon esprit me portaient plutôt à l'observation des hommes, et à une sagacité assez fine, qu'à cette duperie généreuse que la religion m'avait inculquée. J'alliai ces deux contrastes; et, de bonne heure, je m'habituai à me résigner, non en aveugle, mais les yeux ouverts ; à me sacrifier sans enthousiasme, à résoudre de bizarres dévouements dont l'inutilité m'était connue. Dans cette étude psychologique que je fais sur moi-même, je dois dire que, si des rapports éloignés semblent rapprocher mon éducation de celle d'un homme éloquent, Jean-Jacques Rousseau, les facultés éminentes de cet écrivain sublime m'étaient refusées. D'autres facultés, plus humbles, étaient les miennes; et qui verrait ici un parallèle insolent et niais entre l'auteur d'Émile et celui qui trace ces paroles m'outragerait sans motif.

Je commençais ainsi avec ce siècle, avec ce siècle d'orage et de chaos. Les éléments fébriles m'environnaient. Je cherchais à les classer; je systématisais toute cette atmosphère ardente qui tourbillonnait autour de moi. Les principes paternels n'avaient pas pu me donner une très-haute vénération pour la République française ; j'eusse été girondin, mais non montagnard. Quant aux autres dogmes de ces croyances, elles pénétrèrent profondément dans mon être. Élève de Rousseau, sans autre foi que celle de

Dieu, de la nature et d'une sensibilité qui, développée si tôt, ne tarda pas à devenir maladive, je me consumai de bonne heure en des méditations et des rêves dangereux. A la lecture de ces œuvres mâles et fières qui avaient entouré mon berceau, se joignirent bientôt Mme de Staël, Gœthe, Chateaubriand. La flamme environnait cette éducation toute intellectuelle. Je ne prétendais point devenir auteur. J'eusse voulu devenir grand par les événements. Un mélange d'orgueil, de méditation, de tendresse, m'enivrait dès le premier âge; et la puberté, qui vint de bonne heure, augmenta cette fièvre morale à laquelle on m'avait si imprudemment livré. Mon enfance, je ne sais si j'en eus une. Les exercices du corps et les jeux puérils me furent inconnus. La gaîté, la légèreté, l'étourderie des premiers jours de l'homme, étouffés par une précocité si malheureuse, disparurent avant que j'eusse dix ans. Vous vous trompiez, mon père, en renversant ainsi l'ordre de la nature. Après avoir été un enfant-homme, je suis un vieillard-jeune. Ces pages ne renfermeraient-elles que cette seule leçon, elles seraient utiles, et je ne me repentirais pas de les avoir écrites.

INTRODUCTION.

Que veux-je faire? Ce ne sont pas mes propres mémoires, ce n'est pas même l'histoire du temps où j'ai vécu. Arrivé au seuil de la tombe et ayant subi à peu près toutes les impressions, vibré à tous les grands souffles de mon temps, je veux conserver le souvenir de ces émotions que personne ne songe à recueillir. Ma personnalité n'est pas en jeu. Il ne s'agit pas d'un lutteur vaincu qui se venge de ses défaites ou qui les explique. Pas davantage n'apporterai-je des documents diplomatiques nouveaux à l'histoire de mon temps. J'ai vécu près d'un siècle; j'ai beaucoup senti, beaucoup pensé et beaucoup vu. C'est ma seule raison pour écrire.

L'égoïsme est donc parfaitement absent de cette œuvre. Toute prétention au beau style lui est également étrangère. J'ai assisté à l'un des plus étonnants spectacles du monde, à la descente progressive d'un peuple qui croyait s'élever, qui croyait en lui-même et qui tombait, de chute en chute, et de profondeur en profondeur, sur la pente de la décadence. J'ai connu tous les acteurs. J'ai été accessible à toutes les impressions, je dis aux honorables et aux généreuses forces. On ne m'a rien caché parce que je n'étais le rival de personne. On m'a laissé voir tout le fond des mœurs, on m'a laissé libre de tout analyser, de soupeser les mérites, de lever les masques, de défaire les draperies et de mieux comprendre le mouvement général en le saisissant dans les mouvements partiels des individus.

N'ayant point de vanité, je n'ai point souffert de cette situation ; mais chaque pas en avant dans la carrière de la décadence française me pénétrait d'amertume, et chaque vilenie de caractère et d'acte, chaque individu servile ou vénal me marquait à l'âme d'une pointe aiguë. J'ai beaucoup souffert de cette peine intérieure.

O pouvoir du vrai ! Suprême loi ! Essence souveraine et profonde de l'art même et de la poésie, qui semble vivre de fictions ! Ce n'est point la grandeur d'un homme qui rend ses confessions intéressantes, ce n'est pas son héroïsme ou les curieuses aventures dont sa vie a été bercée qui nous attachent, nous entraînent et nous suspendent à son récit. Dès qu'il est vague ou incomplet, ce récit, c'est que le conteur ment ; fût-il Napoléon, le dégoût s'en mêle. Le retrouvez-vous intéressant, vif, sympathique, c'est qu'il est vrai ; fût-il une femme de chambre comme Mlle Staal-Delaunay et n'eût-il absolument rien à nous dire, comme elle, sinon que sa maîtresse l'ennuyait et que son amant lui plaisait davantage, nous l'écoutons aussitôt, nous la suivons, nous l'adorons, non pas elle, mais le vrai qui est en elle; le vrai délié, fin et net, qui sort par petits filets de cette plume sobre et sans couleur. Le dernier siècle qui sépara Louis XIV de Louis XV est mieux raconté par elle, qui parle seulement d'elle et de futilités, que par Voltaire lui-même. C'est qu'elle est vraie.

Je ne serai pas plus ridicule que cette femme d'esprit en étant vrai comme elle. Je ne prétends pas à son charmant babil. Comme elle je ne dénigrerai rien, je ne m'exhausserai pas et ne disposerai pas les flambeaux pour faire de ma personne un appareil d'optique; ce jeu de la vanité qui s'illumine elle-même me cause de la pitié. C'est le siècle, le temps, les autres, la vie — ce siècle qui m'emporte, cette scène mouvante dont je fais partie, que je ne peux m'empêcher de redire. Je ne parlerai de mes impressions que pour mieux répandre la lumière de ce que j'ai vu, en prêtant au récit la chaleur de ce que j'ai éprouvé. Voir ne suffit pas; l'émotion est la plus vive partie de l'observation. Je serai vrai dans les deux échos de ce que j'ai vu — et j'ai beaucoup vu — de ce que j'ai senti, et j'ai beaucoup souffert.

La première et obscure souvenance qui ait imprimé son émotion et son empreinte dans les plis de mon cerveau est triste et singulière; elle caractérise bien son temps, et on ne pourrait inventer mieux, si l'on était romancier. Je me rappelle une chambre carrée et noire, des volets toujours fermés, une sonnette enveloppée de coton ; des personnes qui marchaient sur la pointe des pieds, qui se parlaient bas, qui couraient à la porte, qui poussaient lentement un volet et l'entrebaillaient, enfin qui avaient peur ; cela se passait autour d'un petit lit ou berceau tout blanc, posé au pied du lit de ma mère et où je reposais. Ce quelque chose de sourd, d'étouffé, de comprimé et de passionné à la fois, qui a pesé sur toute ma vie comme un nuage orageux et mat sur une campagne, semble dater de cette époque. Je n'avais pas plus de cinq ans, et ce très-clair souvenir est pour moi comme d'hier. Le crépuscule de la chambre sombre ne m'a jamais quitté, même dans mes jours de joie ou dans mes heures de succès. Une petite serinette qui éveillait l'enfant dans cette obscurité profonde m'annonçait la douce et charmante figure de ma mère, toute fraîche, jeune, dont je vois encore les joues roses, les cheveux noirs et le sourire inaltérable, sourire qui se maintint dans la vie la plus douloureuse et malgré une sensibilité délicate jusqu'au malheur. Victorine-Thérèse Halma était d'une famille protestante de Sedan, originaire de Hollande et tenant aux célèbres imprimeurs Halma, de Rotterdam ; veuve de M. Durége, que la révolution avait emporté, elle rencontra mon père, ramené de Ham aux Invalides, et épousa, à vingt et un ans, mon père, qui en avait quarante-cinq et qui était proscrit. Une jambe de moins, cassée sur le champ de bataille de Hondschoote, et l'âge, qui s'avançait, n'enlevaient rien à cette ardeur de tête, de cœur et de tempérament, à cette fougue du dix-huitième siècle dont mon père était un des représentants les plus extraordinaires et les plus excessifs. C'était la fièvre passée à l'état normal, de la lave au lieu de sang, la foudre éternellement grondante, une trombe au lieu d'un souffle de vent pour enfler la brise; notre siècle n'a plus aucune idée de ces existences dont Diderot, l'abbé Raynal et Mirabeau ont inauguré l'avénement. La pitié, la charité, les sentiments généreux lui étaient naturels; l'habitude de conspirer et celle de déclamer comme Mably faisaient partie de sa vie. C'était au commencement de l'empire. Napoléon ne voulait laisser désormais déclamer que Talma, gronder que son canon et conspirer personne. Voilà l'explication de cette chambre voilée, de ce tombeau de ma naissance. Mon père ne paraissait pas; il restait enfermé dans un petit cabinet, relisant Rousseau, à ce qu'on m'a dit, car il était essentiellement sincère. Ma mère, toujours fraîche et souriante, pleurait silencieusement; elle m'embrassait et la serinette du matin faisait son office.

Ce n'était pas une plaisanterie que la proscription en ce temps-là; le jeu politique où l'on risquait fort peu en 1846, avait alors pour enjeu la tête des joueurs; les crieurs des rues causaient cette anxiété qui pénétrait même sous mon berceau. Mon père avait pris une part très-active aux derniers efforts de la République, il était revenu sans permission se cacher à Paris avec une jeune femme, ma mère, et son fils aîné, moi qu'il nommait Philarète, espérant bien que ce nom-là ne se trouverait pas dans le calendrier et que je partagerais ses dogmes. Il se trompait. Saint Philarète fut un saint ermite, et j'avoue que tout en reconnaissant la sincérité de mon père, je ne partage nullement son enthousiasme contre le Christianisme et cette ardeur du dix-huitième siècle qui l'embrasait.

Mes premiers éveils ne furent pas littéraires ou *livresques*, comme dit Montaigne, mais causés par le spectacle de mes semblables. Je me rappelle très-clairement qu'il n'y avait que les hommes qui m'intéressassent, et j'y regardais, mais j'y regardais à fond. Je sondais la caverne de l'âme, autant qu'il était en moi. L'étonnement que l'être humain me causait peut se comparer à celui qu'éprouverait un paysan qu'on mettrait dans une horloge immense, au milieu de toutes les poulies et de tous les poids. Des livres purement livres je faisais dès lors peu de cas. Le premier qui m'ait fort attiré, ce furent les *Confessions* de Jean-Jacques, le second *Clarisse Harlowe*. Je voyais les reports de l'horloge.

La naïveté avec laquelle ma surprise se manifestait ne me rendait guère aimable. J'étais un enfant singulier, point méchant, mais qui n'était pas facile à comprendre et qui déplaisait de temps à autre. Ce bon Armand Dailly, un excellent Jocrisse qui jouait alors à l'Odéon, en a su quelque chose. C'était une face de paysan bête, qui riait niais, parlait niais, marchait niais, pensait de même et qui avait eu l'esprit d'appliquer tous ces mérites aux jeux de théâtre. Il ne jouait pas, il arrivait en scène où il était lui-même. Un jour que je le voyais arroser ses guimauves, tout petit que j'étais, admirant ses jambes écarquillées et ses yeux aussi, je lui dis avec un enthousiasme réel : « Ah, monsieur, si vous jouez les bêtes, comme cela doit être naturel! »

J'avais cru lui faire un compliment.

Au moment où je suis né, l'avortement des utopies que l'on avait prétendu et espéré réaliser était complet. Les marches éclatantes ou plutôt les courses et le vol rapides de cet épervier à jambes de cerf, Bonaparte, à travers l'Italie, résumaient énergiquement la Révolution active, vengeresse, immorale et victorieuse. On pillait tout, on battait tout, on prenait tout. Aucun principe n'était éclos pour remplacer le principe monarchique mort, que l'idée de l'honneur chevaleresque. Ma mère, réfugiée avec mon père, blessé et boiteux, dans un creux de vallée, entre les blés de la Beauce et les bois du Perche, y pleurait son premier mari; mon père ruminait ses auteurs anciens, ses espoirs déçus et ses griefs. Sa fortune était atteinte, non détruite. Il acheta un petit bien, Poiffonds.

Poiffonds, cette retraite que j'ai été visiter vers 1867, par curiosité, s'appelait ainsi, Poiffonds, du *fonds* des *pois;* et la triste uniformité des plaines de la Beauce s'y abaissait un peu, creusant un petit nid de verdure et de fraîche solitude qui, dans ces parages monotones, ne manquait pas de grâce et de poésie; le village ou hameau de *Majuvilliers* y touche. Les toits en chaume, surplombant, recouvrent encore les huttes assez régulières des manants (*ma-*

nentes), toits dont les lignes plates attristent profondément l'œil, provoquent l'ennui et disent encore très-haut l'antique égalité de la servitude. Hélas ! on était revenu en 1798 à la même servitude sous forme démocratique ; une réaction cruelle, une route tortueuse et oblique avaient ramené la France de la Saint-Barthélemy aux Septembriseurs, à Barras et à Bonaparte. La faiblesse morale de la Gaule romaine avait reparu tout entière. En vain soulevée un instant par les philosophes du dix-huitième siècle et par l'exemple des protestants du Nord, elle retombait sur elle-même lourdement. L'un de ceux qui avaient tenté cet effort pour réaliser le désir de toutes les nobles âmes était mon père. On l'avait amnistié, puis emprisonné, puis relâché. Enfin, avec sa jeune femme, très-différente de lui, il était venu prendre asile dans cette retraite obscure où je vis le jour, en automne, pendant la vendange.

Il ne pouvait être question de me baptiser. La France, avec sa fureur ordinaire d'évolutions contradictoires, était tombée dans la haine des prêtres et du culte depuis 1750 ; elle abhorrait fanatiquement le fanatisme. Après avoir puni l'homme comme coupable envers Dieu, elle se mettait à punir Dieu des vices de l'homme. Tout le monde était superstitieux, c'est-à-dire que la masse croyait à l'impossible ; elle était fanatique, c'est-à-dire qu'elle élevait des autels à ses idoles, souvent sanglantes, toujours stupides. Seulement, elle avait changé d'idole ; c'était elle-même.

Mon père appartenait à cette génération. Mais jamais il n'a versé de sang, et ce qui me le rend singulièrement cher et particulièrement vénérable, c'est qu'il a aimé Dieu, la probité intellectuelle, la foi dans le vrai et la charité envers les hommes. Sur les points fondamentaux, il ne doutait pas ; si les doutes philosophiques du dix-huitième siècle l'avaient pénétré, son Évangile, faux ou vrai, contenait les plus précieux fragments de la civilisation et de l'avenir. Le passé romain et grec altérait seulement cette morale et cette politique ; à cette superstition du Passé se joignait celle de la République nouvelle et avortée. Il s'enfermait là dedans comme dans une citadelle qui avait trois enceintes ; d'abord le *Selectæ e Profanis*, ensuite la Montagne et enfin Washington. Malheureusement, cette dernière enceinte était la plus éloignée du cœur et de l'esprit de mon père, et c'était le *Selectæ* qu'il préférait. Il avait vu l'honnête et héroïque Goujon quitter la prison pour aller à l'échafaud et les deux montagnards qui s'étaient embrassés en pleurant s'étaient promis, si leurs jeunes femmes leur donnaient un fils, de l'appeler du même nom : Philarète ; un nom grec, un nom d'Anacharsis, correspondant à la religion sincère de ces honnêtes âmes. Sous Cromwell et du temps de Charles Ier, les ardents, les enthousiastes nommaient leurs fils d'après la Bible : « Nehemiah *J'espère-en-Dieu*, *Jésus-est-mon-Sauveur*. J'allais être un de ces témoins, un de ces signes de mon temps. Ce nom grec qui voulait me consacrer au culte du bien ; de la Vertu (*Arètés*) et de l'Amour

(*Philein*) me prédestinait à la vie la moins en harmonie avec mon temps ; sur ce fleuve d'intérêt, d'intrigue et d'or (*Ploutos*) ma nacelle allait voguer ; et je m'en tirai comme je pus, par un perpétuel naufrage, sans cesse réparé, toujours renouvelé.

Point de fraude. Vie simple, studieuse, aimante. Nulle intrigue ; aucune ambition. Voilà les règles intimes que j'ai suivies. Je nie que ce soit là une règle idéale et une vie ridicule. Seulement elle n'allait pas à la France de 1800. La France périssait par les défauts gaulois et les tendances sauvages que j'abhorrais ; elle méprisait le genre de défauts qui pouvaient se mêler à mon mysticisme. Je n'ai jamais voulu m'accommoder aux lâchetés tyranniques dont elle s'honore. *Charlotte Corday*, tuée ; — *Marat*, adoré ; — *Napoléon I*er, subi ; — *Napoléon III*, accepté ; — le pouvoir donné à *Barras* ; — des honneurs à *Fouché* ; — *Louis-Philippe*, appelé et mis à la porte ; — en littérature, *Baour-Lormian* préféré à *Paul-Louis Courier* ; — Voilà le pays.... De telles mœurs ont heurté les miennes. Voilà tout. Je n'ai jamais toléré ces injustices. Je n'ai pas pu me prêter à ces folies, guerres et coteries ; éternelle incertitude, éternelles réactions de fureurs contraires et dans ses sens les plus divers ; cela m'a blessé. Avez-vous, dira-t-on, le droit de juger votre temps ? C'est précisément ce droit que la France a perdu, à force de faiblesses, de contradictions et de chutes. Je l'ai gardé comme le plus précieux privilége ; et ce que l'on me reproche comme un orgueil téméraire est la preuve de ma raison.

Ceux qui, comme moi, sont nés entre 1798 et 1800, sont tristes. Ce sont les fils du désastre. Le naufrage des nobles idées les a bercés. La génération héroïque antérieure, celle de Desaix et de Kleber mourait alors sur le champ de bataille. Elle avait eu pour nourrice l'Utopie sublime de 1789 ; et pour prédécesseurs immédiats les hommes de la génération philosophique, les Turgot, les Necker, les hommes de l'espoir et de l'aspiration ardente vers le bien. Le génie des Turgot s'était levé dans l'aurore boréale des idées les plus pures, en 1780 ; notre enfance à nous, en 1800, voyait s'éteindre et se couvrir de larmes le soleil couchant des libertés publiques. Quels vices, ceux du Directoire ! Quelle lâche aventure, celle du 18 Brumaire ! Quelle littérature, celle de Fontanes et d'Esmenard ! Quels hommes, Savary et Fouché ! Quelles âmes, Talleyrand et Fesch ! Quelle probité, celle de nos armées pillant l'Italie ! Quelle honte, Venise et le Tyrol privés de leurs libertés par des gens qui prétendent aimer et fonder la liberté ! Au premier coup de marteau que lui assène Bonaparte, le monde délabré du Midi s'écroule. Malte, Venise tombent sans coup férir..

Les démoralisateurs de la France depuis 1800. On ferait un très-beau livre avec cela. Bonaparte est le plus terrible. Jean-Jacques utopiste l'ébauche, Machiavel sans cœur l'achève. Lui-même il a traversé ces deux phases. La politique de rapine en France avait été inaugurée déjà par la spoliation des Émigrés et celle du Clergé. La politique de force et de meurtre par les assassinats ; la politique de la force alliée à la fraude a enfin triomphé avec le 18 brumaire. Le génie de Bonaparte, avec une miraculeuse énergie géométrique, a trouvé le point d'incidence où la violence de Marat touche à l'intrigue des Girondins; et la rhétorique de Raynal à la hache du Licteur. Cette combinaison, mise en œuvre avec un sang-froid extraordinaire a tout renversé; surtout elle a détruit le sens moral du pays anéanti à jamais.

Je ne me donne point pour victime. L'homme qui a écrit ceci a voulu être ce qu'il a été. Il n'a aucun droit de se plaindre. Il ne prétend point attirer l'attention et l'admiration sur lui-même. Peindre un état social curieux, le signaler à l'avenir, après l'avoir vu d'autant mieux et d'autant plus à fond, que je n'ai sympathisé d'aucune manière avec ses diverses évolutions et que je l'ai contemplé sans me tromper sur l'avenir, pendant cinquante années, que de chute en chute, d'espérance en espérance et de vanité en vanité, il se précipitait dans la décadence, passant de l'enthousiasme à la luxure, de la fureur à l'énervement, et de la rage de tuer à la rage de discourir pour s'arrêter enfin dans un marécage de faux luxe et de profonde misère; — voilà ce que je veux accomplir — un enseignement.

N'étant ni meilleur ni pire que tout le monde, je suis devenu autre. J'ai différé de tout le monde non par ma faute ou ma vertu, mais par l'action de ce qui m'a entouré.

Ma petite enfance à laquelle ma mère présidait, me sourit encore; ce souvenir me charme profondément. Il y avait les deux colosses de Notre-Dame devant moi, sur la place Notre-Dame où mon père avait choisi son asile ; et les chansons mélancoliquement joyeuses de ma mère, et l'intérêt profond des leçons paternelles, qui m'initiaient à la vie de la conscience en me repliant sur moi-même : car mon père, disciple fidèle de Locke, de Franklin et de tout ce dix-huitième siècle, ne manquait pas de me forcer chaque soir d'inscrire sur un registre ce que j'avais fait dans la journée. C'est le confessionnal ouvert pour soi-même, on s'écoute, on se pèse, on se juge. Et quelles que soient les hallucinations ou les sophismes de la personnalité, c'est un excellent exercice. Cette gymnastique du moi et de la force morale gêne infiniment les pays où le moi est condamné à disparaître sous la pression d'un maître. La collectivité uniforme mène très-nécessairement à la servitude. Il n'y a pas de Liberté possible dans une pâte pétrie par une seule main, roulée, jetée au moule, devenue homogène et s'arrondissant ou s'allongeant à la voix et sous le poing du boulanger. De deux choses l'une, ou créez des hommes vivant pour eux-mêmes ou fondez-les dans une masse qui seule existera. Mais n'espérez ni des individus libres si vous les broyez, ni des masses dociles si vous en isolez les parties constitutives. Ou asservissez, ou délivrez !

J'ai été dès ma naissance, une âme *libérée*, un homme *délivré*, un esprit qui a eu conscience de sa *volonté*. Ce rayon du soleil moral a éveillé ma vie. Étouffé un moment par la servitude des colléges français, il a reparu en Angleterre avec une intensité et une pureté extrêmes. Mais, revenu en France, il a trouvé des ténèbres extérieures de rapacité, d'égoïsme et de cruauté si serviles qu'il n'a plus été qu'un martyre. J'ai donc souffert horriblement comme l'animal hors de son atmosphère, comme le poisson hors de l'eau ou l'oiseau hors de l'air souffrent de la difficulté de respirer; l'esclavage moral de tous m'étouffait. Les uns allaient à leurs rapines, les autres à leurs bassesses. Et moi? Où aller? Aux femmes? Mais que valaient elles? Les hommes ne valaient pas même les femmes. Leurs vacillations, leurs faiblesses, leur débilité de conscience, leurs habiletés flottantes, leurs ruses de valets, leurs mensonges de courtisanes, leur violente prise du bien d'autrui, leur asservissement banal à la foule, leur bas respect pour la mode, leurs chaînes d'opinion (et je parle des éclatants et des glorieux) m'étouffaient. Il me semblait que j'étais jeté dans un bagne; je ne m'y accoutumais pas; et attristé, je m'attendais chaque jour à trouver pis encore. Aujourd'hui aucune lâcheté ne m'étonne. Aucun vol ne me surprend. Aucune ignoble intrigue ne me trouve aveugle. Mais j'en souffre; j'aurais besoin d'autre chose et je hais.... quand je voudrais aimer.

L'amour des semblables, le besoin de faire du bien, le goût des beaux vers et des études animaient toute la maison paternelle, surtout émanaient de ma mère. Il fallait la voir, toute poétique et idéale, bien que ménagère, vaquant aux soins de la maison, réglant tout, songeant à tout et ne perdant jamais le respect d'elle-même. Ce vieil hôtel Flavencourt avec ses vieilles pierres moussues et ses grands thuyas en était tout animé et tout égayé. C'était chez elle une douceur vive et une gaieté attendrie que je n'ai vues à personne. Elle avait gardé du sauvage et du simple, de l'ingénue même et du naïf dans ses souvenirs de famille frisonne et protestante. Je n'ai, dans ma longue vie, connu personne dont les passions eussent une pureté aussi ardente et une aussi souriante ardeur. Les Ardennes, leurs bois épais, le souvenir d'un premier mari adoré, amenaient des larmes dans ses beaux yeux noirs, qui restaient fixés sur une contemplation muette pendant de longues heures, et tandis que ses larmes coulaient doucement, ses lèvres roses souriaient toujours. Je la regardais et j'apprenais à lire ou les vers de Racine ou même ceux de Bernis dans la petite édition Cazin, à tranches dorées, facile à mettre en poche; une vingtaine de volumes, toute sa bibliothèque; car elle ne changeait guère de lecture et relisait en méditant.

Il faut que je commence par dire que tous les récits sur mon père, et ceux surtout de la biographie Michaud sont d'une fausseté absolue; même les noms qu'on lui donne sont faux. Quant à ma mère, elle n'aura que moi pour historien, et si on a beaucoup parlé de mon père, on n'a jamais rien dit d'elle. Le mensonge finit les peuples; le sophisme en est l'instrument, la passion en est le moteur. De toutes les lignes imprimées en France entre 1789 et 1869 à peine quelques-unes sont vraies. Attaquer l'ennemi, écraser, calomnier, revendiquer, *apologétiser*, c'est tout. A peine Chateaubriand ou Mme de Staël ont-ils, de temps à autre, échappé à cette fureur universelle de mensonge guerroyant. Servir son intérêt, voilà le but.

De justice pas une trace. Le Jacobin écrit que Marie-Antoinette est une tribade et l'imprime. La notion du juste et du vrai s'évanouit. Pour que l'histoire future se retrouve un jour et se liquide enfin au milieu de tant de ténébreuses rages, elle aura beaucoup à faire. Chaque passion associée à chaque intérêt obscurcit tout, armée d'esprit, versant l'encre et l'argent. On marche au combat. Les pamphlets ne suffisant plus à cette œuvre, on a imaginé de recueillir et de classer dans un arsenal spécial tout ce qui était de nature à tuer l'ennemi ; je le sais, ayant moi-même pénétré dans une de ces fabriques de calomnies dont on voulait me faire ouvrier. C'est ainsi que Feller a compilé son dictionnaire contre les esprits forts; Rabbe son dictionnaire contre les dévots; Michaud le sien contre les hommes de la République; Jouy et Arnault le leur contre les hommes de la Royauté. Pauvre pays ! défais-toi donc de la haine, éternel rocher de Sisyphe qui retombe toujours sur celui qui le roule où le lance ! Le sang keltique a des bouillonnements si rapides et des violences si furibondes ! Impossible. Les plus honnêtes gens se ruent en iniquités effroyables; comme les plus honnêtes chiens se jettent sur la bête, lèchent le sang, dépècent les lambeaux et ne savent pas même qu'ils sont féroces.

L. Michaud, d'une famille de roture, frère d'un imprimeur de Paris, appartenait à ce groupe bourgeois antirévolutionnaire qui se reliait aux vieux parlementaires, groupe qui ne s'était pas détaché de l'ancien monde, en avait emprunté un certain goût d'élégance, un certain parfum de savoir antique, une attache sincère bien que légère au culte catholique et aux idées religieuses, et comprenait Dussault, Geoffroy, de Feletz, Hoffmann. Ce groupe était aimable. La douceur et la paisible modération des mœurs, la culture des lettres classiques, de petits vices moraux sans éclat et sans effronterie, une activité d'esprit agréable et vivifiante, l'horreur des excès sanglants, la répugnance pour les utopies folles, du bon sens, mais dans une certaine mesure et sans grandeur aussi, les derniers reflets d'une civilisation brillante empruntés aux salons d'autrefois, et devenue moins lascive, moins étourdie, moins insolente, leur rendaient très-odieux tous les souvenirs de la Révolution et très à craindre le retour de la République. Vers la fin du Directoire, ce groupe, impuissant quant aux faits, s'était rendu puissant par l'esprit. Ce fut lui qui soutint les *Débats*, annoncés et créés d'abord en 1789; — lui qui prépara ensuite, couva et fit éclore le grand dictionnaire biographique, où les morts devaient être classés, jugés, immolés, s'ils étaient ennemis; justifiés, s'ils étaient amis; et à la fin duquel, dans un supplément consacré à cet usage, petite salle expiatoire, les vivants eux-mêmes devaient être soumis à la même préparation. Michaud, que j'ai connu dans sa vieillesse, avait été proscrit par la République ; prosateur froid, érudit sans profondeur, poëte sans éclat, de l'école fine et délicate de Fontenelle, Voltaire et Lamothe Houdart, il réunissait toutes les qualités de goût épuré, de sensibilité raffinée, de grâce sociale et de critique pénétrante, qui caractérisaient le groupe spécial dont j'ai parlé. Son *Printemps d'un Proscrit* est du *Cooper* écrit dans le boudoir, en souvenir des bois et des prairies, un moment aperçus. C'était une grande figure maigre, douce, à l'œil vif et noir, à la perruque noire, au maintien indolent et de bon goût. Il attirait, il plaisait, il séduisait même. Toute cette génération de royalistes en lutte, longtemps persécutés, était charmante ; les anciennes qualités s'étaient affinées, épurées, les vices affaiblis et tempérés ; mais c'étaient des hommes de parti. Ils se vengeaient et frappaient. Aussi faut-il se défier de tout ce qu'ils ont écrit, surtout de leur grande biographie. Ce n'est pas de l'histoire, c'est de l'artillerie.

CHASLES (Pierre-Jacques-Michel), ex-député d'Eure-et-Loir à la Convention nationale [1]. Né à Chartres en 1752 [2], — a fait ses études à Paris [3], — a professé

1. Ses codéputés étaient, entre autres : Pétion, Brissot, Delacroix (d'Eure-et-Loir), Lesage (d'Eure-et-Loir), etc. Le général Marceau était de Chartres.

2. Dans l'ancienne Beauce, il n'y avait pas un seul noble ; les familles les plus considérées appartenaient à l'agriculture, profession la plus noble, parce qu'elle est la plus utile.

3. Au collége du Plessis, où il avait gagné une bourse au con-

la rhétorique au collège de Chartres[4], — après trois ans de professorat, devient chanoine de la métropole de Tours et commensal de l'archevêque, M. de Conzié[5], — perd en 1789, par suite de la révolution, sa fortune et son état, — ne s'en déclare pas moins le partisan et l'ami, — revient à Chartres, — y établit à ses frais un journal patriotique[6], — est nommé à diverses fonctions publiques, — entre autres à celles de principal du collège et de maire de la ville de

cours. C'était à l'époque de l'expulsion des jésuites ; beaucoup d'élèves de cette époque ont joué des rôles plus ou moins fameux dans la Révolution et dans les différents partis : le prince Lambesc, Anacharsis Clootz, le général Lafayette, l'abbé de Montesquiou, le vicomte de Mirabeau, le duc de Lévis, le comte de Lally, Hérault-Séchelles, Clermont-Tonnerre, Robespierre, Fréron fils.... et autres contemporains et condisciples de l'ex-conventionnel Chasles. Il a été couronné plusieurs fois à l'Université, surtout dans les hautes classes. Sa bonne conduite, autant et plus que ses succès, lui ont procuré l'estime et la confiance de ses supérieurs, au point qu'ils l'ont chargé de l'éducation de quelques élèves, avant même qu'il eût fini ses cours d'études.

4. Sa nomination a été faite, non par l'évêque, qui venait de mourir subitement, mais par les administrateurs et le corps municipal ; observation importante qui prouve que, tout en respectant la religion, il servait déjà la philosophie moderne. On se souvient encore de sa manière d'enseigner, neuve et hardie pour le temps, et du talent qu'il avait de communiquer à ses élèves la chaleur d'âme qui lui est naturelle.

5. Les deux frères, MM. de Conzié, étaient présidents, l'un des États d'Artois, l'autre de l'administration provinciale de Touraine. C'était pour les seconder dans leurs travaux administratifs et non dans le gouvernement de leurs diocèses qu'ils l'avaient appelé auprès d'eux ; il leur doit cette justice que, s'il a quelque capacité dans les affaires, c'est à ces deux prélats, ses bienfaiteurs, qu'il en est redevable.

6. Ayant pour titre : *le Correspondant d'Eure-et-Loir*. C'est ce journal qui a jeté dans le département les premiers germes de cet

Nogent-le-Rotrou [7], — et, en dernier lieu, à la Convention nationale [8], — vote la mort de Louis XVI sans sursis et sans appel au peuple, — après le ju-

esprit de tolérance et de modération qui a préservé les habitants d'Eure-et-Loir des excès et des malheurs de la Révolution.

7. C'est à Nogent, surtout, qu'il faut aller chercher des preuves de la sagesse et de l'énergie, de la douceur et de la fermeté de l'administrateur Chasles. Sans doute, les nobles et les prêtres lui font un crime de son patriotisme : mais lui reprocheront-ils quelque acte d'injustice, de partialité ou de vengeance? Ce n'est plus sur des déclarations ou des imputations vagues que les hommes de la Révolution se jugent, mais sur des faits et d'après leur conduite, soit publique, soit privée. Or, l'ex-conventionnel Chasles ne craint pas de comparaître au tribunal de ses compatriotes, de tous les partis, de toutes les opinions : peu d'hommes, il ose le dire, ont autant que lui commandé et mérité l'estime générale.

8. L'influence active et réelle de l'ex-conventionnel Chasles à la Convention n'a pas duré plus d'un an, et encore cette influence a-t-elle été beaucoup moins législative et civile qu'administrative et militaire. Aussi ne trouve-t-on pas son nom sur la liste des présidents, des secrétaires, ni parmi les membres des différents comités, quoiqu'il pût y prétendre ; — c'est qu'il a pris peu de part aux travaux intérieurs de l'Assemblée, ayant été presque toujours en mission, depuis février 93 jusqu'au 13 septembre même année, époque de sa blessure; et, à dater de ce jour jusqu'à la fin de la session, il n'a quitté son lit que pour aller en prison. Il est loin de vouloir échapper à la solidarité de tout ce qui s'est fait à la Convention, n'importe à quelle époque ni en quel sens : il ne fait remarquer son absence que pour apprendre à ceux qui croient pouvoir le juger, d'après des traditions et les pamphlets du temps, combien il est étranger aux machinations, aux intrigues qui ont tiraillé la Convention en tous sens et qui ont fini par l'engloutir. La loi des suspects, cette loi qui, dit-on, a été le signal du meurtre et du carnage, cette loi est du 17 septembre, c'est-à-dire postérieure de quatre jours à la blessure de l'ex-conventionnel Chasles; blessure si grave que neuf ans plus tard elle n'était pas cicatrisée, et qu'aujourd'hui même, à vingt-huit années de distance de date, elle lui est plus pénible que s'il eût souffert l'amputation sur le champ de bataille, comme on le lui proposait.

gement, est envoyé en mission dans les départements et aux armées[9], — se fait remarquer à l'armée du Nord par son courage et son stoïcisme, qui

9. Dans les départements de Seine-et-Oise (Versailles) et Eure-et-Loir (Chartres, sa patrie) pour le recrutement de trois cent mille hommes. Certes, il a fallu, pour vaincre les obstacles, du courage et de la persévérance. Il a fallu, pour ne pas se livrer à quelques accès d'irritation et de vengeance, vu l'agression et l'animosité des partis, de la sagesse et de la modération. Les temps sont trop éloignés et trop changés pour entrer dans le moindre détail. Il suffit de dire que l'ex-conventionnel Chasles n'a pas laissé après lui, dans les susdits départements, des souvenirs individuels ou collectifs dont il ait à rougir ou à s'effrayer. Pas un ordre de rigueur, même de simple arrestation, ne lui est échappé; pas une signature de lui, en matière de finance, même pour ses besoins personnels et pour ses frais de route. Il a parlé d'après ses opinions et sa conscience, il a peu écrit. Quand il a pu obliger, ç'a toujours été par des motifs de justice, sans égard au chapitre des ménagements et des considérations. La parenté, l'amitié, la reconnaissance même, n'ont jamais été auprès de lui des titres de recommandation et de faveur. Un patriote, suivant lui, devait être plus irréprochable qu'un autre et plus sévèrement traité quand il s'écarte du devoir.

Aux armées.... sa conduite a contrasté avec celle de plusieurs de ses collègues. Sans faste, sans distraction, sans morgue, vivant avec ses compagnons d'armes amicalement, il ne les obligeait pas à marcher à la tête des colonnes, à braver le feu de l'ennemi, à monter à l'assaut, etc.... C'est ce qu'a fait l'ex-conventionnel Chasles. La circonstance où il a été blessé est peu connue. Les recueils du temps n'en ont point parlé. Cependant les détails en sont curieux et honorables pour lui. Chasles était depuis le 1ᵉʳ juin à l'armée du Nord, en qualité de représentant. Toute la frontière était menacée et sur le point d'être envahie, depuis Maubeuge jusqu'à Dunkerque. Cette dernière ville était depuis trois mois bloquée par le duc d'York à la tête de plus de cent mille hommes. Il ne restait plus à la ville ni munitions ni vivres. Il fallait pour la délivrer donner bataille aux Anglais. Le commandant en chef, Houchard, ramassa tout ce qu'il avait de troupes à proximité et en forma une masse d'environ quarante mille hommes. La surveille de l'action, on apprend par une correspondance interceptée que le général Beaulieu, cantonné à Ypres, en font de ce représentant un soldat improvisé d'un désintéressement absolu, étranger à toute espèce de faction, de coterie et de parti; il s'est fait peu d'amis et n'a point eu de prôneurs, quoique sa blessure lui permît d'en espérer, — né plébéien, il s'est constamment et invariablement montré le défenseur de la classe plébéienne.

voie au duc d'York un renfort de quarante mille hommes; que ce renfort marche sur Weuvick et Wenin, et, de là, se rend à l'armée du duc. Il importait de ne pas laisser arriver à leur destination de tels auxiliaires. Chasles, qui se trouvait à Cominés avec plusieurs généraux, entre autres Béru, assemble un conseil de guerre : on arrête un plan d'attaque pour le lendemain contre les deux villes susdites. On veut, par un de ces coups de main hardis, si familiers à cette époque, les emporter de vive force, chasser les garnisons qui les défendaient et attendre de pied ferme les Autrichiens de Beaulieu. Suivant le plan arrêté, Chasles devait marcher à la tête d'une colonne, chargée d'une fausse attaque. On avait déjà franchi deux redoutes: on allait monter à l'assaut lorsqu'un boulet vient frapper le représentant Chasles à la jambe gauche et lui brise le péroné. Il ne voulut pas qu'on le retirât du champ de bataille avant l'issue du combat; il eut la joie d'entendre crier « *Victoire!* » d'apprendre que les deux villes étaient prises, les garnisons prisonnières et le renfort de Beaulieu en déroute complète, abandonnant ses bagages et ses canons.... Nul doute que cet avantage partiel n'ait contribué au succès du lendemain dans la plaine d'Hondschoot. Cette victoire décida du sort de la campagne et délivra complétement la frontière.

PREMIER SOUVENIR.

Je n'eus pas le spectacle, mais seulement l'impression du premier de tous ces écroulements successifs qui devaient avoir pour témoin ma vie entière. C'était en 1804. J'avais quatre ans et demi. J'étais ce petit mollusque de la végétation humaine qu'on appelle enfant avant l'éclosion de l'étincelle intellectuelle; cela existait en moi, mais je n'existais pas. La vie de l'esprit dormait dans cette pulpe inconsciente, et attendait l'éveil. Tout à coup des sons de cloches, des airains violemment ébranlés, se ruèrent par vagues épaisses, comme une avalanche, sur cette ébauche de cerveau. Je me trouvais à une trentaine de pieds de terre, dans un des cabriolets hissés sur d'immenses roues, que depuis cette époque on n'a plus revus. Le cabriolet, cage étroite et très-exhaussée, cette machine que Carle Vernet et Boilly ont placée dans leurs caricatures, était traîné par un petit cheval étique, que mon père, me tenant sur ses genoux, fouettait rondement pour le faire avancer dans une rue assez étroite, remplie de peuple. Je vis, j'entendis et je parlai pour la première fois. Cette volée de cloches vibrantes partait de Notre-Dame; nous traversions la Cité sous cette harmonie. Elle m'étourdissait. La figure ardente et grave de mon père se pencha vers moi, et, tout en hâtant le cheval pour lui faire atteindre le Pont-au-Change, il me dit : « *On couronne un empereur!* » — J'ai encore dans les oreilles ces paroles tristes prononcées sans émotion, les muscles de la face contractés et le front extraordinairement plissé. Ce fut ainsi que je vis mon père pour la première fois. Il fuyait, craignant pour lui-même les premiers accès de la ferveur politique nouvelle, toujours signalés en France par quelques emprisonnements ou quelques massacres. Il avait cinquante-cinq ans; et son audacieux visage, sentimental cependant, sillonné de rides profondes, un œil bleu que la flamme intérieure allumait comme une torche et qui se voilait souvent de larmes; une tête portée en arrière comme celle d'un lutteur; un triste sourire sur des lèvres délicates que nul excès de table ou de débauche n'avait détournées, une physionomie volcanique, plus animée que résolue, et plus fière que reposée; un grand mélange de souffrances physiques, morales, intellectuelles, et de combats intimes, faisaient de lui un ensemble complet et extraordinaire, que le philosophe le plus subtil aurait eu de la peine à déchiffrer et qui devait frapper d'étonnement, presque d'une terreur religieuse, le petit être endormi sur ses genoux

Après avoir eu cette perception magnétique, unique, mais nette et profonde, détaillée et très-complète, je retombai à l'état de plante vivante, et n'en sortis qu'à six ans. Mais ces cloches m'avaient communiqué ce qui m'attendait en France; pour elle une série de funérailles; pour moi l'écrasement de l'individu qui ne sait pas tromper, qui ne veut pas tromper, et qui voit le milieu dans lequel il se meut.

Malgré ses opinions républicaines, mon père n'était pas conspirateur; Mme Récamier et Mme de Staël l'étaient. De leurs salons est sortie la chute de l'Empire. La Restauration y est née. Elles avaient raison de conspirer contre Napoléon. En 1804, on tuait le malheureux Bourbon d'Enghien; on exilait, on exportait, on mentait, on fusillait et l'on opprimait. La France étourdie qui avait bondi d'enthousiasme en 1789 sous Louis XVI était retombée dans la stupeur en 1793, sous Robespierre, pour s'exalter encore d'admiration sous le premier consul et retomber dans la stupeur sous l'Empire. Cent Mme de Staël et cent Mme Récamier auraient suffi à nous épargner bien du sang et bien des hontes; de même que cent Turgot et cent Bailly auraient appris au pays la consistance et l'honneur. Mais que pouvaient faire trois ou quatre élus du droit et du bien, au milieu de la foule stupide, sans principes et sans idées? Je grandissais au milieu de ces iniquités, acceptées ou subies. Grâces soient rendues à Dieu, mon père y était étranger. Il rongeait son frein dans la solitude. Comme lui, quelques hommes ne prirent point part à la curée de l'Empire naissant après avoir tenté de fonder la liberté ; ils furent rares. On ferait un noble livre intitulé les *Belles actions de la Révolution et de l'Empire.* Toutes les cocardes et toutes les opinions y auraient leur place. On en ferait un affreux intitulé les *Servitudes et les Hontes.*

Je crois que l'étouffement de la France libérale, entre 1800 et 1810, c'est-à-dire entre ma deuxième et ma douzième année, fut pour beaucoup dans la trempe amère, repliée, résignée et désolée de mon âme, et dans le développement mélancolique et observateur de ma pensée. Nulle existence, si obscure qu'elle soit, n'échappe au contre-coup lointain des événements publics. Mon père, le votant, que la plus légère suspicion aurait envoyé à Sinnamary ou livré au premier tribunal venu, se maintenait dans la solitude et le silence. On lui avait fait offrir, par l'intermédiaire de Fouché, de cet étrange Mercure politique, une sénatorerie et la croix d'officier, s'il voulait se rallier à l'Empire. Plusieurs hommes de ses amis, devenus des personnages impériaux, Noël, Fontanes, Jard Panvilliers, Fouché, Lanjuinais, avaient à cœur de le sauver et le protégeaient. Il n'accepta pas les ouvertures de Fouché. Il ne les refusa pas. Expliquons cela.

Comme tous les fondateurs républicains, tous gens bien élevés, il était non pas le brutal jacobin et le fougueux démocrate que l'on aurait pu supposer, mais le personnage incarné d'une théorie, — le disciple raffiné du dix-huitième siècle et des jésuites, l'un des produits les plus civilisés et les plus complexes de cet ancien monde qu'il renversait. Si Robespierre avait gardé de son existence d'avocat bel esprit et de province les manchettes et le jabot, le gilet rose et la parole cadencée; si Louvet, l'adversaire acharné de Robespierre, n'avait rien perdu en 1793 des traditions galantes de Crébillon fils, mon père, que la Révolution avait trouvé professeur de rhétorique, homme d'église, grand-vicaire et secrétaire de M. Conzié, resta (même après le baptême double de la révolution et de la mitraille) ce qu'il avait été, c'est-à-dire un illuminé savant du dix-huitième siècle, un homme de cour, sachant son monde et mêlant à l'essai de Phocion les habitudes des abbés de cour.

Nul ne tournait mieux que lui les vers latins; il y avait même dans sa facture quelque chose de plus sévère que dans les poëmes ovidiens de l'école jésuitique; une solidité grave, plus voisine de Lucrèce et de son génie énergique que du père Rapin et du père Vanière. Et la philologie latine! Et la syntaxe et la grammaire générale et universelle! Comme il les adorait! Une fois l'orage révolutionnaire apaisé, il se replia sur ses études favorites. Cela était sincère; et en véritable enfant de son siècle et un peu de la sacristie, il pensa en profiter. Je crois même que son goût classique contribua beaucoup à le sauver. Il avait fait ce qu'il fallait pour tomber sous la vengeance du régime impérial et bourbonien. Le bannissement, l'incarcération, Cayenne, le menaçaient de tous les côtés; mais devenu grammairien enthousiaste, et fabriquant de beaux vers latins, le conventionnel se fit oublier sans lâcheté et pardonner sans bassesse.

Analyser, s'enquérir, se rendre compte, c'est vivre par soi-même. Ce n'est pas obéir, accepter et servir. Quiconque analyse se révolte contre la foi. Même Mendelssohn, par exemple, est moins musicien que penseur. Raphaël Mengs et Winckelman ne sont plus assez artistes étant plus philosophes. Rechercher le vrai est cependant nécessaire au genre humain qui vieillit, et la synthèse mensongère doit céder à l'analyse inexorable. Les hommes de 1789 et ceux de 1793 avaient ce sentiment, mais vague. Ils ne savaient comment franchir l'abîme qui sépare le monde de l'analyse infatigable, nécessaire aux nouveaux, de la foi allumée sur les hauts lieux par le monde ancien. Ils mêlaient tout cela de la façon la plus extraordinaire.

Mon père savait bien, comme Franklin, Bentham, Bacon, Fellenberg, et tous les grands esprits du Nord et de l'Amérique, que l'université de Charlemagne, reconstruite par le génie des Jésuites, est incompatible avec la liberté d'un peuple ; qu'il est ridicule d'élever le jeune moderne, qui est l'égal de tous, sur le type des enfants de Pélopidas et des régions à esclaves, et que sacrifier dix années à l'unique étude de l'idiome latin, écrire en latin, peser des dactyles, arranger des spondées, s'enfermer dans les prosodies mortes des langues disparues, c'est s'enchaîner à la servitude des temps primitifs. Comment donc faire pour vivre dans la cité antique, tout en prétendant à l'indépendance moderne? Mon père ne savait pas un mot d'anglais, pas un mot d'allemand. Quant à Sénèque, Virgile, Horace, il les connaissait par cœur. Jamais phrase cicéronienne ne s'est déroulée avec une plus abondante variété d'expressions, avec une facilité d'euphonisme plus séduisante. Il ne s'était pas demandé une seule fois si l'homme qui invitait à dîner César triomphant de la République; si le délicat poltron qui avait jeté ses armes et pris la fuite à Philippi; si le Berger de Mantoue, plus Grec que Romain, plus tendre qu'une femme, étaient de bons modèles pour les nouvelles républiques. Le génie de l'antiquité, si contraire au génie nouveau, lui apparaissait si beau de forme, qu'il n'en pénétrait pas le fond, l'essence, la profondeur. Ses études philosophiques, manquant de points de comparaison entre les diverses branches du langage humain, s'arrêtaient à la *Minerva* de Sanctius, à *Dumarsais*, *Condillac*, *Facciolati* et Court de Gébelin. Mais, humaniste excellent et théologien de premier ordre, il avait éclairé mieux que personne l'anatomie de la phrase et sa constitution nécessaire, ses trois éléments du sujet, du verbe et du régime. Cette triplicité de l'unité, qu'il commentait avec éloquence, le crayon blanc à la main, devant son tableau noir, lui causait des ravissements presque mystiques. Il composait la pensée d'après le système de Locke et en réduisait l'expression à ses trois termes nécessaires. Si j'ai naturellement construit ma phrase et bâti mon style, c'est grâce à ces nombreuses et ennuyeuses, mais admirables leçons, où mon père suivait à travers ses déguisements et ses ellipses, ses détours et ses souterrains, le déploiement ou la marche de la pensée. Je compris de bonne heure qu'il n'y a pas de différence entre l'organisme humain, avec son corps physique, son âme sensitive et son esprit actif, et la phrase même avec son sujet, son verbe et son régime. La phrase « J'aime » se résout en *je* (sujet), — *sens* (verbe), l'*amour* (régime). Je touchais ainsi, sans que mon père s'en doutât, le problème mythique du langage.

1805-1814.

J'ai senti toutes les joies et toute la plénitude de vie de la jeunesse avec une puissance et une énergie excessives. L'isolement dans la jeunesse exerce une compression dangereuse. La séve concentrée devient ardente jusqu'à la douleur. Pendant que mon père, dans son cabinet de travail où il ne travaillait pas le moins du monde, regardait la fumée de sa pipe s'exhaler comme le souvenir de la République perdue, je montais sur les abricotiers de la pelouse, bien loin de la maison de pierre de taille, dans un fond, au milieu d'un gazon bien vert, et là je me laissais balancer au souffle du vent d'automne et à l'impulsion de la branche moussue avec un indicible bonheur. C'était le temps où Napoléon passait à travers les zones et les trônes de l'Europe comme un boulet de canon à travers les murailles. O le profond mépris que cela m'inspirait! Comme toutes les choses pratiques de la vie humaine et

surtout de la politique me semblaient méprisables !
Dans ce vieux hôtel Flavencourt, avec ses pierres
grises et son orangerie calquée sur Versailles, aucune âme n'était impériale. Ma mère était Ardennaise, protestante et de race Teutonique frisonne ;
elle était noble et populaire, comme il convient d'être
quand on a le cœur haut ; son malheur dans le présent l'inclinait vers le passé. Elle eût mieux aimé la
République que Napoléon ; elle eût préféré le vieux
temps à la République. Quant à mon père, il exécrait
d'autant plus le Corse conquérant qu'il se reprochait
de n'être plus Brutus, et le désespoir le prenait quand
il se souvenait du joug qu'il lui fallait porter. Je
grandissais au milieu de tout cela, sans but, sans
patrie ! J'avais pour patrie le gazon, le ciel, les
idées, la région des idées. C'était une adoration sincère que je portais à l'arbre, à la feuille, à l'étoile.
De la France impériale je n'aurais pas donné un
fétu ; je ne tenais pas au sénat, je ne craignais pas
les soldats. J'étais détaché d'avance des faiblesses et
des adorations de la communauté française. Douleur effroyable, je l'ai portée toute ma vie et je la
traînerai dans le tombeau. Que ceux qui raisonnent
théoriquement sur les constitutions et les lois apprennent ceci : quiconque détruit le groupe social
fait un crime. Ce groupe fût-il mauvais, il vaut mieux
que le brisement du groupe des idées républicaines
au centre de fer.

Je me suis donc élevé au centre du mal, au foyer
de la douleur, dans le débris et la ruine. Une certaine jouissance orgueilleuse compensait alors cette

amertume. Je me sentais vivre très-fortement, d'une vie particulière, et comme mis à part pour une œuvre spéciale. Hélas, il n'y avait pas d'œuvre, que celle-ci ; redire la mort de mon pays.

HOTEL FLAVENCOURT.

Dans la maison bizarre que mon père avait achetée, dans le vaste parc devenu jardin et écourté depuis, où l'École normale a été établie plus tard, les admirables journées que je passais ! C'était une féerie. Je m'imbibais de l'essence de ces beaux livres, l'*Allemagne*, *Dix ans d'exil*, la *Révolution française*, bien plus intimement, bien plus profondément que si j'eusse vécu entre celle qui les écrivit et ceux qui l'inspiraient, dans le tourbillon même de la vie sociale, soutenant cet intérêt, attaquant cet adversaire, inventant tel sophisme, poursuivant tel but. Les idées pures, nettes, profondes, descendaient jusqu'à moi, non pas telles que le parfilage des salons et le foyer des partis les élaborent en filigranes, mais dans leurs primitives séve et puissance, telles que la situation même de l'Europe les inspirait à la femme de génie. Au lieu de l'enivrement fébrile et charmant de ces salons parisiens, qui avaient bercé Stuart et les fondateurs d'une république éphémère, je trouvais autour de moi les ruines déshonorées de cette république, les larmes et le désespoir de ceux qui avaient trop espéré, la rage et la menace des survivants et des enfants qui voulaient venger leurs pères, victimes du grand désastre. Sur ces décombres planait un aigle, et un aigle étranger. Il avait aiguisé ses serres sur le granit de la Corse et venait tomber sur les fous français.

Tous les débris de la République, toutes les têtes épargnées, oubliées ou seulement effleurées par les grandes tempêtes précédentes, accouraient chez mon père, *en catimini*, rasant les murs, tremblant d'être aperçus. Par une singularité assez bizarre, dans la nouvelle maison que mon père avait achetée logeait alors le père de mon contemporain, le très-ingénieux conteur Mérimée, qui y fut élevé. La maison, dont le premier étage abritait si tristement la retraite de mon père et mon berceau, appartenait à l'oncle du psychologue le plus délicat de notre époque, de M. Sainte-Beuve. Elle a été rasée; elle occupait le centre de la Cité, et c'était une bâtisse parlementaire, d'une solennelle et bourgeoise majesté; sa proximité du palais de justice expliquait la construction d'un tel édifice en un tel lieu. Quand mon père eut été compris dans le pardon universel qui jaillit des plis du manteau impérial, il quitta l'île de la Cité; à dire vrai, il s'y était placé, comme dans un centre d'où le proscrit pouvait aisément donner le change. Il acheta donc la maison rue des Postes, solitaire, avec son grand jardin. Là il s'enferma avec sa colère, un gros chien, sa bibliothèque déiste, plus de mille volumes contre le Christ, et fit mon éducation. Bonaparte s'occupait de faire celle de l'Europe, à laquelle il apprenait l'art militaire, qui le lui rendit bien.

Comme les débris, les mâts rompus, les fragments de rames et d'avirons, les épaves du naufrage, viendraient, portés par la lame et couverts d'écume, s'entasser sur le sable aux pieds d'un enfant, les restes dispersés de la république française passèrent sous mes yeux puérils, et je vis de près ces Titans foudroyés, comme plus tard je vécus avec les amis de Byron à Londres, puis avec les renverseurs du trône absolu à Paris, et enfin avec les ennemis de ces derniers. Mes petits yeux d'enfant crurent voir que les Titans n'étaient pas grands du tout ; c'étaient cependant des géants historiques. J'avais beau regarder : les Titans ne grandissaient pas. Je commençai dès lors à me méfier des apparences, des bruits, des récits et de l'histoire. Je me mis à regarder de très-près les choses et à regarder même dessous, dedans et derrière la coulisse. Ces braves hommes s'abhorraient tous et disaient pis que pendre les uns des autres. C'étaient de vraies commères : *A* médisait de *B* qui s'amusait aux dépens de *C*, et *C* riait tout bas de *D* qui n'épargnait pas *E*, lequel racontait de bonnes histoires sur *F*, lequel *F* jasait comme une pie à propos de *G*., de *H*. et de... Quand je lus plus tard dans les histoires que le farouche Amar était un loup, que Mallavine avait présidé les plus terribles séances de la Convention, et que Vadier était une hyène, je n'en revenais pas. Ces loups et ces hyènes étaient de fort bonnes gens et je les peindrai tels que mon enfance les a vus, sans partialité : la jeunesse voit juste et ne pardonne pas ; l'enfance est encore plus barbare.

Tous ces hommes n'étaient ni bons ni méchants. Une passion intense, générale, publique, contemporaine, les avait emportés comme un torrent emporterait un nageur qu'il soulèverait en l'entraînant. Aussi paraissaient-ils grands et redoutables parce qu'ils bondissaient sur les flots rouges et tumultueux d'une révolution. Hors de ce courant impétueux c'étaient les meilleures et, à quelques exceptions près, les plus honnêtes gens du monde; caractères faibles, sans cela ils auraient péri ; ardents, sans cela ils n'auraient pas été portés à la cime des houles révolutionnaires ; esprits en général faux, ils ne voyaient pas que le mouvement suivi par eux était passager et factice ; enfin médiocres la plupart quant à l'intelligence, mais point cruels. On en jugera par les portraits de quelques-uns d'entre eux, qui venaient souvent voir mon père. Lenain, le disciple de Telliamed et le membre du tribunal révolutionnaire, long comme une perche, figure de noisette pâle, au sourire triste, avait certainement prononcé beaucoup de sentences de mort. Sa femme le battait. Il n'aurait pas donné une chiquenaude à un enfant. Il se serait battu comme un lion pour sauver un homme, ou seulement pour lui faire un peu de bien. C'était pourtant un affreux jacobin, et de la race dont les doctrines me sont particulièrement odieuses. Il était théoricien, abstrait, absolu. Il dînait par principes, comme les Puritains de Hudibras, et digérait logiquement. L'idée le dominait. Mais quelle idée !

Puis Vadier le Voltairien.

VADIER LE VOLTAIRIEN.

Le roi des Voltairiens Conventionnels, c'était le vieux Vadier. Imaginez Voltaire à 80 ans, Voltaire amaigri, le nez crochu, le menton plus pointu, l'œil plus petit et scintillant dans son orbite ; Voltaire gascon ; suppléant à l'aménité du courtisan par la vivacité pétulante du Provençal. Il y avait un point d'interrogation dans toutes ses phrases, une épigramme dans chaque sourire, une malice dans chaque attitude. Il était grand comme Saturne, osseux et décharné comme lui ; quelques rares cheveux blancs pendillaient sur sa tête chauve, dont tous les traits étaient recourbés et toutes les lignes acérées. Près de lui se tenait presque toujours debout une grande et belle personne brune, provençale de teint et d'expression, aux prunelles ardentes et fixes, remarquable d'ailleurs, et dont la vivacité contenue, semblant dominer une mélancolie profonde, étonnait mon esprit d'enfant comme un inconcevable mélange. Rien n'était plus curieux aussi que de voir, en face du monosyllabique Vadier, plus spirituel par ses gestes et ses réticences mêmes que par ses rares discours, quelque adepte révolutionnaire de Jean-Jacques et de Raynal, toute verve, tout élan, toute ardeur ; la neige près du volcan.

Ces destructeurs absolus du monde ancien m'avaient environné, sans m'effrayer. L'aspect de Vadier narguait ma compréhension enfantine. Je me le rappelle comme s'il était en face de moi, entouré de tisanes de toutes les espèces, placées sur la cheminée, dans la cheminée, et sur une petite table ronde à la mode de Louis XV ; courbé en deux, en relevant sa tête blanche pour ricaner tout bas, avec un bruit sec et strident qui vibrait sans retentir. Je le regardais et ne pouvais me lasser de cette contemplation ; je ne savais pas alors qu'il renfermait l'énigme d'un monde entier. Des cent années précédentes il résumait toute la portion sarcastique, dénigrante et destructive. C'était l'ironie froide et inexorable ; il ne prononçait que des mots, et ces mots étaient la plupart du temps d'une syllabe ; on eût dit qu'en parlant il se moquait de sa parole. La Révolution était pour lui la pointe sanglante d'une épigramme. Au milieu de tout cela je l'ai vu donner à des pauvres ; il avait de l'humanité, et son œil cave brillait de fureur, si l'on racontait en sa présence un trait d'oppression ou de barbarie. Quant aux siècles monarchiques, il ne les concevait que profondément ridicules, et il les traitait comme un satirique traite un mauvais auteur. Ainsi les railleurs de tout un siècle, en remontant de Champfort à Fontenelle, se concentraient dans ce vieillard extraordinaire. Avec plus de fougue et de grâce il eût été moins complet; tel que je le vis, ce n'était plus un homme, mais une négation.

Il avait eu, dans sa vie révolutionnaire, une journée de triomphe, une grande bataille gagnée à la pointe du dédain et du sarcasme. Il en était fier. Je l'entendis raconter ce fait d'armes dix fois, et il avait raison de se vanter; l'ironie, qui constituait le côté destructeur de la Révolution française, son côté le plus puissant, il l'avait employée un certain jour si à propos, il l'avait maniée si habilement, qu'une phase entière de la Révolution fut son ouvrage. Il la fit dévier du lit que Robespierre voulait lui tracer. De l'idée religieuse que ce dernier essayait de faire renaître, Vadier repoussa violemment la Révolution dans la négation et le sarcasme. La parole mordante du vieillard fit passer de Jean-Jacques à Voltaire ce monde violent et mobile; — il annonça le Directoire; prépara le 9 Thermidor et tua Robespierre.

Aussi les mystiques du déisme et du naturalisme, les enthousiastes de Jean-Jacques ou de Swedenborg, les chrétiens et les théophilanthropes, ne l'entendaient-ils pas sans horreur raconter son fameux triomphe. Il y avait de tout cela parmi les débris de cette Convention, qu'une illusion de l'histoire a découpée en Girondins et en Montagnards. Les doctrines les plus divergentes les enflammaient tous; non pas des dogmes systématiques et médités, mais des idées ardentes et instinctives : de là cette fougue acharnée des combats révolutionnaires, qui ne pouvaient finir que dans le sang. Chaque homme était une idée vivante, souvent vague et confuse, mais terrible ; Anacharsis Clootz, c'était l'illuminisme de Weisshaupt ; La Reveillère-Lépeaux, le socinianisme ; Amar, le swedenborgianisme ; Vadier, l'ironie. Dans une assemblée aussi fougueuse cette froide et immobile statue de l'Ironie était chose assez extraordinaire pour que l'on s'y arrêtât.

« Quand je découvris le pot aux roses de la mère Théos, dit-il un jour.... »

Amar prit son chapeau et s'en alla.

« Tu té sauves ! » cria de sa voix fêlée et gasconne le persécuteur des mystiques.

Amar n'avait rien dit, mais, jetant un oblique regard sur Vadier, il avait fermé doucement la porte. Le vieillard continua son récit. Il nous raconta pour la centième fois comment les imbéciles se remettaient à dire la messe ; — comment Robespierre lui-même, — *l'incorruptivle !* — (et il faisait vibrer ce mot avec une ironie méridionale inimitable) allait tourner au cagotisme ; — comment *l'incorruptivle* tendait à se faire *grand-prêtre.*

« Alors, ce fut par un *vienhurux* hazard que z'appris que la *petite maman Théot* (« Theos, » Dieu) rassemblait sa petite congrégation dans un grenier *véni* ; — et ze me mis à l'œuvre !... et ze les fis sauter.... et....

— Nous le savons bien, dit le petit et honnête Robert Lindet, que cela impatientait. Tu nous l'as dit cent fois !

— Ah ! ah ! continua le **voltairien révolutionnaire**

en se redressant malgré sa goutte, — quand ze leur ai fait mon rapport.... voyez-vous.... le fanatisme, il a été abattu du coup.... Il en avait pour longtemps avant de se relever... et Rovespierre! anéanti! fini!... Ze l'ai abîmé !... »

Et il se replongeait dans son fauteuil, avec une indicible joie.

AMAR LE SWEDENBORGIEN.

Lorsque les alliés entrèrent à Paris, et que le retour des Bourbons fut annoncé comme probable, un grand mouvement eut lieu dans les familles qui pouvaient avoir quelque chose à craindre, ou du moins qui le supposaient. Mon père partit pour l'Angleterre, et j'eus des rapports fréquents avec quelques-uns de ses anciens collègues. Ce fut dans cet espace de temps que je connus de près celui qu'on a appelé le farouche Amar, et ce fut pour moi l'objet d'une étude fort curieuse.

Il n'y avait rien de plus doux, de plus amène et de plus courtois que ce tigre prétendu ; ses anciennes habitudes de trésorier du roi et d'homme du monde avaient laissé des traces évidentes dans son langage et dans ses mœurs. Il parlait bas ; un gros diamant étincelait à l'un des doigts de sa main gauche, et il le faisait jouer avec une certaine coquetterie qui sentait son financier ; le linge le plus blanc et le plus fin, les manchettes les mieux brodées et le jabot le mieux plissé s'accordaient avec des vêtements de couleurs claires et de teintes modestes, mais non lugubres, qu'il portait de préférence. A le voir, tout homme ayant étudié le dix-huitième siècle l'aurait pris pour un économiste de la secte de Quesnay. Néanmoins cette grande figure pâle, ces cheveux blonds blanchissants, cette tête penchée qui semblait suspendue entre la rêverie et le calcul, cet œil d'un bleu effacé et mystique, sans rayonnement extérieur, replongeant pour ainsi dire tous ses rayons au dedans, laissaient dans l'âme et dans l'esprit une impression indécise et vague qui n'était pas sans solennité ni sans terreur. C'était là, on s'en aperçoit bien, un esprit plus profond et plus complet que celui de Vadier. La vivacité amère et incisive du dernier avait bientôt donné sa mesure; on ne savait quels sentiments ou quelles idées se cachaient sous le calme et la douceur méditative d'Amar. Quelques paroles m'expliquèrent ce qu'il y avait de mystérieux en lui, ou plutôt je comprends aujourd'hui le trait fugitif gravé par quelques-unes de ses paroles dans ma mémoire d'enfant.

J'ai toujours remarqué que le logement d'un homme avait une analogie singulière et inévitable avec son caractère et ses tendances. Il faut être philosophe ou mystique pour aimer les horizons étendus, semés de feuillages verts et laissant errer le regard sur des cultures, des champs et des jardins; de tels aspects ont un charme particulier pour les esprits méditatifs, que les grandes villes et leur éternel tapage obsèdent et fatiguent.

A un troisième étage de la rue Cassette, l'ancien trésorier du roi, devenu républicain, avait choisi un asile qui offrait une perspective de ce genre. La plus grande simplicité et la plus parfaite propreté y régnaient; je me rappelle que des fenêtres de son cabinet, où un grand Christ noir était suspendu, on jouissait de l'une des plus belles vues de Paris. Tout enfant, on m'envoyait assez souvent chez lui; et les bonbons et les gâteaux que j'y recueillais ne laissaient pas que de me rendre ce voyage agréable. Jamais je ne l'avais entendu ni se fâcher, ni même exprimer une opinion qui différât de celle d'un autre. Il produisait sur moi l'effet d'un solitaire timide, jeté, malgré lui, du monde de la spéculation dans le monde des réalités. Son émotion ne se manifestait que par une légère et subite rougeur et par une certaine dilatation de la prunelle. Ce grand calme, triste et doux, pouvait bien ne pas recouvrir beaucoup d'idées; assurément celles qui se cachaient sous une telle enveloppe devaient être profondes et ineffaçables.

Peu de temps après l'entrée des alliés à Paris, j'allai le voir, et je le trouvai plus agité qu'à l'ordinaire. Il était en même temps plus paré; son habit chocolat-clair et un superbe gilet de bazin blanc qu'il portait dans les beaux jours brillaient au grand soleil; la fenêtre était ouverte, un rayon blanc tombait sur le Christ d'ébène. Sur le bureau, en face de deux petites fenêtres, un énorme volume était ouvert.

Quant à l'habitant du cabinet, ou plutôt de la cellule, la tête penchée, le dos voûté et les mains derrière le dos, il arpentait la chambre à grands pas ; quand j'entrai, il me regarda avec un singulier sourire qui me sembla plein de commisération pour ma jeunesse. Appuyant sur mes épaules ses deux lourdes mains aux ongles roses et soignés comme ceux d'une femme, et me regardant fixement, comme un magnétiseur contemple son sujet :

« Pauvre petit ! s'écria-t-il, pauvre âme ! »

Puis il alla fermer mystérieusement la porte, dont il poussa le verrou. J'éprouvai je ne sais quelle sourde terreur en face de ce personnage singulier ; — et ce n'était pas sa réputation qui m'imposait, c'était lui-même.

« Allons, me dit-il, enfant, asseyez-vous à ce bureau, et lisez. »

Je lui obéis.

Le gros volume dont j'ai parlé était devant moi. C'était un in-folio, relié en cuir noir, orné de sinets de toutes couleurs. Ce livre précieux, souvent feuilleté, et couvert de notes, n'était autre que la Nouvelle Jérusalem de Swedenborg, le plus mystique des livres mystiques, comme on sait. Au moment où je commençais la lecture du chapitre IV, lui, toujours se promenant, il se rapprocha du bureau et, posant sa main étendue sur le feuillet, qu'il me cachait ainsi :

« Voici le grand livre, jeune homme, voici le maître ! La génération présente ne le comprend pas, Heureux nos enfants, s'ils l'écoutent ! C'est lui qui m'a dirigé ma vie, c'est le seul explicateur des mystères chrétiens, c'est le voyant par excellence, — c'est le grand révolutionnaire. »

Ainsi le farouche Amar était un mystique swedenborgien : voilà le mobile profond et caché de toute sa conduite. Il avait voulu comme Robespierre et Clootz régénérer l'humanité malgré elle. Pendant une demi-heure, caché au fond d'un grand fauteuil à ramages qui aurait très-bien pu figurer dans la salle du trésorier du roi à Angers, il écouta, l'œil au plafond et la bouche souriante, la description des anges du troisième ciel et de leur vie, telle que Swedenborg l'a vue et étudiée de ses propres yeux.

« Ah ! s'écria-t-il enfin en se levant avec un mouvement brusque et impétueux qui ne lui était pas ordinaire, voilà ce que les hommes seraient devenus, si nous avions été jusqu'au bout, si nous avions osé... Mais, ajouta-t-il en baissant la voix avec une conviction froide à faire trembler, nous n'en avons pas assez fait.... et j'en demande bien pardon à Dieu !... »

Il pleurait.

1819.

Je commençais à comprendre, à vivre enfin ; j'ai senti les dernières effluves du dix-huitième siècle, un certain nuage de sentimentalité sensuelle et de langueur idyllique, maniéré et précieux, venir jusqu'à moi. C'était faux, essentiellement factice, et cela naissait d'un bon désir. On aspirait à une vie moins guindée et moins mensongère. Gessner et Florian avaient ouvert un idéal de bergeries roses, un monde où les pères avaient tous la barbe vénérablement coquette et les filles une ardeur virginale aussi blanche que leur robe. On supposait la nature comme cela. Les bergers de la Pœgnitz, les idyllistes italiens de l'*Aminta*, les pasteurs élégants du *Pastor Fido* et du Tasse, les *Minnesinger* eux-mêmes et les chantres provençaux du Platonisme amoureux avaient imaginé des folies analogues, saturées du même idéal et bercées dans les mêmes fantastiques aspirations. Tout cela est le mensonge. Ces chimères créent des hommes sans réalité, poursuivant d'abord des nuages ; désabusés enfin de leur poursuite et de leur croyance aux fantômes, ils se vautrent un jour à plaisir dans la bassesse et la bourbe des intérêts les plus vulgaires. J'aurais fait comme les autres et j'aurais été un Français de 1860 — un désabusé — c'est-à-dire un ennuyé et un repentant, plein de dégoût après l'orgie, si le choc violent des idées du nord ne m'avait arraché à ce rêve du midi, à ce mensonge éternel, à cette affreuse misère morale qui consiste à professer ce qu'on ne croit pas, à se costumer d'un idéal extérieur, à être ce qu'on n'est pas. Quand je parlerai tout à l'heure de mon séjour en Angleterre, je dirai comment j'ai appris à être *vrai*, comment j'ai échappé à ce mensonge ineffable, dans lequel baignent et se délectent mes contemporains français; comment j'ai abhorré ce mensonge qui sous Napoléon Ier a abouti à l'orgueil de la servitude ; sous Louis Philippe, à la politique des rhéteurs; sous Napoléon III, à l'escroquerie philanthropique. Je dirai comment j'ai payé ma vérité, en littérature et dans le monde.

Je ne voyais de vrai que ma mère. Le reste, même mon admirable père, était faux. Il y avait en lui un effort violent, un certain convenu, un certain factice. Il déclamait sur la beauté de la République romaine comme une Tête-Ronde du temps de Cromwell prêchait sur la sainteté de l'ancienne Bible. Véhément, il croyait croire; ardent, il voulait être sincère. Vrai dans le désir, il faussait involontairement son âme par la violence de l'élan. Je l'écoutais très-étonné. Mais quand je voyais ma mère, paisible, silencieuse, méditer et lire tranquillement son petit Bernis (Cazin) et son Gessner de la même édition, je m'associais à elle. Elle était calme comme les vrais croyants ; quelquefois, elle prenait Corneille (Cazin) que de temps à autre elle posait sur ses genoux pour mieux comprendre. Je sentais que la vérité était là, qu'elle n'exagérait aucun sentiment et ne grossissait aucune impression.

L'esprit du nord était trop vivant en elle pour que la sentimentalité vernie et fausse pût l'envahir. Elle aimait les peintures domestiques de Gessner ; Bernardin de Saint-Pierre avait un charme vif pour elle ; là, elle s'arrêtait. Je ne l'ai jamais vue condescendre à lire les Maleck-Adeleries de Mme Cottin, ni les tendresses fades de Mme de Genlis. Le faux ne la touchait pas. Ce qui me protégeait surtout, c'était son doux exemple. N'allant au lycée que par intervalles, je n'étais pas corrompu. Ce que je voyais le plus, c'étaient les deux sphinx de pierre, au nez cassé, qui se tenaient mystérieusement accroupis sur les degrés descendant au jardin ; c'étaient les thuyas verts en pyramides, qui conduisaient à la pelouse, et au milieu de ce petit paradis de vérité verdoyante, les douces images, vraies aussi, de *Virginie* et de *Clarisse Harlowe*. Déjà la vérité me saisissait, même dans le roman.

MON ÉDUCATION.

1811-1814.

Mon père, comme conventionnel, votant et prêtre marié, réunissait tous les titres à la malédiction, haine et réprobation publiques. Sous cette pluie de feu, sous le grand anathème social, il levait haut la tête, et je ne comprends bien qu'aujourd'hui les rides de son front plissé, le terrible sourire de ses lèvres, la sueur coulant à grosses gouttes sur ses cheveux blanchis, autrefois blonds et ardents, et son éternelle et puissante déclamation en faveur des Romains et des Grecs. Il m'éleva *contre*, non *pour* la société, voulant créer un être à part, tout à fait hostile et supérieur à ce monde. Il me fit suivre la théorie de Locke à cinq ans, — écrire mon journal à six et épeler Horace à sept. — Je traduisais couramment Horace à neuf ans. Rien contre la religion. Rien pour la religion. Par mon essence propre, je tenais beaucoup plus de ma raisonnable et douce mère, la bonne Hollandaise protestante, que de mon père, le fougueux général-chanoine, jadis ardent catholique, le grand vicaire, jadis dévôt, maintenant converti à la foi de la Révolution. Mon tempérament d'esprit plus élégiaque qu'exalté, plus tendre, plus observateur, surtout plus inquisitif et sentimental que sanguin et véhément, répugnait aux chaudes utopies et aux engouements paternels. Le sang frison de ma mère, enclin aux enquêtes, ami de la vie intime et presque pastorale, luttait chez moi contre les bouillonnements du sang gaulois de mon père, ligueur devenu républicain. Ma pureté de sens se conserva jusqu'à trente ans. Mon besoin d'analyse devint intense et extrême.

Quant au mouvement politique social entre 1800 et 1825, j'y restai étranger tout à fait; je ne savais rien des guerres de l'Empire et n'aspirais aucune parcelle de l'atmosphère générale. Je ne connaissais que les livres et la nature. Les grands arbres du jardin versaient les soirs d'été une ombre adorable, et j'allais lire sous cette ombre les comédies de Molière, Lavater et les martyrs de Werther. La rhétorique qui règne dans la plupart de nos livres était tempérée pour moi par cette liberté du jardin paternel, ces fleurs, ces fruits, ces allées vertes où j'allais me promener pour lire et relire les *Études de la Nature*. J'adorais Werther et Clarisse. J'avais la superstition de la chose écrite et le fanatisme de l'imprimé. Si j'étais resté en France, le faux idéal dont on nous vernit au collège se serait un peu écaillé au contact de la vie réelle, des intrigues, des manœuvres éternelles, et des ruses d'Arlequin dont notre société est pétrie. En allant passer dès quinze ans ma jeunesse au nord, je perdis la rhétorique française, la période systématique et le goût de la phrase; je lus Bacon, Shakespeare, la Bible, Byron. J'oubliai la synecdoche, j'abandonnai l'épiphonème, je ne me berçai plus de métaphores. Je revins avec une sorte d'ivresse sacrée et de rage honnête à la simplicité, à la hardiesse, à la liberté, à l'humanité, à la vérité. Je m'éloignai de l'artifice que je regardai comme mensonge et du culte antique de l'ornement stérile, de la forme convenue. Je protestai contre l'amplification. Je dédaignai la symétrie forcée. Je n'estimai plus que la vitalité de la conception, la sincérité de l'idée nette collée sur le fait, exprimée clairement avec toute la passion et toute la couleur qu'elle comporte; rien de plus. Mon père, jugeant bien l'état du monde civilisé, surtout celui de la France, n'y vit que fortunes croulantes, positions incertaines, avenir menaçant, nuages et foudres, couronnes aussi chancelantes que la hutte du paysan sur les Alpes, quand souffle l'orage. Je ne voulais pas le croire, lui, il se connaissait en révolutions comme un pilote de Brest en naufrages.

Et il me répétait souvent d'un ton doctoral : « Ils ne meurent pas d'un coup, d'un seul bond. Il y a des points d'arrêt, des repos, des moments où s'arrête la chute. Puis la race ou la nation condamnée reprend son élan, bondit encore et tombe plus bas. »

C'est ce qui est arrivé après la monarchie, en

1789; après la Terreur, en 1794; après le Directoire, en 1800; après l'Empire, en 1815; après Charles X, en 1830; après Louis-Philippe en 1848; après le second empire ou du moins après les trois batailles perdues en 1870. De ces horribles sept culbutes, je n'ai vu que les quatre dernières. Ce sont autant de dénoûments partiels. Combien il fut triste, celui de 1815! Les vieux conventionnels que l'on tolérait à Paris ou qui s'étaient ralliés à l'Empire, Prieur de la Marne, Savornin, Mallarmé, Vadier, Robert Lindet, Lanjuinais, venaient souvent sans bruit et doucement chez mon père, lui dire ce que devenait l'Empire. On ne haïssait pas beaucoup. Encore moins déclamait-on. La religion de l'obéissance avait reconquis ses prêtres et relevé ses autels. C'était un universel silence, pas un frémissement des âmes, pas une réclamation des esprits. De petits journaux de format in-quarto apprenaient au public ce qu'il devait savoir. Le développement intellectuel se réduisait aux Contes en vers d'Andrieux et au Mercure de France. Avec quelle profonde sensation de respect vis-je la douillette violette d'Andrieux pénétrer dans ma petite chambre de la rue des Postes, lorsqu'il visita la maison de mon père! C'était pour moi un phénomène, ce joli fabricant de petits riens. Un pauvre jeune homme appelé Bourgeat, lequel adressait des articles au Mercure et faisait assez proprement de la critique littéraire, me remplissait d'estime et d'ébahissement. Du milieu de cette stagnation, de cette puérilité, de cette niaiserie, on entendait retentir les bulletins de Bonaparte, ses canons, les grandes proclamations du Sénat et, d'un autre côté, rugissant dans sa caverne, les éclats assourdis et comprimés du vieux lion révolutionnaire. C'était l'harmonie la plus douloureuse ; au loin le tambour, le pas des soldats, les pleurs étouffés des mères et dans un coin ignoré, obscur, le hurlement sourd de la Liberté vaincue.

Ayant lancé ses légions dans la neige et dépassé les limites du possible, l'Italien-Grec qui avait mis son pied sur la France fut renvoyé. A peine osait-on se le dire. La retraite de Moscou n'était qu'un sujet de conversations secrètes, à demi avouées, murmurées, timides, tremblantes. Il y avait du lugubre avant la colère. La servilité avait encore peur même quand le pouvoir croulait. Je dois cette justice aux hommes de 1793 : ils ne se réjouirent pas, ils pleurèrent, quand les Cosaques amenés par l'empereur campèrent aux Champs-Élysées.

Waterloo venait de punir sur le dos des malheureux Français leur fol entraînement et la séduction que leur vanité avait subie.

On a écrit contre Ney. Ah! je me sens pénétré d'indulgence et de triste équité quand je reporte mes regards sur les cent années qui précèdent: tant de serments ; tant de parjures ! Les scènes de l'abdication ! Et celles de Waterloo ! Et vous êtes sévères pour un homme, atome perdu dans le flot.... qui change sans cesse de lit!

Ah! que je serais bien plus sévère pour M. de Talleyrand dont M. Bulwer fait le portrait!

LA RÉVOLUTION FRANÇAISE.

De même que les septembriseurs de 1793 suivaient la trace et la piste des sanglants inquisiteurs, de ceux qui avaient tué les hommes jadis au nom de la morale et de Dieu, de même les républicains, membres du Directoire en 1798, se modelant sur Louvois le monarchiste, pillèrent le Milanais, comme Louvois avait pillé la Hollande, et ordonnèrent le vol à leur général Bonaparte, qui l'exécuta merveilleusement. Rien n'a donc changé dans le fond moral de la France. Il est le même. La somme totale des vieux vices monarchiques s'est résumée, élaborée, condensée, et le résultat est devenu une France d'habileté, de mécanisme, de servitude, de révolte; une France spirituelle, assez avancée comme industrie, et qui a reculé moralement, du côté de la rapine, de l'égoïsme et de l'iniquité. Si l'éducation de la race avait été bonne, est-ce que la rapacité d'un Soult et d'un Fould se serait développée après la férocité d'un Murat? Qui donc a fait les Robespierre, si ce n'est le P. Porée et le *Selectæ è profanis?* Qui donc a fait les Barras, si ce n'est les Lauzun et les voluptueux de la monarchie. Et qui donc a fait le gouvernement de Juillet, si ce n'est la Terreur blanche?

LA PRISON EN 1815.

I

Quelques mots sur la personnalité des Mémoires.
La Conciergerie.

Nous avons tous été quelque peu en prison. Cela vous est arrivé, à vous, à moi, à tout le monde. C'est chose vulgaire que cette gloire. Nos pères nous ont ouvert la route : puissent nos fils retrouver une de ces honnêtes époques où le mot *prison* fait tressaillir d'effroi; où l'on se raconte à l'oreille et en tremblant l'arrestation du voisin; où l'on ne veut pas croire aux récits de 1793, de 1815 et de 1848; où les fantômes du château de Ham, de Vincennes et de la Bastille, dressent dans un passé fabuleux leurs créneaux historiques!

Pour moi, j'étais bien enfant quand le nom de *Ham* retentissait à mon oreille; c'était la terreur et l'amusement de nos soirées. Je connais ses pierres noires, ses remparts, ses escaliers tortueux et ses plates-formes dominatrices, comme si je les avais bâtis. Je sais la profondeur des fossés; je vois d'ici la chambre que mon père habitait. Il y avait passé quelques longs mois. Il me disait les histoires du donjon, et comment sa majesté le Directoire l'avait enfermé là, sans que sa majesté le peuple vînt l'en tirer; et les ressorts secrets de la politique du temps; puis les tragédies grecques et les comédies romaines que les prisonniers républicains jouaient sur le préau; les caractères des détenus, leurs espérances, leur passé; la part qu'ils avaient prise au mouvement redoutable de la Révolution naissante et furieuse; et comment je fus nommé *Philarète*, nom beaucoup trop ambitieux pour moi, à cause de ce château et du *Jeune Anacharsis* que l'on y lisait.

Oh! comme j'écoutais ces histoires d'un temps terrible, père de notre temps affaissé; époque qui nous a préparés, et qui nous ressemblait si peu! Les convictions étaient alors ardentes, elles coûtaient la vie; nos convictions sont de pauvres hypothèses. Les sacrifices étaient alors réels, fréquents, meurtriers; aujourd'hui, tout est incertitude, mollesse, attitude de théâtre. Crimes et vertus étaient sérieux et scellés par des actes sublimes ou atroces, maintenant, bonnes et mauvaises qualités ressemblent à des parodies. Alors la foi qui excuse et ennoblit vivait dans les cœurs; aujourd'hui le doute se pare des lambeaux de l'héroïsme théâtral, la vanité individuelle pose partout.

Cherchez bien; vous trouverez quelque souvenir

de prison dans votre famille; vous le trouverez quand même vous auriez mené la vie la plus incurieuse et la plus obscure; et ne soyez pas trop fiers de ces souvenirs; ils font partie du bagage biographique de chacun; on les inscrit dans sa vie comme le baptême et la naissance. Les histoires du château de Ham étaient restées gravées dans ma pensée; l'ombre de ses tourelles obscurcissait mes jeunes rêves, quand une bonne réalité, une vraie prison vint interrompre mes études, m'arracher à mes classes, et m'apprendre dans quel siècle je vivais. Par une prévoyance admirable du destin, j'ai fait ma rhétorique à trente pieds sous terre. Me voilà en prison moi-même, fort indigne de cet honneur, à quatorze ans, dans un humble cachot de la Conciergerie, sans que personne en sût rien, sans que le plus petit journal embouchât la trompette en ma faveur, sans que les honneurs du martyre politique fussent décernés à l'enfant innocent; pourtant l'occasion était belle! Mais tout se taisait profondément. On nous avait enseigné le silence; c'était un temps qui ne plaisantait pas. Depuis ce mois de geôle, j'ai regardé mon éducation comme finie; je ne me suis étonné de rien, et j'ai estimé mon époque à sa valeur.

La vraie prison de l'ancien régime, la Conciergerie a disparu[1]. C'était, en 1815, un amas de cachots superposés, un dédale de corridors sombres et de voûtes infernales. Du front vous touchiez la poutre

---

1. En 1849.

qui écrasait le guichet d'entrée; ployé en deux, vous aviez peine à le franchir. Un réverbère à la clarté rouge brûlait éternellement sous le porche. Il y avait encore là des faces noires de geôliers, des paquets de clefs retentissantes, des barreaux de fer obstruant l'air et la lumière; je m'en souviendrai toujours. De telles images ne périssent point dans la mémoire; elles projettent leur ombre sur toute une vie; elles forment un homme ou l'écrasent, font germer son intelligence ou la tuent. Les plus tendres et les plus amères de mes pensées se reportent vers ces voûtes obscures.

Mil huit cent quinze et la Conciergerie, deux traces profondes, ne s'étaient point effacées en 1832, sous des chagrins qu'il n'est pas nécessaire de rappeler ou de décrire, sous l'expérience cruelle d'une vie d'exil pour l'âme et le corps, sous des regrets et des désappointements que chacun regarde comme son apanage, et qui sont le lot de tous; sous le poids de quinze autres années solitaires ou douloureuses.

Vers 1832, je voulus encore visiter ce cachot où j'avais passé deux mois; c'était un besoin d'âme, un retour vers des temps écoulés, vers des biens perdus, vers ceux qui vivaient en 1815 et auxquels je survivais seul. Dieu sait, en quinze années, que de tombes surgissent autour de l'homme! la grille où ma mère avait pleuré devait me parler d'elle; cette obscurité, confidente de mes timides et profondes tendresses, allait rouvrir dans mon cœur une source d'émotions que le monde glace sans la tarir. Je me trompais. Le temps qui change les hommes bouleverse les pierres; la prison de 1815 avait disparu. Je vis la nouvelle Conciergerie de 1831, et ne retrouvai plus ma geôle dans cette prison philanthropique; ce fut une douleur pour moi.

Où étiez-vous, Conciergerie noire et lugubre, témoin impassible de toute la Révolution; escaliers horribles, couloirs suintant d'une humidité de sépulcre? Voici une prison qui ressemble à un hospice bien tenu : cette poésie funèbre s'est évanouie; tout s'est civilisé! Le changement social qui met aujourd'hui de niveau la roture et la noblesse, la boutique et le salon, est venu donner un aspect identique à la maison de châtiment et à la retraite des malheureux que recueille la charité publique; la santé des hommes respectée, leur repos et leur sommeil protégés, leur vie, même criminelle, soigneusement conservée, attestent le progrès éternel des sociétés, qui se perfectionnent au risque de se suicider. J'avouai l'amélioration, mais j'eusse voulu me retrouver quelques heures seulement dans cette cave où 1815 m'avait jeté, pauvre enfant accusé sans preuve, criminel d'État en suspicion, chétive victime de cette politique qui, à tort et à travers, frappe des têtes glorieuses et obscures, sans parvenir à son but, sans soutenir les républiques ruineuses ou les trônes tombants.

Je suis fâché d'être obligé de parler de moi. Dès que vous entrez dans cette route égoïste, votre personnalité vous saisit et vous domine malgré vous. Comment expliquer ce que vous avez à dire, le pré-

senter sous son vrai jour, l'offrir dans sa réalité,
sans se livrer à ces insupportables détails des circonstances individuelles? Le *moi* devient votre tyran, il vous presse en dépit de vous-même, il vous
enivre de sa nécessité et vous accable de son poids.
Rien d'héroïque ne se mêle, j'en préviens d'avance,
aux événements que je vais raconter. S'il est question de moi, ce n'est pas ma faute, je roulai ballotté
par la tourmente politique, comme la feuille qu'emporte l'ouragan : il s'empara de ma vie et fut sur le
point de la briser, mais je ne le provoquais pas; si
je le bravai, ce fut enfantillage romanesque plutôt
que force et courage.

II

Un adepte de Jean-Jacques Rousseau.
Émile mis en pratique.

Au mois d'avril et de mai 1815, il y eut plusieurs
conspirations dans Paris : mal tramées, mal tissues,
préparées par des insensés, aidées par les hommes
qui devaient les punir, châtiées par ceux qui les
avaient provoquées; c'est le dernier raffinement de
la politique. Je ne me doutais pas que mon nom figurerait dans ces listes.

Mon père pensait, avec Rousseau, que la seule
ressource d'un homme était en lui-même, que la
plus intellectuelle des éducations pourrait ne ser-

vir à rien, que, dans cette époque de crise et de bouleversement universel, chacun, même le plus riche, devait savoir gagner son pain à la sueur de son front. C'était une vue juste de la société; je la trouvais exagérée ; je me trompais ; contemplez le monde aujourd'hui, et dites s'il avait tort. Ce tremblement fébrile, cette terre vacillante sous nos pieds, nos terreurs, nos agitations justifient mon père. Il me proposa donc de couronner une éducation trop scientifique, commencée dès le plus bas âge et embrassée avec ardeur, par l'apprentissage d'un métier manuel. Qu'on imagine la peine éprouvée par un enfant qui sort de ses classes, qui a été couronné pour des versions grecques et des déclamations de rhétorique, qui lit Rousseau, Ossian, *Werther*, le *Génie du Christianisme*, qui se croit un penseur, qui aspire par tous les pores cette éducation fausse de nos romans de philosophie et de notre philosophie romanesque. Ouvrier ! quel titre ! quelle chute ! quelle résignation ! Une obéissance filiale et passive courba ma volonté sous ce terrible bon sens paternel qui dans la situation où se trouvait notre famille, eût pu passer pour extravagance, et qui n'était que le fanatisme de la raison. Il faut avouer aussi que mon père, adepte sincère et véhément des théories de Jean-Jacques Rousseau, se croyait obligé envers lui-même de suivre de point en point l'évangile proclamé par l'auteur d'*Émile*, croyance à laquelle depuis 1789 il était resté fidèle. Mes aspirations étaient autres. Jamais garçon plus rêveur ne fut jeté plus rudement dans les aspérités de la vie pratique. Je me crus un héros en acceptant sans murmure des garanties qu'un homme puisse mettre en réserve contre les chocs de la vie et de la fortune, en devenant, d'écolier qui savait faire un thème inutile, un utile compositeur d'imprimerie.

Il y avait alors à Paris une imprimerie unique dans son espèce. Trois casses décomplétées se trouvaient reléguées et solitaires dans le deuxième étage d'une maison obscure, située rue Dauphine, sur le terrain occupé aujourd'hui par le passage qui porte ce nom. Point d'ouvriers pour donner le mouvement à ces morceaux de plomb créateurs, pour les transformer en pensée. Le maître était pauvre et plus que pauvre. Toutes les misères de l'âme, du corps et de l'intelligence l'accablaient à la fois. C'était une épave révolutionnaire, un de ces êtres qui ont pris à des mouvements trop forts pour eux une part violente et passive; il avait été Jacobin. Comment vivait-il? je l'ignore. Il n'imprimait pas même d'almanach. Il existait cependant, et ses presses oisives et ses casses poudreuses chargeaient inutilement le plafond de son propriétaire. Je crois que la police tenait cette maison sous sa surveillance immédiate : ce que mon père ignorait. Il ne vit dans la solitude de l'atelier qu'un moyen précieux de secourir une infortune en préservant ma jeunesse contre la contagion de l'exemple. Sans vivre au milieu des ouvriers, j'allais le devenir et m'instruire sans danger. Mon père choisit donc pour mon maître le pauvre Jacques, propriétaire d'une imprimerie délabrée. Pendant trois mois, je montai régulièrement à huit heures, pour en redescendre à trois, les quatre étages qui menaient à l'atelier désert.

Là je restais seul, je rêvais; souvent l'ennui venait me poursuivre; les leçons du maître étaient rares ou plutôt nulles, et quand le maniement des lettres et leur pose dans l'instrument qui les unit avait fatigué mes doigts, je m'asseyais avec un livre. Qui n'a pas connu le dégoût d'un labeur où la pensée n'a point de part ne comprendra jamais toutes les délices de la lecture. Vous avez eu affaire à l'élément grossier, au plomb, à la terre, au bois, forces aveugles qui n'ont qu'une résistance passive; et voici la pensée qui rayonne devant vous, resplendissante, active, pénétrante, indomptable, infrangible, féconde d'une fécondité qui ne meurt pas! Je ne m'étonne point que de grands hommes soient nés du sein des métiers mécaniques; pour ceux qui ont été nourris exclusivement dans les salons, l'intelligence est un jeu, une parure, un délassement; pour ceux qui ont tenu l'épée ou le gouvernail, poussé la charrue ou agité la lime, l'intelligence devient une passion, une force, une beauté, un culte, un amour divin. C'est de l'échoppe, de la boutique, de l'atelier ou du greffe de notaire (magasin d'écritures sans pensée), que la plupart des puissants esprits ont jailli : Molière au milieu de la boutique du tapissier; Burns chez le métayer; Shakspeare, fils d'un propriétaire marchand qui vendait de la laine et des gants; Rousseau fabricant les rouages de son père. Longtemps aux prises avec la nature physique, tous se sont réfugiés, heureux et enthousiastes dans le domaine libre de la pensée. Un esprit même inférieur se tremperait fortement dans ces apprentissages mécaniques : et si jamais l'immense réforme qui s'empare du monde s'étend jusqu'à l'art de créer des citoyens, je ne doute pas que le bon sens ne l'emporte enfin sur l'habitude, et que l'une des parties les plus importantes de chaque éducation ne soit désormais le mélange bien combiné des développements de l'esprit et de l'action humaine sur les éléments de la nature. Je voudrais que tout agriculteur sût lire ; je voudrais que tout homme riche eût un métier. Aux uns l'ignorance, aux autres la corruption cachent Dieu et la sainteté de la mission humaine. Pour les puissants et les riches, l'étude sérieuse de la nature physique et l'essai d'un métier me sembleraient aussi nécessaires que, pour nos paysans, ouvriers et bûcherons, la connaissance de la langue française et l'étude de la Bible.

De toutes ces idées pas une ne se présentait à mon esprit. Je sortais de classe ; j'avais ma tragédie à composer, de tendres rêves à suivre, et Gessner que je voulais lire. J'accomplissais soigneusement ma tâche ; mais avec quel plaisir revenais-je à ces fades pastorales de Salomon Gessner, dont la blafarde moralité me paraissait le dernier terme du bon goût et de l'élégance ! O bergères des idylles, ô Chloé, Daphné, Leucothoé, que vous sembliez belles, dans cette salle noire et triste, vide d'habitants et peuplée d'araignées, à petites fenêtres, à petits carreaux, d'où je n'entendais que le bruit discordant de l'orgue, aux basses beuglantes et au dessus criard, le frôlement lointain des voitures, les cris d'un épileptique qui recommençait chaque jour, dans une chambre voisine, sa hideuse agonie ; enfin les murmures émanés d'une salle de jeu située dans la partie inférieure de la maison. Cette salle de jeu m'occupait beaucoup ; là je voyais entrer de vieilles femmes avec un ridicule vert, à trois heures du soir et je les voyais sortir le lendemain à dix heures du matin : elles y avaient passé la nuit. Un coup de pistolet s'y fit entendre certain jour, sur le midi ; j'aperçois encore la chambre au tapis vert, dans l'intérieur de laquelle mon regard curieux essayait de pénétrer à travers les rideaux rouges qui cachaient cette caverne.

III

Gessner. — La maison du maître. — L'arrestation.
La salle Saint-Jean. — Le Fanatique.

J'avais inventé un moyen de réconcilier mes goûts élégiaques et littéraires avec les devoirs qui m'étaient imposés ; c'était de composer et d'imprimer des fragments de mes auteurs favoris, quelquefois traduits par moi-même, quand ils étaient étrangers. C'est ainsi que je commençai l'étude de l'allemand, par la traduction et la composition d'*Hermann et Dorothée* de Gœthe. Un samedi soir, après avoir commencé de traduire en beaux vers hexamètres à rimes plates le *Daphnis* de Gessner, je laissai sur la casse ce livre auquel j'ai dû tant de bonheur et que tout le charme du souvenir ne me permettrait pas même de parcourir aujourd'hui. Le lendemain mon père devait me mener à la campagne, à cinq lieues de Paris. Le premier feu du printemps, le premier sourire du ciel, le premier souffle de l'air embaumé m'attendaient ; je ne voulais point partir sans Gessner, et à sept heures du matin j'étais à l'imprimerie. Un autre motif se joignait à mon amour pour Gessner ; la femme du maître était pauvre et malade ; son fils était en proie à la plus affreuse des infirmités naturelles, l'épilepsie ; son mari, aux plus douloureuses des infirmités sociales, la misère, l'envie et le fanatisme. L'intérieur de cette maison était déplorable ; il fallait l'insouciance et l'illusion de quinze ans pour y porter des idylles, et mêler à ce que la détresse, la civilisation, la maladie, les révolutions ont de plus douloureux résultats, les fictions d'une mythologie de boudoir. J'avais quelque argent à donner à la femme malade, de la part de ma mère qui ne partageait point les opinions de mon père ; protestante zélée, elle faisait la charité et distribuait l'aumône avec cette ferveur régulière qui la consolait de bien des maux. Son aumône, jointe à mes églogues, devait m'ouvrir les portes de la Conciergerie. Tout ce détail puéril était nécessaire pour expliquer par quel enchaînement de petites circonstances je tombai, en dépit de mon insignifiance et de mon enfance, sous les voûtes d'un cachot.

Quand j'arrivai chez l'imprimeur Jacques, deux hommes stationnés au pied de l'escalier obscur, qui conduisait, en décrivant une spirale étroite, jusqu'au logis de Jacques, m'examinèrent curieusement. Je ne fis aucune attention à ces sentinelles en habit râpé; et après avoir déposé mon offrande sur la table d'une petite antichambre, je montai dans l'atelier. Je redescendais mon livre à la main, quand j'aperçus à travers la porte ouverte un homme dont une écharpe ornait la poitrine et qui s'appuyait sur une cheminée d'un air indolent et plein d'ennui. J'entrai dans le taudis de Jacques pour m'informer comment se portait la pauvre femme. J'ignorais toutes les choses de la vie; cette écharpe aurait dû m'apprendre à qui j'allais avoir affaire. A peine eus-je pénétré dans la chambre, deux hommes qui s'y trouvaient me saisirent; on me fouilla; je ne dirai pas avec quelle exactitude ces recherches furent exécutées; j'étais muet et glacé d'étonnement. L'œil fixe et perçant de l'adjudant de police s'arrêtait sur moi; un portefeuille dans lequel se trouvaient le plan de ma tragédie et l'espérance de mon immortalité fut soigneusement empaqueté, cacheté, étiqueté. On me demanda mon nom, mon âge, mes qualités; on écrivit ce curieux détail; et sans daigner me dire ce que l'on voulait apprendre de moi, l'on m'ordonna de suivre deux de ces honorables messieurs, vêtus de noir, cravatés de noir, sans col de chemise et armés d'un bâton. Ils me conduisirent à la police.

Les gentilshommes qui m'escortaient étaient polis comme des alguazils de comédie. A cette aménité du chat et du tigre, qui distingue les professions habituées à vivre de la souffrance humaine, se joignait, je pense, quelque commisération pour mon âge et pour la naïveté de mes questions. Pendant que nous traversions le Pont-Neuf, ils essayaient de me rassurer et de me consoler. Les femmes dont l'instinct devine toutes les peines me regardaient avec pitié. A mes interpellations mes acolytes répondirent que ce n'était là qu'une chose de forme, que je serais bientôt rendu à ma famille, que le hasard qui m'avait conduit chez l'imprimeur accusé d'un délit politique n'était pas un motif suffisant de suspicion, encore moins de détention : enfin ils me laissaient croire que je reverrais le soir ma pauvre mère. J'entre donc sans crainte dans le bâtiment bizarre et ridicule qui semble cacher je ne sais quelles hontes et quelles plaies sociales au fond de ses obsures ruelles et qu'on nomme *la Police*. Cette grande et terrible magistrature, l'édilité morale de Paris, on n'a rien oublié pour l'avilir. Au lieu de lui consacrer un palais digne d'elle, on l'a enfermée dans un égoût. J'entrevis les bureaux, je montai quelques escaliers ; mes acolytes me quittèrent, on me poussa par les épaules, je me trouvai dans une salle oblongue dont l'odeur me suffoqua.

Mon éducation avait été douce et délicate à l'excès ; les utopies enthousiastes de mon père et les adorables leçons de ma mère dans la solitude paisible de leur maison, n'avaient laissé aucune prise aux vices et aux passions contemporaines. Je ne savais rien de Paris.

J'étais habitué à une vie simple, innocente, élégante; je jetai les yeux autour de moi : des hommes demi-nus; des haillons couvrant des femmes au teint rouge et à l'œil lubrique; de ces gens que vous rencontrez à Paris et qui sentent l'estaminet et le mauvais lieu; des paysans en blouses, les bras croisés et étendus par terre; des fumeurs jouant au piquet, sur le carreau, avec des cartes grasses; une atmosphère épaisse, infecte, dont un cabinet secret faisant partie de la salle même, augmentait encore la révoltante saveur : un lit de camp sur lequel fourmillaient côte à côte la misère, la crapule, le vice, le malheur et le crime; voilà cette salle placée sous l'invocation de saint Jean. C'était là que cette politique aveugle — cruelle sous la République comme sous la Monarchie — Briarée qui écrase tout sur sa route, sans pitié et sans remords, précipitait mon enfance.

Je fondis en larmes, et j'allai m'asseoir dans un coin, dans l'embrasure d'une fenêtre. L'argot des voleurs ne me permettait pas de comprendre ce que l'on disait; le rire immonde du crime, les gestes de la débauche, une férocité efféminée, caractère spécial du vice dans les grandes villes, frappaient mes yeux remplis de pleurs; ces figures hâves et gaies, à l'œil étincelant, au front ridé, venaient me regarder sous le nez et insultaient à ma tournure délicate et faible, à ma pensive douleur, à cette stupeur dont j'étais saisi. Un vieillard tremblant vint à moi ; il parlait à peine, ses lèvres entr'ouvertes par la décrépitude, sa tête dont les derniers cheveux blancs étaient tombés, sa bouche édentée et frissonnante faisaient peine à voir. C'était un ancien avocat que l'on avait arrêté la veille et qui était accusé de conspiration ; il y avait dans sa débilité un reste de bonnes manières ; mais son intelligence hébétée, sa voix sans souffle et sans articulation ne me permirent pas de comprendre le discours fort long qu'il me tint. Je devinai seulement que le même motif nous rassemblait, lui sur le bord de la tombe, moi sur le seuil de la vie, dans ce lieu d'ignominie, dans ces limbes du cachot.

Parmi les misérables entassés dans le parallélogramme de la salle de police, et dont les soixante visages sont encore présents à mon souvenir, j'en remarquai un, le plus intéressant et le plus étrange de tous, c'était celui d'un fanatique. Les époques sceptiques ne détruisent pas l'élément d'enthousiasme et d'amour qui vit éternellement dans l'espèce humaine. Celui-là était à la fois révolutionnaire, catholique et magnétiseur. Jeté dans la rue de Jérusalem, comme un débris détaché d'un roman de Walter Scott, il mêlait sa nuance poétique et sombre à ces balayures de la société. Sa figure était longue et pâle, son œil inspiré ; ses longs cheveux noirs bouclaient naturellement ; point de cravate, une parole rapide et bizarre, entrecoupée et incohérente. Il prêchait à ceux qui l'entouraient, et qui blasphémaient en l'écoutant, je ne sais trop quelle hérésie chrétienne, *le renouvellement des sociétés*. Il prédisait ce renouvellement qui devait s'opérer par le triple pouvoir du magnétisme, du Christ et de Robespierre. Il laissa une empreinte singulière et profonde dans ma mémoire d'enfant, comme un personnage qui faisait tache dans cette assemblée. A l'empreinte ardente de sa monomanie enthousiaste se joignait cet affaissement des traits et cette mollesse des parties solides qui suivent ordinairement les habitudes déréglées; on l'avait *ramassé* dans un carrefour, prêchant au peuple; je ne sais ce que l'on aura fait de lui.

La vermine couvrait le lit de camp; je passai la nuit sur une chaise, dans l'embrasure de la croisée. Le lendemain, le geôlier distribua des tranches de pain noir et une gamelle aux habitants de la salle; je demandai la permission d'écrire à ma mère, souffrante, malade, la plus tendre des mères, et qui n'avait aucune nouvelle de moi. Cela me fut refusé.

L'inconséquence des vieux peuples civilisés est vraiment barbare. Pendant que la philanthropie du dix-neuvième siècle s'occupait à soigner la cuisine et à entretenir la santé des hommes enfermés au bagne; au moment même où les jurys indulgents condamnaient au minimum de la peine tel parricide ayant avoué son crime, — il était permis à la politique de s'emparer d'un pauvre enfant qui n'avait pas donné le moindre prétexte à cette violence; confondue avec la lie de la crapule et du vice, ma jeunesse innocente et studieuse tombait dans cet égout, comme un flot pur qu'on eût jeté dans une fontaine infectée. Toute communication était tranchée entre le monde et moi. Point d'interrogatoire ; nulle sentence ; aucune forme de procès. Le dire d'un adjudant de police avait ouvert et refermé ce tombeau impur ; ma famille me cherchait ; ma mère pleurait ; on eût fait de moi ce qu'on eût voulu ; nul recours contre cette organisation administrative, dont nous sommes si sottement fiers, que nous appelons centralisation et qui n'est que despotisme ; — machine dont les rouages obscurs et les leviers silencieux frappent, enlèvent, écrasent sans bruit, sans que la cité soit avertie, sans que la justice ou la pitié puissent réclamer.

IV

L'interrogatoire. — L'écrou. — Le geôlier.

Trois jours passés ainsi, la triste pensée de ma mère, l'inquiétude mortelle, l'impossibilité de communiquer au dehors me donnèrent la fièvre. Le geôlier de la salle obtint enfin pour moi la permission d'écrire ; je fis deux lettres, l'une pour ma mère, l'autre pour le préfet de police ; elles partirent décachetées, selon la règle de ces lieux ; et le soir un mot de ma mère et une bague que je ne quitterai jamais me parvinrent. Le lendemain à onze heures mon nom retentit à la grille du guichet : j'allais être interrogé.

Après trois jours passés sans sommeil, et plongé dans cet étonnement et cette douleur qu'il est facile d'imaginer, tout le système nerveux se trouvait violemment excité chez moi. Nous manquions d'eau dans cette salle des gens *ramassés*. Mes vêtements étaient malpropres, mon linge souillé, une fièvre ardente me brûlait. L'homme qui donnait le pain et l'eau à ces prisonniers expectants dont je venais de faire partie, me confia à deux gendarmes; de corridors crépusculaires en corridors ténébreux, d'escaliers en escaliers, de détours en détours nous parvînmes à un greffe situé dans une chambre inférieure. J'entendis un cri; ma mère était sortie de son lit; elle avait obtenu la permission de m'embrasser un moment. Elle était là; son étreinte fut muette; elle me regarda, et son coup d'œil me dit combien j'étais changé; sa pâleur et ses larmes me causèrent une convulsion que je ne puis exprimer. Depuis longtemps ma mère avait été condamnée par les médecins. Le cœur était attaqué; et Corvisart prolongeait sa vie.

Elle avait hérité de sa race patriarcale l'amour des vieilles institutions et des antiques mœurs. Battue des orages de nos temps, mariée tour à tour à un royaliste ardent, et à un ardent républicain, elle avait vu périr sur l'échafaud, après un mois de mariage, son premier mari, avec lequel, jeune femme de dix-huit ans et belle comme les anges, elle avait passé dans les cachots de Sedan la lune de miel de ses noces. Corvisart lui avait annoncé que les émotions violentes la tueraient, et elle ne vivait que par artifice. L'indulgence de la police lui permit de m'embrasser et n'alla pas plus loin; on ordonna à ma mère de se retirer, puis on l'emporta.

Devant un bureau chargé de cartons, soigneusement classés et numérotés, se trouvait un homme dont je n'ai point demandé le nom, mais qui représente toute une classe, celle des *instrumenta regni*. C'était une figure courte et carrée, noire et ridée, grasse et osseuse; le front bas, diminué par la perruque abaissée, avec de gros sourcils, l'œil plissé aux côtés, de larges épaules de bourreau et une mine d'inquisiteur. Je restai debout devant cet homme trapu, qui commença l'interrogatoire.

« Monsieur (me dit abruptement cet homme), vous faites partie d'une génération à étouffer; race de vipères ! On ne rendra la paix à la France qu'en l'écrasant. » — En politique, toutes les races qui ne pensent pas comme nous sont races de vipères. En 1793, c'étaient les défenseurs de Louis XVI; en 1799, les amis de Carnot; en 1805, les partisans des Bourbons; en 1815, les croyants à la liberté, qui étaient les vipères. Je fus surpris de ces paroles, et réveillant tout ce qu'il y avait de calme et de raison précoces en moi :

« Mais, monsieur, répondis-je avec une fierté puérile, j'ai cru que vous aviez à m'interroger sur des faits, et je n'entends que des injures. »

Le petit homme que mon vêtement délabré, ma jeunesse et ma mine chétive avaient encouragé dans son insulte, bondit sur son fauteuil de cuir noir, comme un tigre pris au piége, et se levant de toute sa petitesse, appuyant ses deux points fermés sur le bureau, s'écria :

« Eh! voulez-vous m'apprendre ce que j'ai à faire. Vous m'en remontrez, monsieur! » Je n'ai pas oublié une de ses paroles.

« Je me contente de vous rappeler, monsieur, repris-je froidement, que vous avez affaire non à un coupable, ni même à un prévenu, mais à un jeune homme fort innocent, qui ne sait pourquoi il est ici, de quel droit on l'y amène, ni sous quel prétexte on l'y retient.

— C'est cela, continua l'interrogateur qui s'était rassis, vous faites le beau parleur. Vous appartenez, on le voit aisément, à la jeunesse libérale. Greffier, écrivez tout ce que monsieur dit. »

Puis s'échauffant dans son harnais, à mesure que la puérile arrogance de mes réponses augmentait sa colère, et ne pouvant obtenir sur l'objet dont il cherchait la piste aucun renseignement de moi qui étais étranger aux conspirations et qui exécrais jusqu'au nom de politique (sentiment que j'ai conservé dans une intacte pureté), ce chasseur d'hommes, furieux de ne pouvoir me traquer, ouvrit mon portefeuille confisqué, commenta les vers du pauvre *Guillaume Tell* ébauché, dont quelques fragments étaient consacrés à la liberté, fit valoir contre moi le premier couplet de je ne sais quelle mauvaise chanson libérale qui s'y trouvait tracé au crayon, me questionna sur mes intentions secrètes, sur mes idées, sur mes théories ; ayant soin de tirer bon parti de mes réponses, et de m'inculper au moins par mes paroles, puisque les faits lui manquaient. Il me demanda si j'aimais la dynastie régnante : je me tus un moment, et lui dis avec une fermeté un peu emphatique, que je m'explique aujourd'hui par la précoce confusion de mes lectures et la teinte romanesque de mon éducation tout entière :

« Je ne sais, monsieur, si j'aime aucun gouvernement ; je sors de mon collége, et je ne puis rien répondre à des questions de théorie ou d'affection personnelle. Ce genre d'interrogatoire dépasse, selon moi, les fonctions dont vous vous acquittez si bien. Quant à ces vers inscrits dans mon portefeuille, ce sont des fragments de la tragédie que je dois lire au comité de l'Odéon, ils n'ont aucun rapport avec la police, et vous ferez justice si vous me rendez à ma famille à laquelle on m'arrache sous un prétexte si puéril.

— Raisonneur ! savez-vous que je puis, si je le veux, vous mettre à l'instant dans un *cul de basse fosse ?* »

Je n'ajoute rien aux demandes et aux réponses dont se composa cette scène instructive qui caractérise bien le siècle ; — on y voit, en face d'un homme mûr qui a perdu la notion de justice et du bien moral, un enfant qui n'a déjà plus la timidité ignorante de son âge, — en face d'un inquisiteur arrogant un argumentateur de quatorze ans, armé de folle résistance et de dédain théâtral. Je reconnais aujourd'hui combien cette lutte attestait une civilisation factice et fausse. Certes la dureté de l'estafier supérieur chargé de m'interroger ne trahissait pas moins vivement la corruption et la décadence de notre époque que mes prétentions d'enfant à la grandeur spartiate. Je me suis demandé souvent pourquoi cet homme écrasait un personnage aussi complétement inoffensif que je l'étais. D'abord il avait à découvrir l'auteur de la prétendue proclamation de Marie-Louise, et après trois jours d'inutiles interrogations, il commençait à se dépiter de l'inutilité de ses recherches. Ensuite, à mon aspect, il m'avait pris pour un véritable enfant d'ouvrier ; l'adjudant de police m'avait désigné comme apprenti ; mes vêtements étaient simples, et dix jours de détention les avaient flétris. Quand il sut de qui j'étais né, il crut tenir les fils de la trame dont il cherchait le secret. Son espoir fut de m'inspirer de la terreur. Il ne se gêna pas, me laissa debout et me foudroya de sa puissance. « Oh ! ces Jupiters de second ordre, dit l'universel Shakspeare, laissez-leur un moment la foudre, vous verrez comme ils en useront sans pitié. »

La colère le prit. Quand ce paroxysme fut à son comble, il m'ordonna de signer une feuille de papier où l'on avait écrit, non tout ce que j'avais dit, mais la partie matérielle de mes réponses ; et sur un signe de ce monsieur, le gendarme m'emmena.

Je fus placé dans une autre chambre où se trouvait un officier, âgé d'environ quarante ans, qui portait la croix d'honneur. C'était un colonel accusé de conspiration, il me regarda tristement et me tendit la main.

« Ah ! me dit-il, on vous accuse aussi de conspiration. Quel âge avec-vous, jeune homme ?
— Quatorze ans !
— C'est admirable ! »

Le colonel se jeta sur son lit et y resta longtemps en silence.

Ls soir, deux gendarmes vinrent me prendre ; ils me dirent de monter dans un fiacre, où ils se placèrent à mes côtés. La voiture s'arrêta devant le Palais de Justice.

La voilà donc cette Conciergerie fameuse ! Alors, tout auprès du vaste escalier dont les degrés conduisent au Palais de Justice, vous découvriez dans un coin, à droite, enfoncé sous terre, caché par une double grille, écrasé par l'édifice qui le domine, le souterrain dont je parle. Le poids de tous ces bâtiments l'étouffe, comme la société pèse sur le détenu innocent ou coupable. Est-ce une prison, est-ce un égout, une cave ? Vous ne pourriez le dire, tant cette porte de la prison, si petite, si basse, si étroite, si noire, se confond avec l'ombre que projettent les saillies des constructions environnantes. A la porte se tient le gardien de l'enfer ; à gauche est l'écrou ; devant vous brûle la lampe sombre qui seule éclaire d'une lueur de sang cette avenue funèbre. La plus vieille des prisons de France ressemblait encore en 1815 aux oubliettes de la féodalité. On a, je le répète, changé tout cela. Prévenus et condamnés sont aujourd'hui logés convenablement et passablement nourris. La philanthropie du dix-neuvième siècle les confond dans son amour, comme l'antique sévérité les confondait dans son anathème. Elles se trompent l'une et l'autre. Quand ces deux fausses doctrines, dont l'une pose en principe la perversité, l'autre la bonté indélébiles de l'homme, auront fait place à des idées plus saines, on donnera au prévenu toutes les douceurs de la vie; personne n'a le droit de l'en priver; — on sera sans pitié pour l'homme qui n'a pas eu de pitié pour les hommes.

J'entrai, précédé d'un gendarme, suivi d'un gendarme.

Ma première pensée fut une pensée de mort et de tombeau. Ensuite (avouons le péché d'une fierté puérile, et un peu théâtrale; mais j'avais été élevé en France et parmi nous tout est théâtral) cette iniquité flagrante me donna courage, et je trouvai que ces hommes qui s'abaissaient jusqu'à craindre mon enfance et la jeter dans leurs caveaux m'élevaient à une dignité de martyr précoce. La conscience de ces idées tendres et pures au milieu desquelles l'adjudant de police m'avait surpris, la conviction de mon innocence, le dégoût que m'inspirait cette barbare sottise, peut-être le plaisir bizarre d'essayer à une époque peu avancée de la vie ce que la vie a de plus poignant et de plus amer, m'exaltaient étrangement; je sentais que je serais au niveau des grandes douleurs, et que le monde n'aurait rien de trop cruel pour moi. Je lui jetai le haut du défi, il l'a relevé, car j'ai beaucoup souffert, je le dis en passant, surtout par l'esprit et par le cœur.

On m'écroua ; ce mot porte avec lui une terreur ignoble ; vous diriez une action physique, une chaîne que l'on rive, un boulet dont on vous charge ; par ce contrat de la force envers la faiblesse, vous appartenez à la prison, vous êtes *la chose*, le jouet du gardien. Vous descendez de l'état d'homme à celui d'être insensible et brut, classé, parqué, étiqueté comme un tronc d'arbre arraché à la forêt et placé à son rang dans le bûcher du maître.

Le réverbère du porche ne jetait qu'une lueur douteuse et faible sur les objets ; j'entrevis les haillons d'un voleur qui, assis sur le même banc que moi, attendait aussi son écrou ; puis, un grand homme à veste brune me saisit par la main. Nous montâmes des escaliers, nous traversâmes des galeries ; le vent soufflait humide dans les galeries obscures ; mes yeux inaccoutumés à ce monde nouveau ne découvraient rien que des étoiles rougeâtres et isolées, brûlant de distance en distance : c'étaient des lampes attachées aux parois.

« Nous avons des ordres, me dit le conducteur ; j'en suis fâché, mon jeune homme, mais vous êtes au secret.

« — Qu'est-ce que le secret ?

« — C'est une chambre d'où vous ne pourrez pas sortir, et où vous ne verrez personne. »

Nous avions descendu plusieurs marches, un long corridor à soupiraux s'ouvrit devant nous ; plusieurs grilles nous livrèrent passage et retombèrent en vibrant ; la troisième porte du corridor était celle de ma prison ; ce massif de fer, armé de tous les verrous dont le luxe est spécial dans ces lieux s'ouvrit devant moi.

« Voilà ! » dit le geôlier, après avoir soulevé deux barres de fer et fait crier trois fois l'énorme clef dans la serrure.

C'était environ huit pieds de long sur cinq de large et sur douze pieds de haut; ténèbres profondes: d'une part le mur dégouttant d'eau saumâtre; d'une autre, une cloison de bois; le sol battu comme celui d'une cave; tout en haut devant la porte, à quinze pieds de terre, une ouverture de trois pieds de large sur un pied de hauteur laissait apercevoir un lambeau de ciel bleu et resplendissant; un lourd treillis de fer obstruant cette moquerie de fenêtre, et devant ce treillis un abat-jour de bois placé à l'extérieur. Voilà bien d'ingénieuses précautions ! Dans un coin à gauche, en face de la porte, quelques bottes de vieille paille jonchaient le sol; au-dessous de la fenêtre un baquet; près de la porte, à gauche, un autre baquet rempli d'eau, et une écuelle de bois. Je tressaillis; j'avais froid, j'avais peur. C'était la prison du condamné, le cachot dans toute son horreur que l'on me donnait, à cet âge, à moi qui n'étais pas même *suspect*.

Quoique les auteurs de mélodrame aient abusé de ce moyen, je suis tenté de croire à la commisération des geôliers; ils voient si peu d'êtres dignes de pitié ! Quand le hasard leur en offre un, ces âmes, habituées à la souffrance des autres et fatiguées de s'endurcir, se donnent la joie d'un peu de compassion, le rare délassement d'une charité passagère.

Claude me plaignit et me servit bien. Sa figure de bois semblait s'amollir et se détendre quand je lui parlais; il était bon pour moi, et s'arrêtait jusqu'à cinq minutes dans ma geôle. Cet homme, en veste brune et à la ceinture chargée de clés, était plus charitable que l'interrogateur, homme du monde, qui dînait en ville, portait une culotte courte de soie noire et causait avec les dames.

La menace de ce monsieur s'accomplissait. Voilà la basse-fosse que son amour-propre blessé m'avait promise, et je ne savais alors quelle fantasmagorie se jouait de moi, ni comment, arrêté chez un imprimeur, conduit à la police, interrogé par un sbire, transféré à la Conciergerie, je subissais le traitement que Desrues et Mandrin avaient subi. Je ne voyais dans cette série de cruautés qu'une féerie lugubre; aujourd'hui je la comprends fort bien, comme un enchaînement de circonstances naturelles. On s'était persuadé que je savais quelque chose de la conspiration, et l'on espérait arracher ce secret à mon enfance.

Je restai là; un pain me fut apporté, pain de la prison, noir et dur, que ma faim même n'osait entamer, tant il était lourd, amer, d'une odeur et d'une saveur repoussantes.

« Voulez-vous la pistole? » demanda le geôlier.

J'avais séché mes larmes, je me fis expliquer ce que c'était que la pistole. Pour cent francs par mois on avait un lit, du pain blanc, des aliments, une table et une chaise. Je n'étais inquiet que de ma famille ; je demandai à Claude si je pouvais communiquer avec elle.

« J'enverrai quelqu'un, me dit-il, pour donner de vos nouvelles à votre mère; mais il vous est défendu d'écrire des lettres et d'en recevoir.... »

Je fis entendre à Claude que mon père ne manquerait pas de payer la pistole, et de reconnaître les services qu'il pourrait me rendre. Je le priai de faire dire à ma famille que ma santé était bonne, et que j'étais fort paisible. Il sortit; le soir, quand la ronde de nuit, la fermeture des portes et les soins ordinaires de la prison le ramenèrent dans ma cave, il m'apprit que ma mère était restée longtemps au parloir, et l'avait chargé de me remettre quelques fruits. La douleur maternelle avait été au cœur de Claude; il m'apporta la pistole, une table branlante, en bois blanc, une chaise de paille, des draps humides, et une couchette grise que je vois encore, sur le dos de laquelle ces mots étaient tracés au crayon : *M. de Labédoyère a couché ici le...* le reste était effacé.

C'était le malheureux colonel de Labédoyère, qui trois jours auparavant avait quitté ce lit pour marcher à la mort.

V

Les pensées de la prison. — La décadence sociale. — Histoire de la Conciergerie. — Lectures. — La souricière. — Confession dans le cachot.

Que j'aie gardé longtemps la plus profonde indifférence pour les mouvements de la société moderne; — que j'aie opposé aux espérances civilisatrices de mes meilleurs amis, non un scepticisme ironique, mais une négation sérieuse et obstinée ; — que j'aie proclamé dès le moment où j'ai pris la plume l'imminente décadence de l'Europe chrétienne, et spécialement celle de la société française qui a perdu la notion du juste et l'idée de Dieu ; — c'est ce que l'on s'explique aisément, en réfléchissant à ces jours de prison qui commencèrent ma vie morale. Je rêvai beaucoup sous ces murs humides.

Au bout de quelques jours on m'envoya des livres; je pus écrire à mon père, mais non fermer mes lettres; mon cachot s'égaya un peu; je demandai de vieux auteurs à compulser : Mabillon et l'Arioste, Sauval et Jean-Jacques, Sainte-Foix et *Werther*. Je me mis à extraire par désœuvrement les écrivains qui ont recueilli avant M. Dulaure, et avec moins de partialité que lui, les débris historiques de nos cités; pas un d'entre eux n'a rempli sa tâche en poëte; et c'est pitié de voir avec quelle triste exactitude de greffier, avec quelle subtilité de casuiste ils dissertent sur les monuments anciens, sans jamais saisir la vie réelle des peuples éteints. J'eus plaisir cependant à déchiffrer dans leurs froides pages quelque chose sur l'antique destinée de ma Conciergerie.

La Conciergerie, le Palais, la Cité, c'est le vieux centre de Lutèce, le cœur de Paris. De là se sont élancées toutes ces maisons qui ont élargi la ville, qui l'ont propagée au loin; là étaient les amours de Julien; de ce centre ont divergé les rayons qui ont absorbé des villages tout entiers dans leurs progrès. Dans cette vieille prison que de larmes ont coulé, depuis l'époque où quelques bateliers occupaient l'île, autour de laquelle sont venus se grouper tant de palais! Dans ce souterrain auquel se rattache toute l'existence de la cité-reine, que de douleurs humaines se sont donné rendez-vous! Là se trouvent les plus antiques cachots de France. Dès que la cité se forme, le cachot s'ouvre; Lutèce n'avait pas de remparts, elle avait sa prison; c'était une cave obscure, peut-être la chambre même où j'ai vécu; c'était ce lieu consacré aux angoisses et nommé depuis la Conciergerie. Hélas! il y a là un enseignement bien douloureux : le berceau de toute société, le *nucleus* qui renferme l'avenir de toute une population, le premier germe et le pivot d'une grande ville, c'est une prison.

D'abord, sous le donjon de la citadelle romaine, je voyais un caveau où les coupables de la cité municipale étaient jetés sans forme de procès par les centurions romains ; puis cette prison s'agrandissant devenait la salle souterraine de la tour où résidaient les chefs des Francs. A mesure que le palais acquérait de la splendeur, le cachot se creusait. Sous Robert II, un édifice d'une beauté *insigne* (dit Héligand) c'est-à-dire une grosse tour carrée flanquée de bastions, s'élevait au-dessus des prisons de la cité. Forteresse, résidence royale et prison, c'était toute la société féodale : force physique, primauté hiérarchique et pouvoir militaire. Voilà les enseignements que me donnaient ces tristes caveaux, et que je découvrais à travers l'atmosphère brumeuse dont l'abbé Lebœuf, M. Sauval et la plupart des archéologues revêtent leur style diffus. Les chefs de la première race, follement nommés rois par nos historiens, chefs de tribus sauvages et armées, habitants redoutables de cette forteresse, défilaient devant moi ; je voyais leur cour bizarre, composée d'évêques gaulois et de leudes, de guerriers liés à leur fortune et de Romains tombés en esclavage : puis descendant le cours des âges, j'arrivais à ce saint Louis qui remit le palais à neuf, y éleva de longues colonnades gothiques, et n'oublia pas les cuisines ; et à Philippe le Bel, qui suivit l'exemple de son prédécesseur et agrandit encore ce domaine royal. Ces souverains féodaux n'avaient-ils pas raison de choisir pour siége de leur souveraineté le cœur même de la ville, le vieux Paris dans son point central ; et le palais du roi de France peut-il occuper une situation plus convenable ? Imaginez, à la place de ces maisons irrégulières et des rues tortueuses de la Cité, un jardin ombreux, conduisant à une demeure splendide ; la Seine baignant de tous côtés la racine des arbres, et le marbre blanc des vastes escaliers. C'était là, dans la Lutèce de Jules César, qu'un roi de France devait avoir son trône ; mais le sort fait son jouet des couronnes. Les premiers chefs des Francs ont habité les confins de leurs domaines allemands et de leur conquête française. Les rois féodaux se sont ensuite campés sur les hauteurs dominatrices de Saint-Germain ; enfin les derniers maîtres de ce beau pays ont préféré à l'habitation de leur capitale celle de Saint-Cloud, de Versailles, de Marly, du Louvre, longtemps situé hors de Paris ; ils n'ont laissé dans la vieille cité que les grands ressorts de toute société humaine, l'église, le tribunal et le cachot.

Ces idées apparaissaient confusément à ma jeune pensée qui ne les gardait pas longtemps. Des rêves plus amers, plus romanesques, plus émouvants, occupaient mes longues nuits et mes tristes jours qui se suivaient et se ressemblaient tous. La rêverie dans une prison est la seule volupté. Je lisais l'Arioste, étendu sur le lit malpropre que l'on m'avait accordé, les coudes appuyés sur la table noire et chancelante qui soutenait mes volumes. Je griffonnais des vers absurdes et de longues pages sentimentales et ossianiques à la mode du temps, aussi vraies par le sentiment que fausses de style. La jeunesse écrit ainsi. Je lisais *Paméla*, triste roman où la morale est obscène à force d'être prude, œuvre manquée d'un homme de génie ; puis le doux

Tasso, où une main protectrice, l'ange pur de mes quatorze ans, avait trouvé le moyen ingénieux de correspondre avec moi, en soulignant de page en page tous les mots qui, ajoutés l'un à l'autre, dans leur succession naturelle et sans acception des mots non soulignés, devaient former des phrases et avoir leur sens connu de moi seul.

Mes yeux s'accoutumèrent en trois jours à la faible et avare lueur que le soupirail me dispensait. Les savantes dissertations de Sauval m'apprenaient que le lieu même d'où je ne pouvais sortir, avait été le préau de plaisance des rois et des reines; que deux fois l'incendie avait mis en péril les jours des prisonniers et des gardiens; que l'infiltration des eaux de la Seine menaçait sans cesse de ruiner les fondements de ces édifices de tous les temps, groupés et réunis dans un si étrange assemblage; que le tocsin de la grande tour avait sonné la Saint-Barthélemy. Tous ces faits relatifs à quelques toises carrées et qui rappelaient des époques diverses frappaient moins vivement mon esprit que deux ou trois vers d'André Chénier; la vraie poésie est plus vraie que la vérité.

Dans mes plus graves et mes plus mauvais moments, je voyais notre histoire entière concentrée et résumée pour ainsi dire autour de l'histoire d'une prison. Si le battant de la lugubre cloche sonnait, sa vibration qui pénétrait dans le cachot me disait : « Je suis contemporain de Charles IX, j'ai appelé au meurtre les fanatiques; j'ai sonné les dernières heures de Ravaillac, de Damiens, de Montgomery;

j'ai présidé aux plaisirs les plus fous comme aux exécutions les plus lugubres; quand on jouait la comédie autour de la grande table de marbre, c'était moi qui donnais le signal de ces farces auxquelles les rois assistaient; quand Louis XI et Richelieu envoyaient leurs victimes à la mort, c'était moi encore qui prévenais le bourreau, avertissais le peuple, et faisais retentir le glas funèbre. »

Philippe de Comine, le plus sagace et le dernier des chroniqueurs; Montgomery, grand nom chevaleresque; Ravaillac, Damiens, Marie-Antoinette, Labédoyère, Ney, victimes si différentes : que d'images sanglantes se pressaient sur ces murailles, fantômes qui passaient devant moi sur les gonds de fer et les barreaux de bronze de la grande porte massive, tandis que les voleurs lâchés dans le préau criaient et mêlaient leurs malédictions aux jurons sévères et aux injures officielles des gardiens! ces cris qui venaient troubler mes rêves représentaient la vie ignoble à côté de la calamité historique. Peut-être un parricide a-t-il reposé dans la chambre où Ney a dormi; et Desrues l'empoisonneur a été prisonnier dans la même geôle que Comine et Marie-Antoinette.

Cependant mes émotions de jeune homme étaient plus puissantes et plus pénétrantes que l'histoire et le passé. Le premier soir où toutes les grilles tombèrent et prolongèrent leur écho frémissant sous ces longues voûtes, un froid secret me saisit; mon isolement me regarda en face; je fus comme un mort qui se réveillerait tout à coup pour voir son tombeau se fermer. Le lendemain on m'apporta une jatte de lait; je ne pus retenir mes larmes ; il y avait loin de ce repas solitaire au déjeuner de famille, et au petit pain que j'emportais dans le grand jardin de notre maison, pour le manger en lisant Werther, perché sur un arbre! Quelquefois j'entendais une lourde voiture s'arrêter, les gonds retentir, les portes rouler, les barreaux tomber; un grand mouvement se faisait dans la prison ; puis tout revenait au repos et au silence, c'étaient de nouveaux détenus que l'on amenait.

Mon cachot était situé au-dessous du niveau d'une cour ou préau; sur ce préau ouvraient les fenêtres ou plutôt les meurtrières destinées à éclairer d'un peu de jour et assainir d'un peu d'air un lieu immonde nommé la *Souricière*. La *Souricière*, divisée en deux parties pour les deux sexes, est, je crois, une prison provisoire où l'on entasse pêle-mêle les criminels, en attendant une répartition plus exacte dans leurs logis respectifs. La *Souricière* des femmes était assez rapprochée de ma cage pour qu'une partie des mots qui leur échappaient arrivât jusqu'à moi. C'étaient des chants d'amour prononcés par des voix rauques; c'étaient des blasphèmes épouvantables répétés par des voix douces et fraîches ; des histoires obscènes racontées par de jeunes filles; des narrations de vol et de meurtre faites en termes d'argot; des romances nouvelles, des barcarolles et des vaudevilles chantés en chœur par ces femmes; le tout mêlé de parodies, d'imprécations, de cris de rage et d'éclats de rire. Ce qu'il y avait de triste dans cette scène, c'était l'ardente gaieté;

jamais bohémiennes ne se montrèrent plus heureuses ; toute tristesse, tout remords, toute pensée de morale et d'avenir manquait à ces âmes qui avaient traîné dans la boue de la société et étaient elles-mêmes devenues fange. Qu'on me pardonne ces détails, ils ne sembleront frivoles qu'aux gens frivoles. Cette transformation de l'âme humaine me frappa fortement. Je ne l'oubliai pas ; une grande partie de mes études et de mes idées s'en ressentit. Je me refusai dès lors à croire que la société est bonne, que l'homme est un ange et qu'il peut se passer de Dieu ou le remplacer. Je n'avais été initié à aucun vice, et le crime ne s'était montré à moi que dans l'histoire, sous le nuage d'une perspective profonde et vague. Une enfance innocente, espèce d'idylle singulière entrecoupée par les déclamations paternelles et tout absorbée par le roman le plus vaporeux de la pensée ; une enfance bercée jusqu'à l'ivresse par Gessner et Paul et Virginie, ne me préparait pas à ces effrayantes révélations. Elles m'épouvantèrent comme si un flambeau eût jeté sa lumière sur des cadavres. Quand j'entendis une de ces femmes chanter la mélodie alors populaire de l'Italien Catruffo : *Portrait charmant*, etc., mon cœur se serra ; le contraste était trop fort et la dissonance trop pénible ; il m'est impossible d'entendre chanter cet air.

Un jour il se fit dans la prison plus de mouvement qu'à l'ordinaire ; les cloches sonnèrent plus longtemps ; des pas réguliers se firent entendre : un frémissement de baïonnettes m'étonna ; la chambre voisine de la mienne s'ouvrit et se referma plusieurs fois. J'entendis pleurer et hurler dans cette chambre. Claude en me faisant sa visite était revêtu de son costume d'uniforme; il était sérieux. Les sanglots de la chambre voisine augmentèrent d'intensité; les femmes de la Souricière chantaient toujours. J'appris du gardien qu'un condamné à mort occupait le cachot contigu au mien, que le jour du supplice était venu, que l'heure allait sonner; que ces sanglots étaient l'informe et lugubre confession du malheureux; que le prêtre était là; que le condamné à genoux, ivre de désespoir et de vin, recevait l'absolution, et qu'entre sa vie et sa mort il n'y avait pas dix minutes. En effet, toutes les cloches se mirent de nouveau en mouvement; un bruit de roues ébranla le sol de l'édifice; des murmures de voix lointaines accompagnèrent le cortége, et la paix de la prison succéda au tumulte.

VI

Le préau. — Le lieutenant de cavalerie.

Le cachot triompha, on le pense bien, d'une organisation de quatorze ans, et ces terribles scènes firent sur moi une impression ineffaçable; la privation d'air et d'exercice, le chagrin de ne pas revoir ceux que j'aimais, l'atmosphère humide où je vivais, me rendirent malade. Un mois s'était passé; le médecin demanda pour moi la promenade du préau; je fus conduit par Claude dans une cour oblongue, creusée à dix ou douze pieds au-dessous du sol des rues environnantes, encaissée dans de hauts édifices, toute bardée de fer et toute cuirassée de pierres de taille. Des pieds nus et sales couraient sur ce sable fin ; des voix rogues et dures demandèrent qui je pouvais être ; des hommes aux bras velus m'entouraient; d'autres, en chemise, n'ayant pour vêtement que de gros pantalons en toile grisâtre, étaient étendus par terre et jouaient aux cartes en ricanant; quelques-uns travaillaient à ces petits ouvrages en paille, dont la délicatesse est merveilleuse. Je reconnus le vice, non tel que je l'avais vu dans la salle Saint-Jean, moins pétulant, plus discipliné, plus résolu, plus vindicatif et plus hideux encore; dans la salle de police il avait une cravate déchirée, un habit troué, un langage prétentieux, à demi social, quelques-unes des habitudes de la civilisation : ici il se dessinait dans sa beauté, étudiait ses poses, déchirait son haillon pour s'y draper, et redoublait d'énergie. Son seul dialecte était l'argot, cette langue de l'ironie sans pitié. Un mépris terrible de tout et de soi-même respirait sur ces visages ; une cupidité ardente scintillait dans l'œil des joueurs. A côté de la société bien parée et bien réglée, en voici une composée de sauvages qui ont emprunté à la civilisation sa ruse et ses ressources, pour les employer contre la civilisation. Enfant bercé dans les nuages d'or de mes rêves, entre Ossian et Bernardin de

Saint-Pierre, j'étais plus effrayé de ces figures, de leurs questions, de leur aspect, de leurs gestes, de leurs paroles inconnues, que je ne l'aurais été de l'échafaud.

On ne me conduisit dans ce préau que deux fois; ma troisième promenade eut lieu dans un second préau beaucoup plus petit, de forme oblongue, et qui ne ressemblait pas mal au fond d'un puits qui serait environné de murailles hautes. Dans les caveaux dont les soupiraux aboutissaient à cette petite cour, se trouvaient plusieurs prévenus de délits politiques, entre autres un lieutenant de cavalerie aux joues rouges comme une vieille pomme d'api, aux moustaches grisonnantes, toujours de bonne humeur, étourdi, léger, d'une santé à l'épreuve, armé de railleries innocentes contre ses persécuteurs, et qui, enfermé derrière ses barreaux de fer, chantait Désaugiers à pleine gorge, et me faisait mille contes plaisants.

Quand on vit que ma santé se rétablissait, on me rejeta dans les ténèbres. J'avais respiré l'air trois fois en huit jours.

. . . .

Ainsi je connus la Conciergerie. Leçon excellente pour la vie d'un homme du dix-neuvième siècle, leçon qui lui apprend à ne croire ni aux rêves hallucinés des philanthropes modernes, ni à la sublimité des institutions nouvelles, — et à y regarder de près afin de comprendre la société qui nous environne. Pour une âme ingénue et pleine de jeunes espérances, cette leçon portait avec elle une amère et ineffable tristesse. Les infortunés dans la conspiration desquels on prétendait me confondre, furent condamnés à l'exil et à l'échafaud. Pour moi, comme un matin, vaincu dans mon puéril stoïcisme, je pleurais étendu sur mon lit, entendant les cloches voisines de Notre-Dame, et contemplant avec regret la ligne oblique et lumineuse d'un long rayon de soleil, qui tombait du soupirail et pénétrait dans le cachot, — le bruit de pas lourds et plus rapides qu'à l'ordinaire vint frapper mon oreille. Tout est régulier dans une prison; un geôlier marche comme le balancier d'une pendule, sans se presser jamais. Claude fit tourner assez vivement la grosse clef dans la serrure et me dit :

« Vous n'avez qu'à sortir; il y a un fiacre en bas. »

Je ne savais, en vérité, que faire de ma liberté, tant cette nouvelle m'étourdissait, et je ne puis rendre un compte exact de mes sensations et de mes idées pendant une journée entière. Claude fit mon petit paquet. Je me laissai conduire; je trouvai ma mère dans son lit, extrêmement malade; je me souviens bien de ses baisers et de ses larmes, et aussi de cette pénétrante et vitale fraîcheur du mois de mai; du jardin parfumé où j'embrassai mon père; de la profonde émotion qui s'était emparée du vieillard; de ses pleurs qui me couvraient en coulant le long de ses rides, et de l'étrange ivresse qui, après un mois d'obscurité et d'isolement, faisait frissonner tout mon corps et semblait prête à détruire en moi la vie même par le sentiment de la vie et du bonheur. Je me rappelle aussi les paroles de mon père, fièrement appuyé sur cette béquille qui soutenait sa jambe blessée et diminuée par un éclat d'obus, lorsque, planté au milieu de sa pelouse verte, et son front ardent levé vers le ciel, comme s'il eût encore fait partie d'une assemblée populaire ou occupé sa vieille chaire de rhétorique :

« Mon fils, me dit-il emphatiquement, la terre de France est brûlante pour vous. Vous n'avez plus rien à faire ici; vous partirez pour l'Angleterre après-demain. La France croule, et l'Europe s'en va. Jean-Jacques, notre apôtre et notre maître, l'avait prédit. Vous avez fait votre apprentissage comme Émile; il vous reste à faire comme lui vos tournées de voyage. »

En effet je partis; et ce mois de prison décida de mon sort. Les circonstances diverses qui déterminèrent mon élargissement n'auraient d'intérêt que pour moi. Sans entrer dans les détails égoïstes que j'abhorre, je dois dire que M. de Châteaubriand, sur l'intercession d'un ange, exigea ma libération. La voix de l'homme de génie et les larmes d'une jeune fille se liguèrent pour me délivrer.

Voyages, travaux et souffrances, rien n'effaça le souvenir de la Conciergerie. En 1832, je voulus la revoir. Il me semblait qu'autrefois j'avais, par je ne sais quelle magie, vécu dans le sein même de la féodalité; ces tours, ces corridors, cette lampe, ces souterrains, la représentaient vivement à mon esprit. Mais la civilisation dans son cours éternel avait atteint et dompté la barbarie; — donnez un autre nom à cette maison de justice, la Conciergerie n'existe plus.

Maintenant on n'entre pas à la Conciergerie par la cour du Palais. Plus de guichet obscur, plus de lampe sépulcrale. La Conciergerie a son issue et son entrée seigneuriale sur le quai de l'Horloge. La petite porte basse est condamnée. Une vaste grille sert de clôture à la prison. Pour y pénétrer vous traversez les cuisines de saint Louis, longues salles gothiques et majestueuses, dont la hauteur est aujourd'hui singulièrement diminuée par l'exhaussement du sol. Tout le caractère du lieu a changé; les escaliers sont convenables; l'air circule; la pistole a baissé de prix; vous prendriez les gardiens pour des infirmiers d'hôpital. J'ai vu cinq ou six femmes se promener fort paisiblement dans le préau qui leur est consacré. Le pain distribué aux détenus est d'assez bon pain de soldat; je ne crois pas que l'on puisse y remarquer encore beaucoup de traces de l'antique inhumanité des prisons.

Mais l'aspect moral de la geôle n'a pas changé. La Souricière chante toujours; le préau est le même. Ce grand problème, l'épurement du vice, fomenté par les capitales, n'est pas résolu. Les philanthropes ont assaini la vie matérielle, sans toucher à la vie intime. De mon temps c'étaient des bonapartistes et des libéraux que l'on jetait pêle-mêle à la Conciergerie; plus tard, la confusion de notre société, le chaos de notre état social, se trahirent au sein de la Conciergerie par des spectacles plus bizarres encore. C'est là que pendant les troubles de la Restauration et de 1832, M. Valérius, le vicaire de Saint-Médard, et M. Cavaignac, purent se donner la main et dîner ensemble. Étrange symbole de la société d'aujourd'hui et des éléments disparates qui travaillent à la dissoudre en paraissant la réorganiser!

Quand je quittai la France pour l'Angleterre, trois jours après ma sortie de prison, j'avais déjà l'instinct sourd et profond de la décadence française. Je comprenais vaguement que cette société n'était pas constituée, qu'elle roulait d'utopie en iniquité, et de mensonge en opprobre; que l'idée du beau moral ne rayonnait plus sur elle; que Dieu ne réchauffait plus son cœur.

Une semaine plus tard, je me trouvais à Londres. A l'âge de quinze ans j'étais au milieu d'une société armée de croyances profondes, soumise à la loi jusqu'à la superstition, moins brillante, moins ingénieuse, moins bien douée que la société de mon pays; — mais résolue à défendre sa liberté, respectant Dieu, et puissante par l'énergie de sa foi sociale. Je passai huit années à l'observer et la comprendre.

. . . .

En Angleterre, le vieux fonds protestant n'était pas encore ébranlé ni atteint. D'une part les puritains et les anabaptistes; d'une autre, les anglicans purs étaient en lutte. Pas de doctrines plus dissemblables que leurs doctrines. Un anglo-saxonisme violent représenté par les *dissenters* se trouvait en face d'un raffinement civilisé, sobre, doux, très-aimable et souvent très-ennuyeux représenté par l'*Établissement*, c'est-à-dire par l'Église officielle et anglicane. Je voyais toutes ces forces se combattre. Moi qui avais dans ma petite enfance vu les derniers reflets et les dernières traces de notre ancienne civilisation française où tout s'amortissait et se diminuait, je contemplais avec étonnement et bonheur cette autre société, forte, neuve et véhémente, ardente, mais réglée dans sa controverse, où rien ne perdait sa puissance, où les éléments constitutifs gardaient leur vigueur, où Burdett, Brougham et Canning se développaient librement. Là je compris pour la première fois, et sur place, que la liberté est la conservatrice de l'ordre, la nourrice du génie, que le mot *république* est un vain son et que le caractère humain est tout.

Cette douce société vicieuse qui m'avait ouvert les yeux en France et qui avait bercé ma jeune vie dans le mensonge rhétorique, dans la déclamation d'après les anciens, et dans les légèretés ou les décences extérieures, qui avait produit notre Grécourt et ses polissonneries, notre Anacharsis et ses citations grecques, notre Rousseau et ses Confessions scandaleuses, m'apparaissait dans sa réalité. J'avais vu le petit Andrieux en douillette puce lire ses contes érotiques et faire la cour aux jeunes femmes ; Mme Gail, horriblement laide, spirituelle et véhémente, réunir dans son taudis la meilleure société de Paris ; le vieux Noël, le bibliophile, le philologue et l'universitaire, cacher derrière les Tite-Live et les Homère de sa bibliothèque les plus sales obscénités de l'Italie moderne. Au contraire ici, à Londres tout était rude et vigoureux. Le bonhomme Rolls, un ébéniste, ouvrier très-simple, mon propriétaire, possédait une maison à lui, lisait la Bible, et m'hébergeait, moi presque enfant, avec une sorte de religion hospitalière très-noble, solennelle et consciencieuse. La bourgeoisie, dans laquelle il occupait un des derniers rangs, ne le maltraitait pas. Les ouvriers inférieurs qu'il avait à conduire n'étaient pas maltraités par lui. Il était visité par des artistes, par le graveur sur pierres fines Bronn, un whig de nuance avancée qui ne dédaignait point de venir prendre le thé chez Rolls. Je vis même le sculpteur Flaxman, grand artiste, bossu, éloquent, non sans analogie avec notre poëte Népomucène Lemercier, faire sa promenade avec Rolls, avec Baylis l'imprimeur et d'autres whigs ou libéraux du temps, partisans de Fox. Je vis que cette société, toute brutale en apparence, guerroyante et hardie, reposait sur une base de sympathie très-réelle; — que tout au contraire l'ancienne société monarchique des peuples latins cachait sous son vernis de douce politesse et de grâce aimable l'amas des haines accumulées, la corruption des boudoirs cyniques et l'irrémédiable rancune des classes ennemies.

SÉJOUR EN ANGLETERRE

Les approches de la côte.

La première année se passa bien pour moi dans cette Angleterre inconnue, grâce à l'excellente amie, alors *governess* des filles du duc de R..., aux soins de laquelle mon père m'avait confié. La manière résolue dont je comprenais le monde servait à me rendre les douleurs de l'exil supportables ; je ne voyais dans la vie humaine qu'iniquité nécessaire ; je ne concevais comme moyen d'en soutenir le poids que la forte et virile résignation. J'étais un jeune et ardent vieillard, désillusionné, déterminé, ne croyant qu'au malheur et le bravant ; — un athlète philosophique passionné et convaincu. J'étudiais avec opiniâtreté les langues du Nord et je refoulais en moi-même tout ce que la jeunesse peut avoir d'aspirations au plaisir et de brillantes chimères. L'espoir de revenir en France, quelques années plus tard, et d'y retrouver le cœur adoré auquel se rattachait le bonheur de mon avenir, me soutenait seul.

Mais quand deux années se furent passées; quand les premiers jours d'automne, si tristes à Londres, s'annoncèrent par le voile de brumes violettes qui couvrent alors la ville, ma santé s'altéra subitement; une lutte trop soutenue m'avait dévoré; les éléments de la vie s'étaient affaiblis et brûlés sous cet effort moral; la bonne Élisabeth me vit traîner mon ombre pâle dans les rues de Londres, et elle me dit:

« Il faut absolument que vous alliez à la campagne, mon jeune ami. Partez. La maladie qui vous saisit est mortelle ici. Je vais vous donner une lettre pour un de mes amis qui demeure dans le Northumberland, aux bords de la mer; vous y passerez un mois, cela vous guérira et vous intéressera. C'est un séjour singulier qu'une de nos bourgades maritimes, surtout celle que vous allez visiter. Ce n'est pas une de ces cités qu'enrichit l'Océan, et qui joignent au fracas de l'industrie active les recherches dont la civilisation entoure son luxe et son repos. C'est un groupe de chaumières semées sur la côte, habitées par des pêcheurs, et qui se composent d'une vingtaine de huttes et d'une église. Vous verrez; tout sent le goudron, la poix fumante et l'eau de mer. Vous aimerez ces pauvres cabanes basses, noires, quelques-unes sans fenêtres; celles-ci à demi enfoncées dans la vase; d'autres pendantes sur la crête d'un roc; d'autres alignées sur le sable de la plage, à l'endroit précis où s'arrête la marée montante. Leur seule décoration et leur tenture uniforme, ce sont des filets, de vieux paniers, des hameçons, des cordages et des lignes. On voit errer de toutes parts la jaquette bleue et le mouchoir rouge de l'homme de mer ; quand vous aurez vécu huit jours avec cette race sauvage et forte, vous aurez reculé de cinq ou six cents ans dans l'histoire de l'Europe. Cette peuplade illettrée, hardie, rusée et rapace vous amusera, je vous assure. »

La bonne Élisabeth était éloquente comme une femme. Elle avait fait résonner une corde toujours prête à vibrer chez moi, la sympathie la plus éveillée pour les étranges variétés de l'espèce humaine. Je la remerciai, et elle me remit sa lettre pour M. Ézéchiel F..., négociant, qui demeurait à un quart de mille de la mer, à environ deux portées de fusil des dernières huttes qui composaient le bourg de Barwich. Elle me confia pour la même personne une autre lettre de M. Josiah D..., homme grave, médecin de profession, austère dans ses mœurs, attaché à ses devoirs et profondément religieux. Josiah disait à son ami Ezéchiel que je choisissais le séjour de Barwich comme recette économique pour recueillir le bénéfice des bains de mer, sans subir les énormes dépenses auxquelles sont condamnés ceux que le médecin envoie à Brigthon ou à Douvres, pour affermir leur santé et alléger leur bourse.

Élisabeth eut soin de me prévenir que la famille qui sans doute m'accueillerait sur sa recommandation se faisait remarquer par la régularité de ses habitudes, la gravité de son langage et sa haine pour les frivolités du monde ; — qu'ainsi, je devais m'attendre à vivre de régime sous tous les rapports, à ne trouver là aucune des jouissances faciles, aucun des plaisirs même de l'intelligence, rien de ces superfluités nécessaires dont le séjour des villes nous fait un besoin. Je dus prendre mon parti ; ma curiosité me rendit la résignation facile.

Le chemin que nous parcourûmes en approchant de Barwich s'accordait parfaitement avec la vie monotone qui m'était annoncée. Une levée étroite dominait à droite et à gauche des prairies marécageuses, dont l'aspect lugubre et désolé devenait surtout bizarre vers le bord de l'Océan. Là, le gazon était pâle et blafard ; un sédiment jaunâtre chargeait les herbages ; les joncs flétris se dressaient taillés et aigus comme des lames à deux tranchants ; des fossés, revêtus d'une lave noirâtre et tachetée de jaune, entrecoupaient cet espace couvert d'un foin épais, brunâtre et gras. La végétation, imprégnée d'exhalaisons salines, sortant d'un sol trempé d'eau de mer, ne ressemblait à aucune autre. Le bruit lointain des vagues se faisait entendre plus intense à mesure que nous avancions. Vers la gauche, près d'une digue rompue et encombrée de limon, une tente était dressée sur deux perches que protégeaient à demi des lambeaux de toutes couleurs. Un feu de tourbe brûlait à côté de la tente, occupée par six ou sept personnages hâves et singulièrement drapés. C'était, mes compagnons de route me l'apprirent, une de ces tribus bohémiennes que les actes du Parlement n'avaient pas encore exilées. Le père, chargé d'un fagot de bois, rentrait dans la tente :

une femme à demi nue, les yeux rouges et sortant de la tête, nourrissait un enfant noir et maigre comme elle. A quelque distance, le patriarche, l'aïeul de la race nomade, la tête chauve et branlante, tout frissonnant de froid sous la brise marine, laissait retomber son menton sur sa poitrine nue et blanche. Deux petites filles, aux traits réguliers, au front bronzé, au regard perçant et hardi, et je ne sais quel sourire du vice déjà fixé sur les lèvres, vinrent nous demander l'aumône, qui leur fut donnée. Dans cette scène, le personnage remarquable, c'est le vieillard, isolé, pensif et souffrant, méprisé sans doute et maltraité par la tribu, qui le regarde comme un fardeau inutile. A le voir si profondément triste, vous eussiez dit qu'il parcourait à la fois par la pensée la carrière de honte et de misère que lui-même avait franchie, et celle que sa race allait courir.

Nous venions de Londres, foyer de luxe et de commerce, bazar de l'Europe. Sur notre route, nous n'avions vu que beaux gazons, molles pelouses, dont le velours caresse la vue, chaumières tapissées de chèvrefeuille et de lierre, si propres, si ornées, qu'on les prendrait pour des cabanes de fantaisie. Tout à coup disparaissent la civilisation dans ce qu'elle a d'éclatant, l'existence rurale dans son élégance gracieuse. Voici à leur place une nature marâtre, dont aucun soin ne corrige l'infécondité; une vie sauvage, criminelle, anathème permanent, debout au milieu de la société civilisée, pour la harceler, la rançonner et la maudire! Je me rappelai ma Conciergerie, et je compris que le monde n'est pas fait pour la jouissance énervée, mais pour le combat; — celui du corps contre les puissances physiques; — celui de l'âme contre l'éternelle présence du Mal.

Je descendis à la taverne de la *Reine Bess*, ou Élisabeth; en Angleterre, quel hameau si faible n'a pas sa taverne? Je ne me rappelle pas sans un mouvement de gaieté la figure de la reine dont les yeux n'étaient point d'accord, et dont le peintre du hameau avait bouleversé les traits, comme un moine du moyen âge bouleversait les lettres d'un nom pour en faire un anagramme. Au lieu de me rendre après mon arrivée chez M. Ézéchiel F..., je descendis sur la plage par une petite rue étroite, cailloutée et si rapide que le pied trouvait à peine de quoi se fixer.

La marée, en quittant le rivage, avait laissé à sec un vaste espace de sable fin tout étincelant de mica. Devant moi était la mer calme; en s'égarant le long de la côte, et en quittant le petit groupe de maisons éparses autour du clocher, l'œil n'apercevait de toutes parts qu'une stérilité pittoresque et grandiose: des roches aiguës, battues par la mer, creusées par les flots, affectant des formes audacieuses; sur ces roches blanches, quelques arbres nains, une végétation maritime revêtue de couleurs rudes et tranchantes; la buglosse bleue, le pavot noir, le chardon gigantesque aux fleurs d'un rouge sombre et éclatant. Les cimes les plus élevées et les plus inaccessibles se tapissaient de nuances diaprées; vous eussiez dit une étoffe chatoyante. C'étaient des couches superposées de mousses marines dont une humidité âcre, répandue dans l'air imprégné de molécules salines, favorise la croissance. Les seuls édifices que l'on entrevît du point où j'étais placé, la vieille église et la maison des pauvres (ancien monastère transformé en asile de charité), m'apparaissaient sous un vêtement de ces lichens séculaires, gris et pourpres, verts et bleuâtres, végétation imperceptible et éternelle, et dont l'aspect est si doux à l'œil, que plusieurs propriétaires de maisons de plaisance ont essayé d'en contrefaire les nuances veloutées et délicatement fondues. Il a fallu que l'art renonçât à les improviser; ce sont les siècles qui les ont peintes.

La sauvage simplicité de ces aspects et de ces impressions me ravissait. La santé de mon âme et celle de mes sens renaissaient comme par magie. J'oubliais un moment les rêves dangereux sur le néant de la vie et de la destination humaine, dont après Jean-Jacques, Werther et Ossian, lord Byron, alors dans le premier élan de sa gloire, nourrissait la génération à laquelle j'appartenais. Je me sentais mieux, et je reculais par une crainte instinctive le moment de me présenter chez les nouveaux hôtes dont on m'avait annoncé la mauvaise humeur.

Je me mis donc à étudier les lieux avant de savoir quelles figures devaient peupler le paysage. Dans une hutte de pauvre apparence, que protégeait l'excavation du roc, était assis un homme à la jambe de bois, revêtu de sa vieille blouse bleue, costume uniforme des matelots et des pêcheurs. Il me vit arrêté sur la rive et vint vers moi pour m'offrir ses services. Son métier est d'indiquer au petit nombre de voyageurs qui visitent son village les divers points de la côte; métier dont il tire évidemment peu de profit, car sa misérable cabane renferme pour mobilier un hamac, un vieux coffre, une ligne à pêcher et un télescope. Il est vieux, il a servi son pays; il raconte ses combats. A côté de sa hutte, il s'est fait un petit jardin, si l'on peut honorer de ce titre un espace entouré de débris de vaisseaux et de barques, où les plantes les plus communes élèvent languissamment leurs tiges grêles. Pendant qu'il me disait les noms des bricks et des sloops de toute dimension et de toute forme qui se trouvaient à l'ancre, et ceux des maîtres de barques que je voyais revenir en forçant de rames, pour atteindre le rivage avant la nuit, j'observais sur la mer une colonne torse de vapeurs épaisses, qui, se mêlant à la saveur âcre du goudron, traversait la rue du hameau qu'elle obscurcissait pour arriver jusqu'à nous. C'étaient des barques sur le chantier, dont on courbait les planches au moyen de la fumée. Occupations, plaisirs, peines, souvenirs, industries, tout parlait de la lutte de l'homme contre la nature; tout se rapportait à ce vaste Océan paisible, géant endormi. Enfin la nuit vint : je chargeai le matelot à la jambe de bois de me conduire chez M. Ézéchiel F.... Nous remontâmes la petite rue cailloutée, nous passâmes devant la *Reine Bess*, et nous nous trouvâmes en face d'une grande maison de briques, isolée des autres maisons, et dans l'intérieur de laquelle on ne distinguait ni mouvement ni lumière.

II

La maison de M. Ézéchiel.

Je frappai longtemps, et j'eus de la peine à me faire ouvrir. Tout le monde était couché dans cette maison régulière. Une grande femme vêtue de brun, qui rattachait encore, en me parlant, les épingles de son bonnet d'étamine, après m'avoir questionné par une fenêtre, et avoir soigneusement déplacé et replacé les barricades de fer et les cadenas nombreux qui assuraient toutes les avenues, me dit que la famille F.... dormait, que je remettrais ma lettre à M. Ézéchiel F.... le lendemain matin, et qu'elle allait me préparer un lit. En traversant la maison, je remarquai qu'à l'intérieur elle ressemblait à un couvent séculier. Le ton de la servante, une de ces femmes tout os, dont Walter Scott fait ses Meg Merrilies, avait lui-même je ne sais quoi de solennel et de lugubre. Déjà habitué à ces mœurs anglaises qui laissaient, en 1818 du moins, un libre développement aux spécialités du caractère; averti d'ailleurs par M. Josiah D..., cet aspect m'étonna peu, et je dormis paisiblement, en attendant que le soleil vînt éclairer cette famille de l'ancien monde transplantée dans le nouveau.

J'étais loin de deviner d'une manière précise à

quoi tenaient des mœurs si spéciales, dont l'énigme ne me fut expliquée que plus tard. Je me vois forcé de jeter ici quelques aperçus sur l'état moral de cette Angleterre, souvent décrite, bien peu connue.

Le trait qui caractérise le plus vivement la race anglo-saxonne, c'est le culte de la tradition; cette saveur d'antiquité, émanée de sa position insulaire, pleine de charme pour l'imagination, a ses dangers réels et ses bienfaits. Là se conservent, sans altération apparente, les vieilles mœurs, les vieilles lois. La gothique et informe tour de Babel que les Anglais nomment leur jurisprudence ne se soutient que par sa vétusté. La barbarie des coutumes légales résiste, grâce à leur âge, au bon sens national qui la corrige dans la pratique. Tel gentilhomme campagnard de 1818 rappelait encore, par ses habitudes et son costume, *sir Roger de Coverley*, le héros d'Addison. Tel quaker de la Cité est le *Sosie* vivant de *Guillaume Penn*. Vous trouviez du côté de Whitechapel des colonies d'anabaptistes, qui, pour peu que vous voulussiez bien les suivre dans leurs greniers, vous conduisaient à ces *meetings*, où un prédicant furieux et éloquent comme Jean de Leyde foudroyait les Amalécites. De là ce caractère si original dans ses variétés, si favorable au pinceau du romancier, si curieux pour l'observateur. Il faut remonter jusqu'aux degrés les plus élevés de la société anglaise, pour y découvrir cette sociabilité raffinée qui tue l'originalité, cet affaiblissement du caractère, cet adoucissement de toutes les aspérités, qui distinguent l'homme de son semblable. Si, comme Diderot, vous préférez la forte empreinte des singularités individuelles, natives et rudes, « à la rondeur uniforme de ces galets polis que le flot roule sur le rivage en les froissant », visitez le pays de Galles, les Orcades, l'Écosse; une ample moisson de bizarreries humaines, d'antiquités vivantes, de fantaisies érigées en coutumes, de vieux usages religieusement adorés, satisfera votre humeur[1].

Ici par exemple, dans cette maison de briques où le sort m'envoyait et où je couchais pour la première fois, près de ce petit village à peine inscrit sur les cartes, subsistait, au commencement du dix-neuvième siècle, et subsiste peut-être encore l'un des plus curieux fragments de l'Europe ancienne que l'on puisse rêver ou imaginer. C'était un débris bien conservé, un des derniers restes de cette antique et terrible nation des *covenanters* calvinistes, qui compte autant de martyrs que de bourreaux, et qui fit l'Angleterre ce qu'elle est : nation toujours rigide, sévère, fière, taciturne; austère comme au temps de son pouvoir; exaltée comme au temps de ses persécutions; poursuivant toujours de la même haine, cent cinquante ans après sa mort, le roi faible, malheureux et romanesque qu'elle frappa; vouant une impérissable idolâtrie à ses anciens martyrs; probe dans ses

---

1. Ces observations deviennent chaque jour moins applicables à l'Angleterre nouvelle.

transactions, implacable dans ses souvenirs; ne mariant ses enfants que dans ses propres rangs, et ne donnant jamais aux *Philistins* ni un fils ni une fille; priant tous les jours *saint Cromwell* dans un oratoire secret; toute prête encore à *combattre le bon combat*[1], et pleurant avec une douleur qui n'est pas sans espérance l'époque où les saints et les élus avaient en main l'autorité.

C'était là que m'avait jeté le hasard. Le chef de la famille puritaine rassemblée sous ce toit antique, Ézéchiel F..., dont le nom biblique annonçait la descendance, était un homme de quarante ans, négociant et calviniste de père en fils. Il vendait du grain, du houblon, du charbon de terre; sa probité était renommée; riche et sobre, calme et inexorable, son caractère se lisait sur ses traits impassibles. Avec ses six pieds de haut, qu'il semblait augmenter encore par son attitude raide et fière, marchant d'un pas ferme et lent, l'air solennel, la tête élevée, les lèvres contractées et le front pensif; dès que vous l'aviez vu, sa figure restait gravée dans votre mémoire. Les régicides bibliques devaient avoir, au long Parlement, cette physionomie. Ses phrases semées d'Ancien Testament, son costume sévère toujours le même, complétaient sa ressemblance ou plutôt son identité avec les signataires du fameux *covenant*. Je ne me souviens pas d'avoir entendu Ézéchiel F.... prononcer, pendant les deux mois que je passai près de son foyer, une

---

1. Fight the good Fight.

parole condamnable ou hasardée ou un mot échappé aux émotions de son cœur et à la gaieté de l'esprit.

Son long regard et sa mine austère dominaient toute la famille. Il parlait peu ; et tous suivaient l'ordre de cette voix grave. Nul ne discutait devant lui. Je l'ai vu faire le bien sans émotion et se montrer sévère jusqu'à la dureté la plus inflexible, sans témoigner un regret. Patriarche de l'ancienne loi dans toute sa rigueur, et il faut le dire aussi, dans sa grandeur et sa puissance.

La précision pharisaïque, l'exacte observation des convenances qui dirigeaient les mouvements de la famille, ne me promettaient point cet accueil cordial et bruyant que les peuples méridionaux font à leur hôte. En revanche, une certaine délicatesse d'hospitalité généreuse et antique, me laissant toute liberté, prouvait par des actes, et non par des démonstrations, sa vigilante bienveillance : cela me toucha vivement de la part d'une tribu si austère. Je ne crus pouvoir mieux lui prouver ma reconnaissance qu'en me conformant autant qu'il était en moi à la règle qu'elle ne prétendait pas imposer.

On se levait à cinq heures dans toutes les saisons. Une heure se passait à prier, et (ce dont mon titre d'étranger me permettait de m'abstenir) à murmurer sourdement ces vieilles rimes, consacrées par les anciennes souffrances du parti, et auxquelles la profondeur de la conviction mêlait quelque chose d'énergique et de grand. A huit heures, à deux heures et à sept, la vaste table de noyer, noircie par le temps, et toujours sans nappe, se chargeait d'aliments sains, abondants, qui ne variaient guère. Du haut de la maison jusqu'en bas, pas un meuble d'acajou, pas une trace de ces métaux précieux et de ces ornements gracieux ou éclatants dont l'habitation de l'homme riche s'embellit. Partout le chêne bronzé et le noyer poli; de grandes chaises de six pieds, au dos plat, uni et ciré, au siége bas, toutes de bois, et faites pour servir de prie-Dieu dans l'occasion; une seule horloge, fort inutile d'ailleurs, car l'habitude seule eût servi de clepsydre et de cadran à toute la famille; pour unique tenture, un papier d'un gris sombre, sans gravures, sans bordures, sans aucun embellissement profane; enfin toutes les abominations de l'Égypte bannies avec une sévérité inouïe même chez les quakers; mais aussi, le soin le plus minutieux dans l'arrangement de toutes choses; un luxe de propreté, une sorte de décence lugubre, qui laissait dans l'âme une impression solennelle. Au fond du salon ou parloir, situé au rez-de-chaussée, dans un enfoncement de la muraille, se trouvaient placées symétriquement plusieurs tablettes de bois brun qui soutenaient les ustensiles et les vases à thé, faits en terre de Wedgewood. Mes yeux se tournaient fréquemment vers ce précieux cabaret de porcelaine populaire, seul ornement du logis.

Il y avait huit jours que je demeurais dans la maison. Après le dîner de deux heures, Ézéchiel F..., voyant mes regards fixés sur cet enfoncement où se trouvaient les seules traces de luxe mondain que j'eusse remarquées chez mes hôtes, me prit par la main et me conduisit d'un air mystérieux vers l'objet de mon involontaire attention. Il souleva une théière, retourna le plateau de bois qui la supportait, et me montra le revers de ce plateau. J'y vis un portrait en pied, sur un fond noir, et d'une exécution magnifique : c'était Cromwell. C'était là cette figure carrée, puissante, riante et forte, l'idole toujours présente de la maison où j'étais ; c'était cette tête vaste et ardente qui fit de sa patrie la reine du protestantisme et du Nord. On l'avait représenté debout, la main sur la masse du Parlement, le sourcil épais et froncé, la lèvre supérieure proéminente et riante : tel se montra le hardi protecteur de l'Angleterre, quand, les larmes aux yeux, le nom du Très-Haut dans la bouche et dans le cœur, sa courte épée dans la main, il balaya la tourbe imbécile et cauteleuse qui le gênait et mit les clefs du parlement dans sa poche.

Un sourire grave effleura les lèvres d'Ézéchiel, que je n'ai jamais vu rire que cette fois ; puis il retourna le plateau, replaça la théière ; tout retomba dans le silence accoutumé. Ne voyez pas là quelques vains et lointains souvenirs d'une gloire éteinte. Chez ces enfants de la vieille cause sainte, chez ces trappistes du calvinisme, c'est une conviction qui se rattache à Moïse, et qui, si leurs générations subsistent, est enracinée pour l'éternité des temps.

Je voyais revivre la vieille Bible d'Esdras. Tous les habitants de la maison s'effaçaient devant la mâle figure du père de famille, dont les paroles étaient des lois : sur lui tout se modelait. Mistriss Sara F..., « sa compagne devant le Seigneur, » il l'appelait ainsi, se taisait près de lui et reprenait en son absence les rênes du gouvernement. Une charité abondante et bien entendue, une économie sans avarice, les distinguaient tous deux. Un fils enlevé de bonne heure par une maladie cruelle avait laissé à la charge du père sa veuve toute jeune et trois enfants en bas âge. Ruth (ainsi se nommait la veuve puritaine) n'avait que deux pensées : prier le Seigneur et élever ses enfants. C'était une beauté pâle et blanche, dans les veines de laquelle le sang circulait lentement, sans impulsion et sans chaleur : d'avance elle était sainte par tempérament et par goût.

La fille d'Ézéchiel F...., Sibylla, brune aux yeux bleus, devait à l'habitude et à l'éducation ce maintien dévot et raide, constamment recommandé par son père. La nature ne l'avait pas voulu ainsi. Sous cet air pur, pensif et solennel, un éclair furtif trahissait l'ardeur secrète de l'âme, l'élan comprimé d'une vivacité impatiente. Asservie à cette vocation factice, elle la subissait, non comme une tyrannie, mais comme une nécessité. Elle ne soupçonnait même pas qu'il pût se trouver dans sa vie quelque chose de plus que le ménage et la piété. A ces habitudes acquises se mêlait en dépit d'elle-même une ardeur concentrée et redoutable. Cet étrange combat des penchants naturels et de la forte contrainte imposée par l'éducation, se trahissait surtout lorsqu'un jeune homme de la même caste, Abraham S..., venait rendre visite à la famille. Formaliste comme tous ceux de sa secte, vêtu de bouracan brun pendant toute l'année ; mais beau, mais calme, et devant à la modération et à la sobriété de sa vie la fraîcheur vive du teint le plus pur ; la sérénité était peinte sur son visage ; c'était *Hampden* dans sa jeunesse. Un chapeau, dont les bords larges de cinq pouces étendaient au loin leur envergure, couvrait une forêt de beaux cheveux bruns, naturellement bouclés, et voilait un regard dont la pénétration et le calme imposaient.

Il ne me fut pas difficile de pénétrer les vues du jeune Abraham et les secrets mouvements du cœur de la jeune Sibylla. Mais ce qui était plaisant et touchant, c'était le développement de ces amours : gravement, posément, sans une flatterie ou une brouille, sans une pique ou un raccommodement, sans un soupir de l'amant, ou une coquetterie de la maîtresse. Certes, une teinte à demi comique venait se glisser dans une liaison où le fiancé ressemblait à un confesseur et l'épouse à une pénitente. C'est pourtant chose si sérieuse que les passions vraies, et Abraham et Sibylla existaient si évidemment, si exclusivement l'un pour l'autre, que leur amour pur, grave, toujours en face de Dieu présent, cet amour qui ressemblait à l'éternité par la profondeur et le calme, me causait une émotion indicible. Je me sentais attendri jusqu'aux larmes quand Sibylla disait à Abraham qui partait :

« Que le Seigneur soit avec vous ! »
Abraham lui répondait :

« Et vous que j'aime, qu'il vous protége sous ses ailes ! »

III

Les habitants du bourg. — Les notables. — Le rivage. Lecture de Shakespeare. — Le départ.

Le contraste de ces mœurs étranges, si vigoureuses et si chastes, relevant sans doute d'une doctrine erronée, mais dont la virilité des cœurs et la grandeur des sociétés se trouvent bien, faisait mieux ressortir pour moi le vide de l'activité sceptique à laquelle mon pays était livré. Je souffrais profondément de reconnaître combien un peuple s'élève et s'affermit par cette austérité sincère. La tristesse me reprenait; je me sentais isolé comme l'étranger qui brise le gâteau de sel de l'Arabe sous la tente hospitalière. Je trouvais protection et asile, non cette fraternité de pensées qui double la vie de l'âme et sans laquelle il n'y a que solitude. J'étais humilié pour ma race. Rien ne pouvait me donner les souvenirs, les regrets, les croyances fixes de mes hôtes : nous étions liés par la bienveillance et la gratitude, non par la communauté des idées : aussi me laissèrent-ils sans peine faire connaissance avec les autres habitants du bourg.

Ces gens-là ne vivent que de la mer et ne connaissent qu'elle; ils la sillonnent, ils la moissonnent; ils en recueillent les débris. Ils sont matelots, pêcheurs, contrebandiers, corsaires, cordiers, recéleurs de marchandises exportées ou importées par fraude. Si quelque navire vient débarquer là, c'est une aubaine pour le pays. Alors ils déchargent le bâtiment, et traînent ces chariots sur les routes marécageuses, d'où les efforts des bêtes de somme ne sauraient pas les tirer; ils raccommodent la quille du vaisseau que la vague a brisée; ils empilent sur la rive ces morceaux triangulaires de tourbe et de coke, seule richesse native de l'endroit. Le corsaire habite une petite cabane suspendue sur un promontoire. Derrière ce roc qui avance, viennent s'amarrer les pinasses hollandaises frétées de contrebande; c'est à travers ces landes hérissées de joncs putrides que fuient les chevaux avec leur charge illicite. Quand le temps est mauvais, vous voyez descendre le long des récifs blanchâtres, et rester pendant des heures entières, tout couverts d'écume, cachés entre quelques hautes herbes, des gens qui attendent que l'Océan leur jette des débris d'hommes et de richesses. Ils ont aperçu de loin le navire en danger; ils demandent aux flots une part de leur proie. Si la mer leur envoie le corps d'un matelot anglais, ils le dépouillent, souvent ils l'achèvent, et regardent avec soin autour d'eux, de peur qu'un autre maraudeur ne vienne partager leur butin. C'est sur une côte aussi désolée et peuplée d'habitants aussi sauvages, qu'un poëte anglais qui a eu des éclairs de génie, Lillo[1], a placé la scène terrible où un pêcheur et sa

---

1. V. *Études sur l'Angleterre*

femme égorgent pour le dépouiller un matelot naufragé qui respire encore; ils reconnaissent ensuite que ce cadavre est leur fils chéri, leur fils depuis longtemps perdu, seule espérance de leur vieillesse misérable et criminelle.

Cependant la mer que ces gens exploitent, et qui couvre la rive de tant de ruines faites à leur profit, dévore en même temps le rivage qu'ils habitent; souvent, dans son empiétement graduel, elle entraîne le pêcheur, son pauvre toit et toute sa famille, avec le banc de sable qui les supporte. Telle est cette peuplade; hommes aventureux sans ambition; hardis sans mobile de gloire; féroces sans repentir. Et le roi George IV était leur roi; Londres était la capitale de leur pays; à soixante lieues de la civilisation, tous les caractères des races sauvages! Qui s'en étonnerait? elles pullulent à Londres et à Paris.

Quant aux notables de l'endroit, outre M. Ézéchiel F.... que l'on connaît déjà, je citerai l'avoué, célèbre dans le canton par ses rapines, et fort riche; le maire, d'un embonpoint qui fait valoir son costume de fonctionnaire public, habit brun, bordé d'un galon d'argent de deux pouces; le jeune vicaire, homme doux et aimable, se plaignant amèrement du sort qui l'exile sur cette côte inhospitalière; enfin le curé, vieillard élevé à Oxford, helléniste excellent, et dont les longs travaux et la vertu ont obtenu pour toute récompense cette cure misérable! La dîme, son seul revenu, est une moquerie de la loi; le sol rocailleux, marécageux ou composé de sable aride, ne donne ni épis, ni vignes, ni fruits.

Je le plaignais, ce pauvre et honnête prêtre avec ses quatre filles, belles et douces, toujours occupées à repousser les demandes importunes des fournisseurs mécontents, ou à calmer l'attorney, la terreur du village. Le malheureux avait soixante-cinq ans, et son rêve de gloire le soutenait encore. A la lueur d'une chandelle de joncs[1] fabriquée dans son presbytère délabré, et dont il se servait par économie, bien que cette clarté vacillante fatiguât des yeux vieillis, il travaillait à ses notes sur la *Bibliothèque de Photius*, notes savantes qu'il me faisait lire. Si quelqu'un eût aidé ce ministre modeste, l'Angleterre eût trouvé peut-être un second Bentley.

D'ailleurs cette vaste mer m'attirait sans cesse vers elle, et le défaut même de société, la taciturnité de mes hôtes, les devoirs et les travaux des deux ministres, me repoussaient vers la plage que tant de spectacles variés animent. Là j'admirais toutes les scènes de l'Océan, scènes dont la richesse inépuisable a fait la fortune poétique de la plupart des grands écrivains de l'Angleterre; scènes que Thompson a reproduites avec une exubérance de couleurs qui éblouissent; Crabbe, avec la minutie d'un peintre de marine hollandaise; Byron, avec une hauteur de dédain pour l'homme, et une concentration de pensées et de couleurs aussi brûlante que celle des rayons lumineux réunis par le cristal; Southey,

---

1. Rush-Light. On trempe dans le suif des morceaux de jonc qui s'en imprègnent et brûlent lentement en jetant une clarté pâle. Les classes pauvres en Angleterre font grand usage de cet éclairage économique.

avec un pinceau large et prodigue comme les flots mêmes de l'Océan. La réalité est plus idéale que l'idéal de l'artiste. Que de fois ai-je admiré, de l'une des cabanes de pêcheur situées sur la rive, la mer calme, grossissant par une progression et comme par une émotion lente ; son vaste sein s'enflant peu à peu, et un flot, puis un autre, venant expirer sur le rivage, pour se retirer en silence ! Doucement soulevés, les navires montaient au milieu du repos universel, et je n'entendais au loin que le coup presque imperceptible de la lame frappant paresseusement le flanc de quelque barque mise à l'ancre.

Quand la marée se retirait, de bizarres trésors restaient épars sur le sable ; — la Méduse, espèce de gelée brillante qui étincelle sous l'eau comme une perle, qui brûle celui qui la touche, et se dissout même dans l'esprit-de-vin ; souvent dotée d'une beauté de formes exquises et plus délicates que l'œuvre du bijoutier ; — la *Sertullaria,* plante qui respire, animal qui végète : paradoxe de la nature, chaînon entre la sphère des êtres qui vivent et celle des êtres privés de la vie. De la tige noueuse et rameuse de l'arbre animé on voit sortir, à travers les vésicules transparentes, de nombreuses griffes qui s'allongent pour trouver leur proie. Les lectures de ma jeunesse, celle de Byron lui-même, m'avaient caché Dieu en calomniant la vie. Je ressemblais à tous les gens de mon âge et de ma race ; j'avais écouté tour à tour les cris du désespoir werthérien et la théorie utilitaire qui commençait à envahir l'Europe. Dans mes promenades pensives je me révoltai contre le théisme incomplet de Rousseau, l'incertitude railleuse de Voltaire, l'hypothèse panthéiste des Allemands, et le mécanisme de Bentham.

« Oui, me disais-je, le Beau existe ; l'harmonie suprême et divine est supérieure à l'utile ; elle le contient et le dépasse. Oui, ces richesses versées sur le monde par une main prodigue attestent l'idéal, un besoin de beauté indépendant de l'utilité même.»

Ainsi l'idée religieuse, bannie de mon enfance par le milieu qui m'avait environné, surgissait dans mon cœur et abondait comme une source vive.

Souvent, dans les jours les plus chauds, je voyais s'approcher de la côte des myriades de points phosphorescents, portés par des mousses marines. Je me plaisais à ramasser dans la paume de ma main cette eau froide d'où s'échappait une flamme visible. Je continuais mes promenades même dans les jours de brume et de mauvais temps ; alors il y a quelque chose de singulièrement pittoresque dans ces formes indécises des vaisseaux amarrés ; dans cet horizon de trois pieds, qui vous environne sans vous empêcher d'entendre les cris du matelot et le bruit des flots qui grondent en mesure. Le temps est-il décidément mauvais, l'aspect de la côte, de terrible ou de beau qu'il était, devient sublime ; tous les oiseaux de mer tournoient dans la nue, rasent l'eau écumante, sifflent, crient et voltigent en annonçant la tempête ; des bataillons de canards sauvages, formés en coin, se succèdent dans le ciel, bien loin au-dessus de la portée du fusil. De tous les points du village on descend vers la rive; les hommes avec des crocs et des harpons; les femmes, presque toutes blanches et jolies, tenant leurs robes brunes relevées par-dessus leurs têtes en guise de chaperons. Les écumeurs se glissent dans les rochers de la côte. C'est un vaisseau en danger, les signaux de détresse brillent à la poupe. J'ai vu les habitants résister à leurs femmes, à leurs mères, à leurs amantes suppliantes, et, en dépit de leur rapacité innée, braver tous les périls de la tourmente pour sauver quelques passagers. La veille, ces mêmes hommes avaient dévalisé sans pitié un malheureux sloop hollandais et rejeté à la mer les infortunés matelots. Dévouement et crime; pitié et barbarie, le tout mêlé et confondu dans un inextricable tissu; — l'homme enfin. Ce fut alors que je connus Shakespeare pour la première fois. Je l'avais lu des yeux sans le comprendre; je relus *Macbeth* et le compris. Toute sa théorie (qui n'est que la vue profonde de l'homme) me fut révélée. Ce fut mon initiateur, avec Tacite et Thucydide, et je ne les quittai plus.

A un mille de la côte est un îlot de rochers qui supporte un phare ou maison lumineuse[1]. Cette sentinelle avancée de la mer offre un beau spectacle dans l'orage. En vain le flot et le vent conjurés assiégent la tour et sa base; l'une et l'autre sont toujours là, montrant aux marins les écueils de la côte et leur tombe que l'orage entr'ouvre. Toujours on

---

1. Light-House. V. plus bas, le *South Stack*.

voit étinceler cette clarté, large étoile mouvante. A travers les rejaillissements de l'écume et les ténèbres de la foudre éblouissante on la distingue encore ; tournant sans cesse sur le même point, solennelle et silencieuse, tantôt éclatante, tantôt pâle, tantôt ardente ; un moment affaiblie, puis étincelante ; symbole trop menteur d'une amitié fidèle à l'infortune ; effet admirable par la constance de sa mobilité au milieu d'une nuit orageuse et obscure.

Malgré mes absences fréquentes et mes excursions sur le rivage, mes bons hôtes les puritains, satisfaits d'une exacte présence aux heures du repas et d'une régularité de vie qui, chez un Français, leur semblait prodigieuse, avaient, je pense, autant d'amitié pour moi que leurs usages et leurs croyances leur permettaient d'en concevoir et d'en exprimer. Abraham avait obtenu l'aveu de Sibylla et de son père ; un doux nuage de félicité calme était suspendu sur toute cette maison. Le jour des fiançailles était fixé, et c'était pour moi une joie de prendre part à ces grandes cérémonies.

Tout à coup j'appris que la bonne Élisabeth était fort malade, à trois milles de Londres, et qu'on désespérait de sa vie. Je partis, et je quittai avec peine cette étrange maison où j'avais vu toutes les vertus mises en pratique et les dogmes les plus farouches professés avec zèle par des âmes innocentes. Je laissai les amants sur le point d'être unis, et le père de famille et la vieille mère et les enfants, tous respirant une joie modérée : cependant, ils semblaient tristes de quitter leur hôte. Ézéchiel, qui n'avait pas encore prétendu me convertir, et qui n'avait jamais mis[1] *en avant* (comme les indépendants s'expriment), c'est-à-dire « prêché » sa doctrine pour m'arracher aux Moabites, ne put s'empêcher de me dire, en me serrant la main, que : « le monde était la fournaise où Coré, Dathan et Abiron avaient passé ; que si, faute d'avoir grâce, j'étais brûlé par les flammes du monde, il fallait me souvenir du Seigneur ; que dans ce cas sa maison serait pour moi, dans tous les temps, l'arche de Noé où je pouvais venir me reposer sans crainte. »

Ces paroles vraies et graves, empreintes d'intérêt paternel et de ferveur religieuse, sans une seule teinte d'affectation, de fanatisme ou de civilité vulgaire, me touchèrent singulièrement.

. . . .

IV

La tragédie rustique.

J'eus le bonheur de retrouver en convalescence la chère Élisabeth, et après deux années passées à Londres et en Écosse, le désir me prit de revoir le petit hameau sur les rochers, et la famille puritaine, et le portrait de Cromwell sous la théière, et mon vieux ministre anglican ; échantillons uniques, cu-

---

1. Held forth.

rieux objets d'études, qui resteront toujours gravés dans mon souvenir et dont la plume de Richter, le pinceau de Goya ou le crayon de Charlet, auraient dû reproduire la bizarrerie piquante et pleine d'intérêt. Au lieu de me rendre sur la rive comme à ma première arrivée je me hâtai de me diriger vers la maison de briques où demeurait Ézéchiel.

Il était une heure de l'après-midi. Je frappai longtemps en vain. Tout semblait mort dans la maison. Étonné, effrayé presque, je redescendis vers la hutte du pêcheur qui m'avait orienté pour la première fois dans ces parages. Je le trouvai occupé à raccommoder de vieux filets, bien que l'humidité de sa triste demeure l'eût rendu presque aveugle. Je lui demandai des nouvelles de M. Ézéchiel F.... et de sa famille, dont la maison semblait déserte.

« Ah! monsieur, me dit le vieux matelot, Dieu a durement agi avec eux. *God has dealt rudely with them.* Si vous voulez me suivre, je vous mènerai chez leur ancienne domestique, Rachel Blount, qui demeure là-bas, dans cette cabane. Elle vous contera toute cette histoire qu'elle sait mieux que moi, car elle l'a vue, elle la redit tous les jours, et elle pleure en la racontant. »

Je le suivis chez Rachel Blount, la vieille domestique qui m'avait ouvert le soir de mon arrivée. Elle me reconnut, et, après les premières explications, elle me fit à peu près le récit suivant :

« Le surlendemain de votre départ, monsieur, les fiançailles de miss Sibylla et de l'honorable jeune homme Abraham S.... devaient avoir lieu; mais

Dieu visite dans sa colère les crimes des hommes : il en avait autrement décidé, et dès le lendemain tout était fini : il n'y avait plus de bonheur pour la famille. D'abord une rumeur effrayante qui se répandit de village en village arriva jusqu'à nous ; nous avions la guerre avec les États-Unis, et les bandes de la « *presse* » balayaient tout le pays jusqu'à la côte, enlevant sur la route jeunes gens, hommes mûrs et même vieillards.

« Le matin, M. Abraham était sorti avec sa fiancée et se promenait avec elle sur la plage. Nous courûmes sur leurs traces sans pouvoir les trouver. Les brigands arrivèrent à l'endroit où étaient Abraham et Sibylla ; ils le saisirent, monsieur ; ces ennemis de Dieu saisirent cet innocent agneau dans les bras de la jeune fille et l'entraînèrent avec eux.

« En vain les supplia-t-on de permettre au moins que le mariage des deux jeunes gens fût célébré, ils s'y refusèrent. La gloire de ces misérables et leur joie est de briser le cœur des familles. Abraham fut emporté en triomphe, garrotté comme une victime par les mécréants qui chantaient en l'emportant et qui laissaient le père, la mère et la jeune fille pleurer seuls leur misère. Ce fut le lendemain, au départ du vaisseau, qu'il y eut de la douleur dans notre village ! Tous les fils, les femmes, les filles, les pères sur le rivage ; et les cris d'adieux qui n'étaient pas entendus ; et les mères à genoux dans le sable mouillé, tendant les bras à leurs enfants, demandant vainement qu'on leur permît de les embrasser encore une fois ! Pas une permission accordée ! pas un adieu! non, pas un dernier coup d'œil! Nous apercevions bien les gens du navire sur le pont, mais nous n'en distinguions aucun. O les Moabites! ô les damnés! Quelle cruauté! quelle cruauté, monsieur! »

La vieille femme essuyait ses larmes et continuait avec son bon sens pathétique et populaire: «Quelle misère, monsieur, que cette «*presse*»[1] n'est-ce pas une abomination devant Dieu! On dit que ces choses doivent se faire! quoi! nous envoyer des démons avec leurs armes, pour déchirer ce que Dieu a mis d'amour légitime et d'honnêtes plaisirs dans nos chaumières! S'ils nous avaient laissé une semaine, un jour seulement, ma jeune maîtresse vivrait encore. Tout le monde avoue que cette «*presse*» est injuste, mauvaise et détestable; et depuis soixante ans que j'ai l'usage de ma raison, je la vois toujours renaître à chaque guerre! Pourquoi, monsieur? c'est que les hommes n'ont pas la crainte de Dieu devant les yeux, ni l'amour de leurs semblables dans le cœur! — Abraham, continua la vieille, partit avec ses compagnons d'infortune, et Sibylla apprit que le jeune homme avait péri en mer. Depuis ce temps, on ne l'a jamais vue sourire; sa tête devint faible, elle parla haut et toute seule; elle était toujours bien douce, supportait patiemment la vie et priait encore; mais ce n'était plus elle. Alors vint la faute du père, monsieur; voyant sa fille avancer en âge et survivre à sa peine, il voulut absolument la

---

1. Les lois sur la « presse » ont été révisées depuis cette époque.

marier. Elle refusa doucement, et sa mère et toute sa famille supplièrent Ézéchiel de laisser en paix la malheureuse enfant ; mais la loi sacrée l'ordonnait : *Croissez et multipliez*, a dit le Seigneur. Ézéchiel le voulut ; un prédicateur de la bonne cause fut choisi pour époux de Sibylla et le jour de la cérémonie fixé. Alors, monsieur, elle ne résista plus. Depuis le départ d'Abraham, sa raison n'avait jamais été forte ; pendant une nuit d'orage, trois jours avant la cérémonie, elle se jeta de ce rocher dans la mer.

« Le corps nous revint tout enveloppé de mousses noires, et fut rejeté sur le sable. Désolation ! monsieur. La mère mourut. Le père, qui dit que la main de Dieu est sur lui, s'est renfermé dans sa maison, d'où il n'est pas sorti depuis cette époque. Il y vit misérablement, de ce que lui-même recueille et récolte. Il m'a renvoyée, moi, sa fidèle servante, et je pense, monsieur, qu'il mourra sans ouvrir la porte à laquelle vous avez vainement frappé. »

Le second enseignement vraiment profond que j'ai reçu de la vie, leçon bien plus puissante que celle des livres, m'est venu de cet humble hameau maritime, précieuse ruine du temps passé. Cette petite région sauvage et ignorée resta toujours dans mon esprit. Je vis quel intérêt profond s'attache à tout ce qui fait comprendre l'humanité sous la pourpre et sous le haillon. J'appris à ne point mépriser les nuances et les détails que l'on dédaigne faute de les voir et qui nous instruisent mieux sur la nature de l'homme que les spéculations les plus hautes. En effet, les généralités nous abusent, leur vaste horizon efface les contours et confond les objets; en étendant la portée de l'esprit, elles nous empêchent d'apercevoir le réel. De là cette monotonie de l'histoire, de là ce désappointement qu'on éprouve en lisant des récits des voyageurs, qui oublient trop souvent que le charme et l'âme de ce monde consistent dans l'infinie variété de la vie.

A cette époque naquit chez moi une horreur qui n'a pas cessé de s'accroître contre le mensonge. Au lieu de la nature théâtrale et fardée, de la religion sophistique et de la passion factice ou frivole, j'avais trouvé dans ce village les plus sublimes choses du monde, la majesté de la nature, la vérité de la passion et la profondeur de la foi.

LA SOCIÉTÉ EN 1817.

I

La société anglaise en 1818. — Quelques types.

Des plages solitaires du Northumberland je revins à Londres, où pendant trois hivers le fracas d'une grande ville civilisée, aussi sérieuse que frivole, m'apprit enfin ce qu'est le monde, dans ses ambitions, ses raffinements et ses fêtes. Je goûtai pour la première fois, grâce à cette alternative charmante de solitude méditative et de bruit mondain, le plaisir de l'observation passionnée, le spectacle varié de la vie humaine; ainsi se fit mon éducation shakespearienne, qui se retrouve au fond de toute ma vie littéraire; — mélange de mélancolie, de sévérité et d'indulgence dont les années n'ont pas affaibli la nuance particulière.

Ce fut alors que j'eus occasion d'apercevoir et étudier les personnages les plus célèbres de cette époque, les *étoiles*, comme on disait alors, ainsi que les types principaux de cette société anglaise, mêlée de liberté sauvage et de conventions étroites. Je n'ai pas le droit de désigner par leur nom ces types curieux.

Je connus le baronnet tory, soutien de la Constitution antique, homme dont l'esprit est tissu de préjugés corrupteurs; qui déteste spéculativement la corruption; qui, six fois dans sa vie, a payé cinq mille livres sterling sa place au Parlement; personnage d'ailleurs intègre, charitable, humain, qui fait transporter à Botany-Bay le pauvre qui lui tue un lièvre.

Je me liai avec un vieux radical, élève de Godwin. Son grand refrain est l'*Amérique!* Celui-là veut un président à bon marché; il admire Cobbett, le tribun du peuple; il croit que toute la politique est dans le prix modique des pommes de terre, et qu'un gouvernement sans impôts marchera merveilleusement.

Son fils, le radical moderne, ne s'arrête pas aux choses matérielles; — il vit de principes et d'axiomes, il algébrise la politique, il se nourrit de théories, et ne pense que par corollaires géométriques; — esprit à angles aigus, qui, faute de connaître les hommes, ne peut réfuter une erreur ni prouver une vérité; sa pensée est raide et ne s'assouplit jamais. Il ne raisonne que d'après la « nature des choses; » grand statisticien, économiste rigide, croyant que l'âme des hommes est une espèce de mouvement d'horloge, et qu'on remonte les États comme des pendules; à force de syllogismes et de clarté dans le style, il finit par rendre son style indéchiffrable; à force de logique, il n'a pas le sens commun ; à force de philanthropie, il ne sympathise avec personne. Sa politique est un chiffre, son âme un chiffre ; c'est un homme-chiffre. C'est lui dont la fille s'est sauvée avec un capitaine de dragons, et qui a fait insérer dans les journaux l'avertissement que voici : « Si la jeune fille refuse de retourner chez ses parents inconsolables, elle est priée au moins de renvoyer la petite clef du coffre au linge qu'elle a emportée avec elle. » Ce bon philosophe réformateur ! je l'ai vu visiter une maison de fous et argumenter avec les idiots pour leur prouver qu'il n'est pas raisonnable d'être fou.

J'ai connu aussi et j'ai peu pratiqué le *dandy* anglais, composé de mépris, de fadeur et d'empois ; sourcilleux et insultant par état, coudoyant tout le monde, empressé de déplaire, montrant son linge, se mouvant comme une poupée, et depuis quinze ans jusqu'à soixante n'ayant ni éprouvé une émotion, ni laissé une ride sillonner son visage.

Parmi ces personnages très-marqués dans la société de Londres en 1820, le plus commun était le gros négociant, la probité même, l'homme d'argent par excellence ; il n'a jamais différé le payement d'un billet, ne fait de mauvaises actions que celles que l'on pardonne, n'offense que les faibles, ne se compromet jamais ; renommé pour son exactitude et son intégrité, il a vu mourir de faim son ancien compagnon de collège sans sourciller.

Cette dernière race est commune et inévitable dans les sociétés commerciales. Qui connaît le secret et le ressort de ces types divers en est bientôt fatigué. Je me sentais attiré davantage vers les excentricités à la mode : Bentham, Coleridge, Southey, Ugo Foscolo, Wordsworth; tous ceux dont on parlait, et que j'entendais dénigrer, ce qui me prouvait leur valeur. Mon extrême jeunesse, mon insignifiance et ce plaisir particulier des observateurs qui aiment à tenir peu de place et à faire peu de bruit, me permettaient de voir et d'entendre la plupart d'entre eux; — génération puissante et société active, dont la trace est à demi effacée.

Imaginez une civilisation réglée pour les plaisirs comme pour les travaux; un assujettissement d'esclave sous les détails de l'étiquette; des mœurs de couvent alliées à des habitudes de somptuosité et d'élégance; colonels et pairs du royaume emprisonnés dans des corsets d'acier; femmes du grand monde qui ne dédaignaient pas de descendre dans l'arène du pamphlet s'il s'agissait de punir un amant et de venger leur honneur; — sauvagerie orgueilleuse chez les individus et monotonie apprêtée dans les coutumes; — beaucoup de prétention à l'originalité, et le vasselage le plus universel sous la loi des convenances; — je ne sais quoi de monacal porté dans les brillantes habitudes de la vie aristocratique, et la gêne des formes s'alliant à la licence des mœurs et à la liberté des lois; — voilà quelle société je venais visiter.

C'était celle que lord Byron attaquait à outrance. Ces nobles dames qu'il avait dénigrées, ces habitantes des salons qu'il avait quittées pour les bois et les rivages de l'Acrocéraunie et de l'Hellespont, lui payaient avec usure ses satires. Sa vogue était immense comme la haine qu'il inspirait.

Alors, comme par défi, le grand poëte devint disciple de Brummel. Il accepta de la main de ses admirateurs l'initiation aux secrets de leur dandysme, à leur froide impertinence, à leur prétention dédaigneuse, à leur morgue puérile; il reçut d'eux le baptême de la fatuité : héros, chantre sublime, philosophe, auteur satirique, homme d'études, homme du monde, il ne perdit jamais cette nuance frivole, si étrangement alliée à la grandeur tragique à laquelle il aspirait.

Dans les salons que je visitais, on ne parlait que de ce dandy satanique, qui s'astreignait à une diète outrée et vivait de biscuit pour combattre l'embonpoint; se faisait peser tous les jours pour s'assurer de son amaigrissement graduel; affectait une rouerie insouciante et une foule de manies singulières; — puis, harassé de ce rôle, s'enfermait dans sa bibliothèque mal en ordre, afin d'y retrouver quelques émotions sombres en contraste avec sa dissipation étourdie.

Il est vrai que parmi les concitoyens et les contemporains de Byron, les plus innocents n'étaient guère moins étranges que lui dans leurs fantaisies. Les uns, violents et fanatiques comme Montgomery ou le révérend Irving, anathématisaient sans pitié tous les profanes; les autres, comme le vieux Godwin, professaient une latitude philosophique de mœurs qui allait jusqu'à la destruction du mariage. Ceux que je rencontrais chez les amis de la bonne Élisabeth appartenaient à la classe sévère ; calviniste elle-même et penchant vers le méthodisme, elle n'avait aucun rapport avec les Bentham, les Hazlitt, les Cobbett, les Hunt, et toute cette race active qui représentait l'avenir et le mouvement.

Un grand côté de la vie britannique aurait donc pu rester caché à mes yeux, si mon père, pendant les plus orageuses années de la Révolution française, n'avait eu l'occasion de se lier avec un artiste anglais très-habile dans l'art de graver la pierre dure, vieil ami de Fox, et comme la plupart des artistes radical déterminé, Thomas Brown. Ce fut par lui que je connus cette face extraordinaire et opposante de la société anglaise — l'extrême whiggisme, les utilitaires et l'école américaine. On ne se gênait point avec moi, jeune homme sans prétention, dont on pouvait faire un adepte. Mon esprit n'était pas sceptique, mais attentif. Je croyais peu, j'écoutais les hommes ; j'adorais la vérité ; je n'imaginais pas qu'elle descendît aisément de son nuage à l'appel du premier venu. De quel droit appellerait-on ma modestie scepticisme ? L'instrument qui éprouve l'or est-il sceptique ? Les hommes cesseront-ils un jour de se partager en deux classes, les crédules et les insouciants ?

II

La maison d'Ugo Foscolo à Londres. — Vie de Foscolo.

Thomas Brown, dont je vois encore le gilet jaune foncé (à la Fox), le jabot fripé comme celui de Fox, le nez romain un peu trop rouge, comme celui de Fox, et les bottes à revers taillées sur le modèle de son idole politique, trouva moyen de me faire connaître, soit au club, soit chez ses amis, les coryphées du parti, Cobbett, Hunt, sir Francis Burdett, Bentham, et même ce radical italien, le lion de l'époque, qui jouait à Londres le rôle excentrique de lord Byron en Italie, Ugo Foscolo. Il s'était avisé de bâtir un temple grec, pour en faire son habitation personnelle; et ce qui est tout à fait caractéristique de l'artiste et du poëte, il avait compté, pour payer sa maison, sur ses articles de Revues et sur ses livres. Malgré la protection active de ses amis, la maison fût vendue par autorité de justice.

Ce fut en 1819 que je fus présenté à Foscolo. Tout était païen chez lui.

Il y avait des Apollon dans son boudoir et des Jupiter dans son antichambre. Un petit autel portatif lui servait de cheminée, et il regrettait, j'en suis sûr, de porter le costume moderne. L'éclat de ses yeux, l'ébouriffement de sa coiffure, la chaise curule sur laquelle il était assis, les malédictions malicieuses qu'il lançait à chaque phrase contre ses ennemis politiques et poétiques, firent de lui pour moi un objet d'étonnement plutôt que d'intérêt. Je croyais voir l'exagération d'Alfieri, qui lui-même était une exagération de Dante. Il ne causait pas, il déclamait; il ne lisait pas, il hurlait. C'était le mensonge du théâtre dans ce qu'il y a de plus artificiel. Cependant il n'était pas affecté; cette sauvage véhémence était devenue sa nature.

Les événements de sa vie l'y avaient prédisposé : né à Zante entre 1772 et 1776 [1] d'une race vénitienne, Foscolo reçut de ses ancêtres la tradition de ce génie fier et démocratique qui inspira toujours leur descendant. On compte la famille *Foscolo* au nombre des tribus fugitives qui, dès le sixième siècle, se réfugièrent dans les lagunes de l'Adriatique et y placèrent le berceau de la République de Saint-Marc. Très-jeune encore, il attira par la témérité de ses discours la surveillance de cette inquisition d'État qui jusqu'au dernier moment de son agonie conserva son terrible pouvoir. Cité devant les inquisiteurs, il se rendait à leur tribunal, lorsque sa mère, du seuil de la porte, lui cria: « Va, mon fils, et meurs plutôt que de te déshonorer en trahissant tes amis! » Le fils fut digne d'une telle mère; on retrouve dans tout le cours de sa vie l'écho véhément de ces paroles spartiates.

La liberté vénitienne tomba, comme on le sait,

1. Cette date est peu certaine ; Foscolo lui-même a indiqué tour à tour les années 1772, 1775 et 1776, comme époques de sa naissance.

sous les coups de l'Autriche ; le jeune Foscolo quitta sa patrie et vint à Milan, où il connut l'aimable Parini. Entre Foscolo et Alfieri, les ressemblances de caractère étaient trop prononcées pour que leur commerce fût jamais intime : ce n'est pas la similitude des esprits et des âmes, c'est leur contraste qui fait naître et perpétue l'amitié. L'âpreté et la rudesse, qui de bonne heure isolèrent Foscolo de ses contemporains, l'entourèrent d'ennemis dès le commencement de sa carrière. Les adulations que Cesarotti[1] prodiguait à Napoléon révoltèrent Foscolo ; il se brouilla avec Cesarotti. Bientôt Mazza[2] et le comte Pepoli, connu par l'excessive bizarrerie de son caractère, se trouvèrent en butte aux attaques du jeune poëte. Il avait appris à ne pardonner aucune erreur ; il ne savait faire grâce à aucun ridicule. Il ne modifiait aucune de ses opinions, et défiait le sort, au lieu de plier sous lui.

Son éducation, commencée à Venise, continuée par Cesarotti, soumise à l'influence de Parini, s'acheva à l'université de Padoue, sous les leçons de Stratico et de Sibiliato. Il revint passer quelques semaines à Venise, et parcourut ensuite la Toscane et les autres parties de l'Italie. Son caractère littéraire se forma d'un mélange ardent de la misanthropie de Rousseau et de l'emphase exagérée de Sénèque. Admirateur des formes classiques, entraîné par un secret penchant vers la mélancolique profondeur de

---

1. Dans le poëme médiocre intitulé : *Pronea*.
2. Traducteur d'*Akenside*.

la tragédie anglaise, il essaya d'accomplir, entre ces deux tendances, une fusion qui n'est point sans grandeur, mais où le défaut d'unité primitive se fait sentir. Tout ce qui porte une empreinte de force était assuré de son suffrage; il admirait la majesté de la poésie hébraïque, l'énergie outrée de Lucain et la roideur sentencieuse d'Alfieri ; il confondait ces sources diverses du sublime sans faire attention que le résultat de ce mélange serait faux et hétérogène. L'Italien Ortis exprime dans un langage digne de Sénèque les douleurs de Werther; l'Ajax homérique porte dans les mystérieuses profondeurs de l'âme humaine le coup d'œil lugubre de *Hamlet*. Alfieri, en soumettant des sujets modernes[1] aux formes sévères de la tragédie grecque, était tombé dans la même erreur. Lorsque je vis dans son intérieur et que j'entendis causer cet autre Alfieri lyrique et savant, Ugo Foscolo; lorsque cette misanthropie furieuse et ce pédantisme classique, mêlés de verve, d'esprit, d'affectation, de violence contre le sort et d'égoïsme puéril, se montrèrent à moi en déshabillé, je compris tout ce qu'il y avait de factice et de peu vital dans cette littérature et ce mode de génie. Aucune racine ne les rattachait au monde nouveau, aux passions réelles, aux choses et aux idées de l'avenir; et cependant, au milieu de tout ce mélange, une éloquence éclatante, un talent ardent, quoique artificiel, et un amour enthousiaste de la liberté et de l'humanité, m'intéressaient vivement.

---

1. Dans *Rosmunda*, *la Congiura de Pazzi*, etc.

Thyeste, composé à dix-neuf ans par Foscolo, fut représenté sur un des théâtres de Venise le 4 janvier 1797; le même soir, deux tragédies de Pepoli et de Pindemonte parurent pour la première fois sur d'autres théâtres de la même ville : *Thyeste* l'emporta. On joua dix fois de suite ce violent pastiche d'Alfieri.

Nommé secrétaire de l'ambassade que sa république envoyait à Napoléon, il vit la liberté de Venise achetée et vendue comme on trafique d'un ballot de laine; l'admiration qu'il avait vouée à la France et à son chef se changea en mépris. Il sortit de Venise redevenue province autrichienne, et alla résider dans cette partie de l'Italie qu'on appelait alors République cisalpine.

Là, sous l'influence d'une indignation et d'un désespoir profonds, il composa ces lettres d'*Ortis*, extraordinaire composé de vérité et d'exagération, de rhétorique déclamatoire et d'éloquence sincère. Les souvenirs de la tragédie antique, l'imitation de la *Nouvelle Héloïse* et celle de *Werther*, se confondent dans cet ouvrage, qui reproduit exactement la civilisation du midi de l'Europe, zone plongée dans une décadence de deux siècles; exaltation de paroles et vide de pensées; effort pour être sombre et sublime; la pompe et l'harmonie du discours, trahissant les dernières aspirations d'un peuple sensitif plutôt que sensible.

Les *Lettres de Jacques Ortis*, mutilées à leur apparition, produisirent une sensation extraordinaire. Ce patriotisme gigantesque frappa les imaginations;

Foscolo avait transformé les idées politiques en une poésie passionnée. Foscolo s'engagea ensuite dans la première légion italienne commandée par les généraux français. Poëte et guerrier, il prit part à cette défense de Gênes qui fit tant d'honneur à Masséna. Ce fut la belle époque de sa vie. Son talent poétique et son érudition se développaient en même temps, sous le feu des batteries ennemies, au milieu du tumulte d'un siége. Ses nobles odes adressées à Louise Pallavicini furent composées à Gênes ; et, peu de temps après, son commentaire sur le poëme de Catulle, *de Coma Berenices*, fut publié dans la même ville. La littérature italienne offre peu de morceaux élégiaques comparables aux odes que nous venons de citer ; une grâce antique y respire. Le commentaire offre une étrange parodie de l'érudition et des folies qu'elle se permet dans son luxe exagéré.

Il exprimait sans ménagement le dédain qu'il ressentait pour Monti, Lamberti, Lampreti, Pezzi, rédacteurs du *Polygraphe*, journal publié à Milan. Une tragédie de Foscolo, *Ajax*, représentée en 1812 sur le théâtre de cette ville, leur fournit l'occasion de se venger.

On répandit le bruit absurde que la pièce, malgré son titre et l'antiquité des personnages évoqués sur la scène, n'était qu'une composition allégorique. Ajax devenait le général Moreau ; Agamemnon, c'était Bonaparte. L'inquiétude de la police fut excitée, défense de jouer l'ouvrage fut envoyée aux acteurs. Non contents du succès de cette perfidie, les écrivains vendus au pouvoir consacrèrent six articles de leur journal à prouver, non qu'*Ajax* était une mauvaise pièce, mais que Foscolo avait mérité, par ses opinions politiques, les rigueurs du gouvernement. Une de ces circonstances puériles dont les annales de la scène offrent plus d'un exemple vint se joindre aux malheurs dramatiques de l'auteur d'*Ajax :* le mot *salamini*, qui signifie en italien les *habitants de Salamis*, a une autre acception plus populaire; c'est le diminutif de *salame*, saucisse. Ajax, qui, dans la tragédie, adressait souvent la parole à ses chers *Salaminiens*, était obligé de répéter ce mot grotesque : qu'on imagine la bouffonnerie d'un héros qui, devant un auditoire disposé à saisir le quolibet, s'écriait d'un ton solennel : « O chères petites saucisses! » *O carissimi Salamini!* La tragédie nouvelle du jeune homme était d'ailleurs très-ennuyeuse. Les armes déloyales que ses ennemis employèrent contre lui causèrent à Foscolo l'irritation la plus vive. Ils répondirent à sa fureur par des épigrammes. En voici une de Monti qui mérite d'être conservée :

> Per porre in scena il furibonde Ajace,
> Il fiero Atride e l'Itaco fallace,
> Gran fatica Ugo Foscolo non fè.
> Copio se stesso e si divise in trè.

> « Pour mettre en scène Ulysse le perfide,
> « Ajax le furibond et le superbe Atride,
> « Foscolo n'a pas eu grand mal.
> « Ce triple personnage existait en lui-même.

« Notre homme en fit trois parts, et sans effort extrême
« Trois fois il copia le même original. »

« A vingt-deux ans, me disait Foscolo, j'étais le géant de la fable, entouré d'ennemis, désappointé dans mes espérances politiques, harcelé comme poëte, banni de ma ville natale; je passai ma vie à me venger. »

Alors, dans une imitation du *Voyage sentimental* de Sterne, intitulée : *Didymi clerici, prophetæ minimi, hypercaleipsos liber singularis*, il passa en revue ses adversaires et lança contre sa patrie malheureuse, et selon lui digne de l'être, tous les traits de la raillerie et du courroux. Cette satire amère n'approche pas plus de la plaisanterie originale et mélancolique de Sterne, que la violence des *Lettres d'Ortis* ne ressemble à la rêverie lugubre de *Werther*. Écrite en latin de la Vulgate, étincelante d'esprit et de verve, elle est plus acerbe que bouffonne, plus caustique que gaie. L'auteur immole tous ses ennemis à sa mauvaise humeur; en nous faisant rire à leurs dépens, il nous irrite contre son amertume, et nous force à les plaindre.

Un essai de traduction de l'*Iliade* et l'admirable poëme des *Tombeaux* succédèrent à cet acte de vengeance littéraire. L'Europe connaît ce dernier ouvrage, l'un des chefs-d'œuvre de la littérature moderne. Il publia ensuite une édition corrigée et augmentée de Montécuculli. Ce dernier ouvrage, composé dans une intention patriotique, avait pour but de rappeler les Italiens au sentiment de l'ancienne dignité romaine, et d'éveiller en eux le désir de la gloire guerrière. On reproche à l'éditeur d'avoir altéré le texte et prêté à Montécuculli ses opinions et ses idées. Ajoutons à ces ouvrages un excellent discours sur *l'Origine et les devoirs de la littérature*, discours prononcé à Milan, quand Foscolo fut nommé, après Monti, professeur de littérature à l'université de Pavie.

Les Autrichiens, en s'emparant de l'Italie, exilèrent à jamais Foscolo de sa patrie. Il passa en Suisse, et de là en Angleterre. Son talent y grandit et se dépouilla de son emphase; placé dans un milieu d'affaires et de réalités, Foscolo devint moins déclamateur, moins affecté, moins ami dans ses livres des couleurs violentes et de l'exagération. Mais son caractère ne changea pas. Il se fit autant d'ennemis à Londres qu'à Venise. C'est à Londres qu'il a publié ses *Essais sur Pétrarque*, son discours sur le texte de Dante; ses *Hymnes à Canova*, son poëme des *Grâces*, d'une pureté admirable, et plusieurs excellents articles de la *Revue trimestrielle* et de la *Revue d'Édimbourg*. C'est là que je l'ai vu, au moment de son grand succès littéraire, protégé par les hommes les plus distingués de l'Angleterre. Sa causerie véhémente produisait sur moi l'effet d'une déclamation de théâtre; il semblait que le patriotisme représenté par lui portât un masque grec et fût monté sur les échasses de la Médée et de la Clytemnestre helléniques. Ce paganisme renouvelé me faisait mal; je sentais l'artifice. Quand il se mit à me raconter, en vrai Vénitien qu'il était, les ennuis de Londres et les burlesques mésaventures qui l'avaient accueilli dans ce qu'il appelait le pays des Cyclopes, il se montra infiniment plus amusant; il était redevenu naturel.

« *Sono bestie*, me dit-il en se promenant à travers la chambre, ce sont des brutes que ces Anglais. Doubles tudesques, les Cyclopes ne comprennent rien à la poésie! Ah! je regrette amèrement ma jeunesse, mes querelles de théâtre, mon soleil de Venise, mon attitude sublime d'Ajax foudroyé. Cette vie anglaise, cette vie de bœuf emprisonné qui m'étreint de toutes parts, me pèse : et dès que je peux blesser un de ces Cyclopes dont je suis le favori et qui osent me protéger, je suis heureux! »

Il mourut insolvable, et les Cyclopes payèrent son convoi.

III

Il est impossible d'imaginer de contraste plus violent que celui qui séparait ce radical classique, homérique et furieux, du radical teutonique, anglais et utilitaire, qui exerça tant d'influence sur le commencement du siècle, Jérémie Bentham. Le bruyant Foscolo n'avait point d'école. Le paisible Bentham résumait à l'usage de l'Angleterre les théories du dix-huitième siècle; jamais philosophe paisible, vivant dans les abstractions, n'eut plus de prise sur les esprits. Un parti tout entier l'acceptait pour oracle. L'empereur Alexandre alla le voir : Catherine, impératrice de Russie, recevait ses lettres et lui répondait. Le philosophe eut la noble fierté de rendre à l'autocrate la tabatière d'or ornée de son portrait, qu'il en avait reçue.

Entre 1820 et 1825, il était encore peu estimé des Anglais, quoique célèbre en Europe, et jouissant dès lors dans le Nouveau-Monde d'une immense popularité. En 1820, Hobhouse et Rolls étaient plus populaires que lui dans les places et dans les ports de Londres. A New-York et à Calcutta, Bentham l'emportait sur toutes les célébrités contemporaines.

J'allai visiter avec mon ami Brown ce La Fontaine des philosophes, véritable enfant pour les habitudes sociales. Il avait passé trente années dans une maison qui donne sur le parc de Westminster, et où sa vie d'anachorète se consacrait à réduire la théorie des lois à un système mécanique et l'intelligence humaine à des fonctions machinales. Il sortait rarement et voyait peu de monde. Le petit nombre de personnes qui avaient leurs entrées chez lui n'étaient admises que l'une après l'autre comme dans un confessionnal; chef de secte, il n'aimait pas à causer devant témoins; grand parleur, il ne s'occupait que des faits.

Quand nous lui rendîmes visite, il nous pria de faire avec lui quelques tours de jardin : c'était un emploi habile et économique de ses heures, un moyen de soigner sa santé. Le vieillard, tout en se promenant dans ses allées, l'esprit agité de mille pensées, nous entretint avec chaleur des plans qu'il méditait et de l'avenir des peuples. J'étais touché de sa sincérité visible et mécontent de ses doctrines, filles de l'arithmétique et du matérialisme. Je sentais d'ailleurs qu'il aurait le même abandon et montrerait une égale confiance au premier aventurier transatlantique, au premier intrigant venu, et qu'il leur exposerait comme à moi la constitution à donner à la première île déserte qu'il pourrait régir. Il ne marchait pas, il courait. Sa voix était perçante, et ses phrases étaient souvent interrompues. Il ne pensait ni à l'élégance des manières, ni à son costume, ni à sa démarche. Il s'arrêta enfin devant deux cotonniers, arbres magnifiques, placés à l'extrémité du jardin, et sur le mur qu'ombrage leur cime il me fit lire ces mots : *Dédié au prince des poëtes.* En effet, c'est dans une maison située sur ce lieu même que le grand Milton a longtemps vécu.

« Mon jeune ami, me dit-il, je songe à couper ces deux arbres et à transformer en *écoles chrestomatiques* la maison de Milton, le berceau du *Paradis perdu!* Seriez-vous encore sensible aux délicatesses idéales et poétiques que le monde vante? Tant pis pour vous! »

« Ainsi, pensai-je, là où le grand poëte respirait librement dans la solitude de son génie, une multitude bruyante se rassemblera tous les jours; leurs querelles profaneront ce lieu sacré! »

Bentham devina ma pensée et me dit : « Je ne méprise pas Milton, mais il appartient au passé, et le passé ne sert à rien. »

Après tout, Milton, qui a été maître d'école, ressemblait assez à Bentham. Même physionomie sévère et douce; même expression d'austérité puritaine; même irritabilité de caractère, corrigée par l'habitude et la raison; même son de voix argentin, même chevelure éparse et négligée; il ressemblait aussi un peu à Franklin, dont les traits exprimaient plus de fine malice, et à Charles Fox, dont il avait le regard perçant et l'inquiétude ardente; son œil vif étincelait pour ainsi dire dans le vide; on devinait que son regard s'occupait de chiffres invisibles et de problèmes lointains.

Malgré sa douceur et sa bienveillance, je ne me trouvais pas à l'aise avec ce scolastique du matérialisme moderne. Quelle sympathie ressentait-il pour moi? Aucune. Il préférait un syllogisme à l'humanité. Suivre les ramifications d'un système, raisonner et conclure, poser des dilemmes et déduire des conséquences; chercher des faits, des autorités, des exemples, et les soumettre aux procédés d'une dialectique vigoureuse; de tous ces matériaux, de tous ces atomes réduits à leur forme la plus sèche, composer quelque théorie subtile; voilà son plaisir.

Ajoutez à ces traits un costume de philosophe fort négligé, le collet de la chemise rabattu, la redingote croisée à un seul rang de boutons, enfin des demi-bottes à l'ancienne mode par-dessus des bas chinés; vous composerez un accoutrement étrange, qui participait à la fois de la simplicité du collége et de l'antique vêtement que portaient encore quelques contemporains de Georges III. Rien de dédaigneux, de tyrannique, de malveillant, de misanthropique dans sa physionomie ou sa contenance. Le bonhomme ne pensait pas à lui, mais il ne pensait pas à moi non plus. Il aurait donné trente mille hommes pour un axiome, le genre humain pour une théorie.

« Je voudrais, me disait-il, que chacune des années qui me restent à vivre se passât à la fin de chacun des siècles qui suivront ma mort; je serais témoin de l'influence qu'exerceront mes ouvrages. »

Hélas! vivront-ils si longtemps? Bentham a-t-il réellement imprimé à l'esprit humain une impulsion nouvelle? Non. Algébriste de la science sociale, il n'accorde rien aux inconséquences de notre nature, à ses variétés, à ses irrégularités. Qui ne prête pas la voile, comme dit le poëte, aux caprices du vent, n'est point un pilote habile. Bentham, le rigide calculateur, a cru que l'homme était un animal raisonnable et logique, non un animal passionné et incomplet. Il a espéré le soumettre à la sévérité des calculs techniques, algébriques et matériels; il a cru le rendre à la perfection en le forçant de raisonner juste. « Tout plaisir est un bien, lui a-t-il dit; en faisant le bien, vous aurez du plaisir. » — Quelle folie de confondre le plaisir qui résulte du bien que j'ai fait, avec le plaisir des sens et l'affreux plaisir que l'on peut acheter par un crime! O moraliste! vous oubliez que nous sommes composés d'antipathies et de sympathies, c'est-à-dire de faiblesses, et que l'homme n'est pas Dieu!

Voilà l'erreur du dix-huitième siècle tout entier, la déification de l'homme et l'apothéose de sa raison.

En écoutant Bentham, je retrouvais subtilisées et raffinées les théories dont ma jeunesse avait été bercée ; j'apprenais à me défier de ce nouveau et singulier fanatisme, ayant pour idole l'humanité même, comme si l'humanité était parfaite. J'avais déjà voyagé ; je m'apercevais de l'extrême différence qui se trouve entre les abstractions du philosophe spéculatif et la réalité de la vie. Je reconnus que son erreur consistait à soumettre aux lois mathématiques, faites pour régir des abstractions mortes, les réalités vivantes du monde où nous sommes. Une montagne est composée d'atomes mathématiques, et ces atomes pris un à un ne font pas une montagne. En mesurant avec exactitude les toises géométriques dont se compose la chaîne des Cordillères, vous n'en connaîtrez ni l'aspect ni la grandeur. Les hommes sont des unités ; mais ces unités ne sont pas équivalentes. Le matérialisme arithmétique de Bentham aboutissant à son système de l'utile était donc une immense erreur. Quelle chose d'ailleurs n'est pas *utile*? Les atrocités commises dans les Indes occidentales par les planteurs le sont ; le sang et les larmes de plusieurs millions de nègres rapportant à l'Europe des millions de balles de sucre le sont; incendies, meurtres, vols et inondations ont évidemment leur utilité relative. Suit-il de là que les choses soient bonnes en elles-mêmes? Non ; sans l'idée du beau moral, de la perfection divine et de l'imperfection humaine, aucune philosophie ne se tient debout.

Ces idées roulaient confusément dans mon esprit,

lorsque des gouttes de pluie nous forcèrent à rentrer avec le philosophe; il s'assit dans son fauteuil, et se mit à préluder sur un piano, l'œil fixé sur une perspective de verdure, pour se préparer, nous disait-il, à un travail sur la réforme des prisons. Il s'occupait alors de régler son panopticon circulaire, espèce de ruche transparente où chacun des malades moraux avait sa loge à part : il devait se placer au milieu d'eux tous, examiner de ce point central les actes de chacun; sermonner sa confrérie, lui donner du travail, lui enlever tout moyen de nuire, la nourrir, la vêtir et la chausser; puis, après l'avoir convaincue, moitié de force, moitié par ses arguments, que tout était pour son bien, il espérait lui ouvrir les portes et rendre à la société la troupe parfaitement convertie.

O philosophe! me disais-je en le quittant, vous en savez moins là-dessus que le premier vagabond des carrefours. Vous ignorez l'âpre séduction et le charme de la vie criminelle. O innocent et doux philosophe! vous ne savez pas ce que c'est que braver le péril, mépriser la mort, sentir plus vivement la vie, jouir d'une indépendance farouche! Ces voluptés puissantes sont trop terribles pour vous; mais l'homme égaré qui les a goûtées n'y renonce plus. L'oiseau de proie ne renonce point à la chasse. C'est un miracle que n'a pu accomplir M. Owen, qui voulait réformer les habitants de New-Lanark en les enfermant dans le cloître monotone qu'il avait bâti pour eux. Les bandits qu'il espère discipliner et convertir à la morale échangeront-ils contre l'existence monastique qu'on leur offre sous les parallélogrammes de M. Owen ces plaisirs d'une vie indépendante dont on trouve un récit romantique et animé chez les voyageurs ; ces lits de neige où les chasseurs du désert s'ensevelissent pendant des semaines ; ces guirlandes et ces festons de glace dont ils ornent leurs cavernes ; ces luttes à mort avec le léopard, dont la peau sanglante leur sert d'habit et de couverture ; ces rencontres imprévues du tigre et du serpent à sonnettes, sous l'antre qui leur sert d'asile ? Laissez cet Américain, longtemps captif chez les sauvages, vous dire de quelle manière il parvint à échapper à une armée de buffles, dont la marche rapide ressemblait au bruit du tonnerre ; quelles araignées plus grosses qu'un rat se suspendaient aux rameaux des forêts vierges ; comment les indigènes, à genoux sur le bord de l'Océan, adorent le gouffre qui, selon eux, emporte vers l'éternité les âmes de leurs pères ; — et vous ne vous étonnerez pas qu'il ait refusé de rester sous le toit paisible et dans le couvent moral de M. Owen. Pauvres philosophes, qui veulent régenter l'homme et qui ignorent l'humanité !

L'utopiste, en quittant son piano pour nous reconduire, me fit cadeau d'un paquet énorme de ses volumes, que je possède encore et qui sont là, côte à côte avec les œuvres de Fourier, annotées et commentées de la main de ce dernier. Jérémie Bentham laissa chez moi un souvenir de vénération douce et presque triste ; je voyais en lui un fou, monomane de raison algébrique. — « Il n'a plus que juste de quoi vivre, me dit Brown ; ses penchants romanesques, l'amour des spéculations hardies et nouvelles, ont dissipé son patrimoine. Les faiseurs de projets le ruinent ; dès que leurs raisonnements lui paraissent solides, il livre son argent aux exigences de leur dialectique. Il est beau-frère de M. Abbott, autrefois speaker (président) de la Chambre des communes, et devenu lord Colchester. Élevé au collége d'Éton, la poésie lui fait horreur ; mais la prosodie lui plaît ; c'est un exercice numérique. Il aime à scander comme un écolier les vers de Virgile, ou à discuter comme un professeur l'emploi des participes grecs. Amateur des gravures d'Hogarth, il apprécie la finesse analytique de cet artiste. Enfin il tourne très-bien de petits instruments et des meubles de bois.

— J'entends, répondis-je à Brown, et il prend les hommes pour des petits morceaux de bois, que l'on peut tourner, façonner et polir. »

IV

Visite à Coleridge. — Les hallucinations. — L'improvisateur. Philosophie de Coleridge.

La bonne Élisabeth ne fut point contente de savoir que j'avais entendu causer Bentham, alors plus détesté que célèbre, et considéré par les calvinistes bien pensants comme un novateur obscur et dangereux. Indulgente dans la vie privée, inflexible quant aux doctrines, douce et bienveillante dans ses mœurs, sévère et intraitable pour les principes; portant dans sa foi un mélange enthousiaste de poésie austère, Élisabeth, auteur de plusieurs ouvrages sur l'éducation des enfants, m'offrait le singulier type d'une fanatique mondaine et sincère. Je n'avais rien vu de tel dans mon pays.

Il était naturel qu'elle n'approuvât pas mon voyage à Westminster et ma visite à Jérémie Bentham. Aussi voulut-elle absolument balancer ce qu'elle appelait ma faute, en me faisant connaître les vrais grands hommes, les hommes religieux de sa patrie, et surtout Samuel Taylor Coleridge, qui habitait près de Londres une solitude modeste, où ses amis venaient écouter ses éloquentes paroles. Philosophe déiste dans sa jeunesse, et l'un des chefs de la nouvelle réforme poétique, il était devenu mystique chrétien. Seul en Angleterre, il occupait une place analogue à celle que Schelling, Fichte et Hegel ont occupée en Allemagne; l'esprit éminemment pratique de l'Angleterre lui donnait plus d'admiration que d'élèves; et le trône isolé qu'on lui laissait sans partage était un trône sans sujets.

Nous arrivâmes sur les huit heures à la petite maison élégante de Coleridge; une trentaine de personnes étaient déjà réunies dans un petit salon bleu, orné de meubles fort simples. On ne fit aucune attention à nous et nous entrâmes sans bruit. Coleridge parlait. Debout devant la cheminée à laquelle il était adossé, la tête haute et l'œil perdu dans le vague, les bras croisés et livré à l'inspiration qui le dominait et précipitait sa parole, il ne s'adressait pas aux auditeurs; il semblait répondre à sa pensée. Sa voix était vibrante, moelleuse et mâle; ses traits harmonieux, son vaste front couronné de boucles brunes mêlées de fils d'argent, les lignes heureuses et suaves de sa bouche, l'éclair adouci de son regard et les contours arrondis et puissants de son visage, rappelaient la physionomie de Fox avec plus de calme, celle de Mirabeau avec moins de turbulence, et celle de M. Berryer avec un caractère plus abstrait et plus rêveur. Comme ces trois hommes si bien doués, il possédait la force sympathique, première qualité de l'orateur.

Entouré d'un cercle auquel il empruntait à la fois et communiquait l'enthousiasme, il continuait une analyse savante et colorée des poëtes dramatiques de la Grèce. Il fallait l'entendre développer ses idées sur ces grands hommes; parler, en style plein de verve, de la finesse raisonneuse et pathétique d'Euripide, de la grâce harmonieuse et céleste qui caractérise Sophocle et de la sombre éloquence d'Eschyle. Pendant près de dix minutes il commenta le *Prométhée* d'Eschyle, ode à la destinée, plaidoyer de l'homme contre la Providence. A mesure que l'orateur soulevait les triples voiles dont cette allégorie est enveloppée, son œil étincelait; sa voix prenait un accent plus animé; son discours devenait plus brûlant; il semblait reproduire dans ses tourments et dans son énergie la destinée typique de l'inventeur en butte à la haine des Dieux et adres-

sant ses plaintes au vent qui mugit autour de
sa tête; emblème sublime de l'antique et terrible
croyance à la fatalité. Bientôt le type mythologique
disparaissant fit place à la destinée de l'homme
chrétien; et dans le plus hardi et le plus brillant
des tableaux, il résuma toutes les explications mé--
taphysiques de l'énigme de la vie. Il suivit le méta-
physicien Hartley dans le labyrinthe aérien de ses
rêves subtils; expliqua les *vibratures* et les *vibra-
tioncules;* pesa la chaîne mystique de l'association
des êtres; expliqua les chimères des *millenaires;*
plongea de toute la force de sa pensée dans la que-
relle des spiritualistes et des matérialistes, et porta
un pied hardi dans le domaine enchanté de Berkley.
Ensuite, pénétrant dans les profondeurs de la métaphysique de Malebranche; luttant contre le chaos
indigeste du système intellectuel de Cudworth; dé-
chiffrant les théories hiéroglyphiques de lord Brook;
feuilletant les in-folios de la fantastique duchesse
de Newcastle; citant la ferme éloquence des Til-
lotson et des Clarke, il atteignit Leibniz et le suivit
sur le pont de communication que ce grand philosophe jette entre le ciel et la terre. Leibniz le conduisit à Spinosa. Nous l'entendîmes développer
en paroles de feu ce panthéisme impalpable qui
donne une âme au monde sans lui donner un corps,
et qui prête à un univers sans réalité un moteur
sans existence. Au milieu de ces spéculations méta-
physiques, le génie poétique de Coleridge ne cessait
de dérouler ses vagues, comme une mer harmonieuse et lumineuse. De la réfutation du spinosisme,

qui, disait-il, « recule Dieu et ne le montre pas, » il s'élança jusqu'à l'explication des dogmes ; — parvenu à cette hauteur, incapable de s'élancer plus loin ni plus haut, il s'abaissa vers la terre pour nous murmurer quelques vers doux et mystérieux, empruntés au *Paradis* du Dante.

Je sortis pénétré d'une admiration profonde. Jamais je n'avais entendu la parole humaine unir au même degré l'éloquence ardente et la subtilité métaphysique.

Trois jours après je me fis présenter à lui ; dans plusieurs conversations qui étaient à la fois des monologues et des dithyrambes, il daigna m'indiquer les points principaux de son vaste système. Il ne répudiait aucun des dogmes du christianisme. Il les croyait conformes à la raison, à l'expérience et à l'histoire. Le mystère matériel de la vie, dont il trouvait le mot dans le triple phénomène de l'électricité, du magnétisme et du galvanisme, lui semblait d'accord avec le mystère spirituel de l'âme associée à une intelligence servie par des organes. Il pensait que toutes les philosophies s'expliquaient par le christianisme qui les contient toutes. Il croyait au progrès, se développant à travers les phases de l'humanité, — et à la tradition qui est le passé, c'est-à-dire le tronc commun d'où sortent tour à tour, végétations animées, les rameaux féconds du progrès. Dans son discours, qui n'était pas un enseignement, on pouvait regretter des obscurités, des vapeurs et des lacunes ; mais, en l'écoutant et en essayant de le suivre, je n'éprouvais rien de cette sécheresse et de ce dégoût que les systèmes de Bentham m'avaient causés, rien de ce vide que je ressentais en face du théâtral et pompeux Foscolo.

Vibrant à toutes les émotions et capable de comprendre tous les systèmes, l'indépendance de son esprit et sa riche mémoire, son goût vif pour tous les caprices philosophiques, pour toutes les rêveries, pour toutes les voluptés de la pensée, son habileté à les reproduire et à les exposer sous les couleurs les plus éclatantes et les plus variées, faisaient de lui une sorte de Diderot mystique. Malheureusement, la faiblesse de ses organes, accrue par l'abus fatal de l'opium auquel il s'était livré avec passion, ne lui avait pas permis de rédiger avec ensemble cette magnifique esthétique chrétienne dont il n'a laissé que des vestiges.

Comment énumérer les études auxquelles il s'était livré tour à tour pour arriver à de tels résultats, et la variété des jouissances qu'avait recherchées son intelligence? La prose brillante de Jérémie Taylor, les sonnets de Bowles et les essais d'Addison, Jean-Jacques et Rabelais, Crébillon et Goldsmith, le séduisirent et l'enchantèrent. Roman, histoire, poésie, art dramatique, beaux-arts, il essaya tout, il jouit de tout. Les théories cabalistiques, celles de Fichte et de Kant, les systèmes de Winckelman et ceux de Hegel le comptèrent parmi leurs adeptes. Coleridge a touché à tous les rivages. Quand la fureur populaire fit crouler les tours de la Bastille, sa muse entonna l'hymne de joie; poëte, philosophe, penseur, artiste, critique, homme de goût, homme érudit, il n'a laissé que des traces éparses de sa force. La faute n'en est pas à lui seulement, mais à son époque et à son pays.

Le monde pratique qui l'environnait ne le comprenait pas. La renommée de l'utilitaire Bentham grandissait chaque jour; celle du mystique Coleridge était contestée ou abaissée.

Mais le temps, grand réparateur, a remis tout à sa place. Les fragments de Coleridge, sa prose si ferme et si brillante, ses poésies inspirées, enfin cet essai admirable d'autobiographie dans lequel il se montre psychologue profond et dénué d'égoïsme, lui assignent un rang unique parmi les philosophes et les poëtes du dix-neuvième siècle. C'est le Novalis de l'Angleterre.

M. DE CHATEAUBRIAND

(DE 1817 A 1819).

Le hasard m'a fait passer, en 1819, là où M. de Châteaubriand avait passé en 1798. Obscur et pauvre, triste jusqu'au désespoir, malade jusqu'à la mort, sans amis et sans espérance, le grand exilé n'avait laissé de traces que dans quelques esprits. Je les ai interrogés ; ils m'ont répondu. C'est de leur simplicité ou de leur malice que je tiens les renseignements que je vais donner.

Ils m'ont fait connaître M. de Châteaubriand plus réel, c'est-à-dire plus grand qu'on ne le croit communément ; ni apostat, ni apôtre, ni sceptique, ni fanatique, ni ambitieux, ni ascète ; rien de tout cela ; — un gentilhomme élève de Jean-Jacques, un ardent adepte de la vie sauvage, un passionné disciple d'Émile, un ennemi furieux de la société du dix-huitième siècle redevenu chrétien sincère et véhément. Ce point de départ de M. de Châteaubriand est celui de toute sa génération ; comme Mme de Staël,

Benjamin Constant, Coleridge et Gœthe, il s'est dégoûté un jour de la négation qui est stérile. Avant de s'en détacher, il avait été, non pas sceptique, mais *négateur* avec toute la véhémence de Raynal ; il était parti pour l'Amérique, afin de sceller de son sang et de sa sueur sa foi dans l'excellence de la vie sauvage et la grandeur de l'homme primitif ; il était revenu en Angleterre, pénétré des mêmes doctrines.

Tel l'avait vu à Londres un personnage singulier dont j'ai déjà parlé[1], M. Porden, un de ces gens nés pour servir de représentation complète aux idées desséchées et au passé ; momie satirique, au corps sec, à l'esprit sec, à la culotte de soie noire, tombant en plis longitudinaux sur de petits genoux grêles ; totalement et parfaitement pointu, intelligence et figure, raison et goût, habitudes et talent, paroles et génie.

Il était né gothique ; sa fortune s'était faite par là. Le maître de la couronne anglaise, George IV, alors régent, adorait le gothique, non par goût, mais par habileté de gouvernant. Tout le Nord était anticlassique. Au fond, George ne se souciait guère ni des Grecs, ni des Goths. Chef apparent du mouvement antigallican, britannique et germain, George flattait son peuple, qui, à la voix de Schlegel et de Coleridge, aurait volontiers perdu Phidias et écartelé Zeuxis. George demandait à son architecte des constructions aussi gothiques que possible, et Porden le satisfaisait

---

1. V. Études sur l'Angleterre au XVIIIᵉ siècle ; — *les Excentriques*.

en bâtissant des pavillons chinois. Quand le chinois lui faisait faute, Porden avait recours à l'oriental et à l'hindoustanique. Bannissant de ses dessins les lignes droites et courbes, Porden opérait sur le vieux gothique comme Brunelleschi sur le vieux génie grec. Il avait l'amour du baroque, la plus entière et la plus complète absence de goût; dès qu'il avait posé sur un cône une toiture en chapeau chinois et planté un chalet sur une pyramide, il était le plus heureux des artistes. Malgré cela il raisonnait puissamment, avec verdeur et simplicité; il était protestant, douteur, inquisitif, interrogatif, ami de la vérité et de la probité. Il jugeait bien les choses, trop sévèrement les hommes, et ne se départait pas de l'anglicanisme calviniste auquel il savait que la constitution britannique était attachée comme à l'ancre de salut. C'était l'homme du Nord et l'homme du Nord anglais. Il savait admirablement l'histoire des arts, possédait sur le bout du doigt le catalogue complet de l'œuvre de Michel-Ange, et vous indiquait sans broncher l'année où fut exécuté le *Moïse*. Ces arts qu'il savait en érudit, il ne les comprenait pas en artiste; le dernier enfant noir de Bologne ou de Venise était plus fort que lui sous ce rapport. Porden recevait le meilleur monde de Londres: les Hardwike, les Trench, les Russell; il était même à la mode; rien de plus utile que de marcher d'accord avec les folies de son temps.

Quand je voyais chez lui Ugo Foscolo l'Italien, je comprenais pour la première fois l'antagonisme éternel, si mal étudié dans les esthétiques, du Nord contre le Midi. J'aimais à l'écouter, parce que j'aimais à connaître ; j'ai toujours volontiers laissé parler les autres. Il s'entourait de ses cathédrales, m'expliquait les mystères de l'ogive, me mettait au courant des arcanes des pagodes et me démontrait l'imbécillité de la ligne droite. Une de ses plus charmantes dissertations fut relative au Parthénon, à Homère et à M. de Châteaubriand. Dans ses anathèmes contre les colonnades, les avenues alignées et les frontons triangulaires, il ne se gênait pas pour appeler Homère radoteur, et M. de Châteaubriand charlatan. C'est ce personnage curieux qui m'a donné jadis la plus vive idée de l'excès septentrional.

Un jour que nous dînions ensemble, Brown, Porden et moi, à la table du vieux libraire Baylis, il fut question de mon séjour passager à la Conciergerie, séjour que ces Anglais ne s'expliquaient guère.

. . . .

« Et qui vous tira de prison ? me dit Porden.

— M. de Châteaubriand, répondis-je.

— Ah ! ne me parlez pas de lui, s'écria le vieil architecte ; je l'ai vu républicain, sentimental, werthérien, déclamateur, incrédule et jacobin.... Voilà un beau ministre de la monarchie, et un fidèle justicier du catholicisme ! »

Et finissant sa tirade, poussant brusquement le *decanter* sur la table, l'humoriste avala son verre de claret, fit claquer ses lèvres, enfonça ses mains dans sa vieille culotte de soie noire fanée, et se rejeta sur le dos de sa chaise en clignant des yeux, comme s'il eût remporté un grand triomphe. La négation était la joie de son cœur. En fait de poésie, il aimait Crabbe; en fait d'architecture, l'ogive ; — tout ce qui n'était pas pointu, acéré ou tout au moins anguleux, lui faisait mal.

« Non, ne me parlez pas de lui, continua-t-il, pendant que le vieux Baylis le regardait en riant. Je ne sais pas pourquoi le général Buonaparte le voit de mauvais œil ; c'est la même race, la même famille. Fougue, éclat, apparence, rien de vrai. Je les méprise autant que le vieux rabâcheur de l'*Iliade* et le chantre pâle de l'imbécile Énée. Châteaubriand, c'est le dernier des rhapsodes.... je ne lui aurais pas donné un penny de ses chansons ! Tout pour les sens, rien pour l'esprit. Fi donc ! je l'abhorre ; *c'est un Grec !* »

C'était la dernière injure. Il savoura son verre de vin et reprit :

« En outre c'est un jacobin !

— Mon bon garçon, lui dit alors Baylis le libraire, homme qui se plaisait à rabaisser un peu l'aristocratie de l'architecte anglican, votre amour pour le torysme et la haute Église vous fait déraisonner. J'ai connu ce gentilhomme dans sa jeunesse, j'ai imprimé son *Essai sur les révolutions*, et je vous assure que vous êtes dans l'erreur. »

Le vieux Baylis était tory et pittite ; le vieux Brown était whig et foxite ; le vieux Porden était de la haute Église et partisan de George IV, pour lequel il avait bâti les chinoiseries de Brighton. M. de Châteaubriand déplaisait moins à Baylis qu'aux deux autres ; d'abord parce que Baylis l'avait imprimé ; ensuite parce que le libraire tory aimait les gens de noblesse.

Le père Baylis prit donc la défense de M. de Châteaubriand à peu près en ces termes :

« — Vous ne savez pas un mot de ce que vous dites et vous raisonnez comme une vieille cathédrale. Il n'a pas été jacobin. Il a été, comme Fox et comme notre ami Brown que voici, ivre des idées de Jean-Jacques et des philosophes du dix-huitième siècle. Il a été de son temps et de son pays ! Le grand crime ! Je l'ai vu vivre ici très-misanthrope et très-solitaire, parce que, dans son exil, il était fier et malheureux, — c'est-à-dire extrêmement respectable.

— Et par Dieu ! reprit l'artiste Brown, dont l'âme était poétique et dont la verve s'enflammait dès que le claret avait circulé, le bonheur de M. de Châteaubriand fut d'avoir mené cette jeunesse errante, misérable et misanthropique. Dans les sociétés saines et solides, voyez-vous, les jeunes gens ne sont pas misanthropes ; mais dans des mœurs avilies, heureux qui est misanthrope dès l'adolescence et la jeunesse ! celui-là ne brise pas les ressorts de son corps et de son âme ; la volupté ne l'énerve pas ; il ne livre point sa pensée à tous le vents qui soufflent ; il resserre autour de lui-même ses voiles ; il hait ardemment le mal de ce monde croulant ; il exècre de toute la puissance de son amour les stigmates de l'esclavage humain. A la fin du dix-huitième siècle, tous les esprits lumineux furent avertis, tous les cœurs nobles furent malades : Voltaire, Rousseau, Châteaubriand, comme Gœthe, Schiller et Byron. Après tout, que reprochez-vous à M. de Châteaubriand ? Obermann, Réné, Werther, fruits nés sur la même tige, portent le même poison. Ce que Werther a été chercher dans la tombe, Obermann parmi les rochers de Fontainebleau, et Réné au monastère, M. de Châteaubriand a été le demander au désert. Prêtre et apôtre violent de Jean-Jacques Rousseau, il a couru après l'état de nature. Né au milieu des ruines, il les a maudites, puis il a essayé de les reconstruire, et il a fini par s'endormir sur le chapiteau brisé.

— Bravo ! Hurra ! bravo l'artiste ! Trois fois trois *cheers* pour l'orateur ! » cria Baylis !

Porden s'était endormi.

. . . .

Quand j'eus l'honneur d'être admis en 1829 auprès de M. de Châteaubriand, je fus surpris de ne rien trouver en lui de la misanthropie sombre et affaissée que les conversations de Porden et de Brown m'avaient annoncée jadis. M. de Châteaubriand était toujours jeune ; la finesse de son pied, l'élégance de sa tournure, son port de tête et son accent ne vieillirent jamais. Je me souviens de l'avoir vu monter à soixante ans, avec cette courtoisie parfaite et cette désinvolture joyeuse qui ne le quittèrent pas, un petit escalier de la rue de l'Abbaye, plus leste qu'un mousquetaire de dix-neuf ans. Jamais la grâce, la fraîcheur et la vie n'ont manqué à cet ardent athlète du christianisme ; il est bien probable qu'à son départ pour l'Amérique il était en réalité plus vieillard, plus mélancolique et plus sombre qu'à soixante-cinq ans, lorsqu'il illustrait l'Abbaye-aux-Bois.

La physionomie de ce grand écrivain dont le talent était surtout en relief; la courbe hardie du front et du nez, le dramatique de l'attitude et de la pose, la hardiesse souple et élastique de sa petite taille un peu contrefaite par le haut, correspondaient à l'éternelle jeunesse de son âme; les cheveux blancs qui bouclaient sur son œil plein d'éclat étaient plus jeunes que n'avaient pu l'être dans l'adolescence les longs cheveux blonds et pleureurs de Benjamin Constant.

Les couleurs de l'espérance avaient teint dès l'origine son style et sa pensée; jamais elles ne lui firent défaut; il avait eu la folie du dix-huitième siècle, et la révulsion de cette folie le précipita dans sa croisade contre la philosophie moderne; le converti porta dans sa pénitence la fougue de sa faute. Je ne connais pas d'homme qui fût naturellement moins diplomate, moins politique et moins observateur; personne de moins propre à l'analyse des sensations ou des faits; son génie d'orateur ardent et de poëte coloriste était de la trempe des génies qui s'ignorent, tout en saillie, jamais en profondeur; l'autopsie psychologique, dont Sterne, Shakespeare ou Saint-Simon étaient capables, lui échappait. Peut-être, avec Napoléon, est-ce le dernier génie complétement et intimement méridional. La générosité étourdie lui était aussi naturelle que l'imprudence magnanime.

Aussi n'y eut-il, à proprement parler, ni souffrance, ni martyre, ni effort dans la vie de Châteaubriand, mais seulement rayonnement et joie ; sa lumière qui n'était pas toujours l'ardeur qui vivifie, était pleine d'éclat et de beauté. Aussi était-il précisément l'homme que les races du Nord parvenaient le moins à comprendre. Pauvre sans avilissement, riche sans qu'il y parût, tout-puissant sans influence, chef de secte littéraire sans doctrine sérieuse, amoureux sans danger pour la vertu ; — en lui tout était magnificence extérieure. Par un résultat naturel de cette organisation particulière, il a subi des chutes qui ne l'ont jamais fait descendre, et occupé de hautes situations qui ne l'ont pas grandi.

L'élève de Jean-Jacques, violemment converti au catholicisme, était surtout gentilhomme. La précision et la correction de sa tenue, la légèreté de sa démarche, son pas ferme et breton ne laissaient aucun doute sur sa naissance et son origine. La trace de son enthousiasme pour les doctrines de l'*Émile* ne s'effaça pas non plus ; dans sa vieillesse elle reparut plus vivante et plus ardente que jamais, et lui dicta sur l'état de l'Europe les plus belles pages qu'il ait assurément écrites. Alors on s'étonna, et l'on eut tort, de le retrouver libéral, presque républicain. Combinaison extraordinaire ! Il fut chevalier démocrate, libéral royaliste, catholique libre penseur ; le tout avec une sincérité parfaite.

« La vieille chapelle gothique de Saint-Malo, et la belle Bible dorée sur tranche, laissée en fuyant par ma mère près du chevet de mon lit, me dit-il un

jour, eurent la plus grande part à ma conversion. »
Il disait vrai, et ces paroles le peignent tout entier.
Ame généreuse et facile aux belles impressions, génie mélancolique et éclatant, fait pour colorer d'une dernière splendeur les destinées d'une société qui s'éteignait, M. de Châteaubriand laissera un nom attaché à notre époque, pour avoir su résumer en lui-même les plus nobles traits des siècles et des idées disparus.

On ne l'oubliera pas. Tout un monde s'endort avec lui.

RETOUR EN FRANCE.

Je flottais donc avec et sur ce courant de la vie anglaise, lorsque j'appris que ma mère était malade, que mon père avait vendu sa belle maison de la rue des Postes, et que l'on parlait de marier Mlle L.... Mon père à qui je fis part de mon désir de retour, provoqué par tous ces faits et par les craintes qui en résultaient, me répondit par un refus. « La situation publique, m'écrivait-il, était telle que ma position personnelle, assurée à Londres, deviendrait intolérable. » Il avait raison, pauvre vieux père !

Ma mère malade me demandait, et je revins malgré la volonté de mon père.

Je n'avais absolument commis ni faute, ni crime, ni délit. Je rentrais néanmoins en France comme un proscrit. Ce n'était pas l'argent ou la fortune qui m'inquiétaient ou me troublaient. Mais, semblable à une épave jetée au hasard sur un rivage, je ne savais en vérité à qui m'adresser, ni à quoi tenir. Jamais ascète ne fut plus pur, de pensée comme d'actes. Je n'avais pas abordé un mauvais livre, et de l'antiquité même érotique, je n'avais goûté que la crème la plus exquise. N'ayant pris aucune part aux plaisirs et aux étourderies, encore moins aux amusements et aux vices de la jeunesse, je n'avais ni ami, ni soutien, ni accointance, ni famille amie. Le diapason de ma pensée était aussi élevé que possible. Je croyais à la liberté, puisque j'avais vécu en Angleterre. Je n'avais aucun goût pour la société telle que la France l'entend.

Je trouvai que les passions dont tout le monde s'enivrait étaient folles, et je ne comprenais absolument rien à la France. Louis XVIII régnait. Une foule de logomachies inutiles remplissaient de stériles pamphlets. Personne ne savait rien de l'Angleterre qui, de son côté, nous ignorait également. On possédait une littérature singulière, de clair de lune, mal définie, sans aucun accent. Comme je savais à peu près par cœur Byron et Shakespeare, et que j'avais entamé l'étude de Gœthe, je me demandais comment il était possible que l'on acceptât comme poésie les vers qui se faisaient alors. Le citoyen Arnault était sur son char de triomphe ; on admirait encore Delille pour lequel on a été injuste depuis, et on l'admirait follement. Mais ce qui s'élevait et grandissait, c'était la littérature polémique et politique. La Charte, les devoirs imposés par elle, les limites des pouvoirs respectifs, les cadastres de l'administration, les articles de la Constitution préoccupaient et passionnaient tous les esprits libres et actifs. Le plus grand journal était de la dimension d'une lettre sur papier-ministre, et c'était rempli d'une petite guerre harcelante, royaliste, constitutionnelle ou républicaine. Il n'y avait ni *tories*, ni *whigs*; point de partis, seulement des haines. Les détestables romans érotiques étaient dans toutes les mains juvéniles et les attaques au pouvoir dans les mains de tous les hommes mûrs et vieillards. La grande veine de cupidité qui a signalé ces derniers temps n'était pas encore ouverte; ni la veine d'industrie non plus. Le voyage de Londres à Paris était difficile; les réverbères à l'huile éclairaient les rues; elles étaient sans trottoirs, sombres et tortueuses. Béranger, expéditionnaire à l'Université, lançait ses chansons comme des pétards. J'apercevais bien des fureurs, des mécontentements, des taquineries; j'écoutais des raisonnements, des arguments, des paralogismes; quant à une vie politique, je ne l'apercevais pas. Les Fox et les Pitt manquaient. Rien de solide. La passion partout. C'était l'époque qui se rattachait comme annexe, queue et complément au dix-huitième siècle, à l'époque voltairienne. On se remettait à chercher un autre idéal, à cultiver l'esprit et même à lui trop donner; on en adorait tout, la force, la vie, même l'éclair le plus fugitif. De 1800 à 1815, on avait adoré l'éclair de l'épée. Le mouvement littéraire de 1825 s'annonçait; désir turbulent de renouveler (on ne savait comment) l'intelligence française. On y allait lestement, vivement, à l'aveugle. On en avait assez de la guerre et des armes, de la gloire et de la victoire. On répudiait la longue étourderie française qui s'était livrée à un algébriste corse et qui, enrégimentée et domptée par lui, s'était répandue sur l'Europe en avalanche gauloise. On voulait changer de costume et de folie. La peinture, la musique, le théâtre s'éloignèrent de la mélopée régulière, de la statuaire immobile et de la composition sage.

Alors, s'étant rassasiés, enivrés et assouvis pendant quinze ans de gloire militaire, les Français voulurent s'asseoir à une autre table et commencer une autre orgie. Celle-ci était plus noble; et on n'en était encore qu'aux préludes en 1819. L'époque guerrière et sanglante, la crise héroïque, ou ce que l'on avait appelé ainsi, était terminée; on allait bientôt se rattacher par le culte fanatique de l'intelligence à l'ère voltairienne, à la belle, puissante et féconde fin du dix-huitième siècle. Ces « *idéologues* », comme Napoléon le Corse les avait nommés, les *remueurs* d'idées allaient donc triompher. Il avait méprisé l'idéal. L'idée se vengeait. La France, ce cher pays, ne sait pas du tout encore que l'idée qui ne se fait pas action est une vierge stérile, et que celui qui méprise l'idée est condamné d'avance ou plutôt damné dans toutes ses actions. Bonaparte, l'homme du destin, que le destin a condamné, a reçu cette leçon.

La passion guerrière était donc amortie ou plutôt écrasée, en 1819, par les autres passions victorieuses. Le journalisme léger n'était pas éclos. L'engouement des cuistres, ce que l'on nommait la passion classique, durait toujours; les théories de Laharpe n'étaient pas mortes. La férule de Geoffroy pesait, avec celle de Dussault. La lubricité du dix-huitième siècle était toujours vivante, non-seulement en fait, mais en système et en théorie. La manie chevaleresque se faisait jour aussi, s'alliait aux prétentions monarchiques et donnait la main au petit groupe religieux et catholique. L'esprit de salon se conservait pur, avec toutes ses finesses et toutes ses fraudes. Mme de Rumfort, Mme de Staël, Mme Récamier, M. de Talleyrand prêtaient à ces divers groupes leurs salons ou leurs boudoirs. Chacun se retrouvait dans les *cénacles* avec ses camarades ; on avait sa petite Église et son armée ; on médisait du voisin ; on se donnait des petits noms de tendresse romanesques. L'époque du salon bleu d'Arthenice reparaissait. La polémique planait sur le tout ; elle était timide et réservée quant à la politique, féline et méticuleuse quant à la littérature.

Les choses dont je parle s'agitaient entre quatre paravents et quatre éventails. Le peuple lui-même ne s'y intéressait pas. On ne lui avait rien appris moralement ; il n'avait rien acquis ; point de volonté, de spontanéité, de réalité, d'existence. Il gardait les biens nationaux et la gloire ; cela le satisfaisait. On l'avait tout entier jeté dans les camps. Il s'était battu glorieusement. L'éclat de l'action lui avait suffi ; à la splendeur étincelante des baïonnettes, sous la poudre et la fumée, que peut-on voir ? Le peuple des marchands, des boutiquiers, des bourgeois, relevait la tête, ne craignait plus tant la Terreur, et ne tremblait plus au seul nom de Liberté. Un petit groupe à demi génevois, les idéologues libéraux qui peuplaient le salon de Mme de Staël entamaient la masse par ce côté bourgeois un peu supérieur, quoique bien médiocre masse; habituée à l'obéissance, encore assez gauloise, cynique au fond, avec du sel, égoïste, personnelle, spirituelle, sournoisement narquoise, vaniteuse, avec des qualités domestiques réelles, quelque bonté de cœur, aimant assez ses enfants, mais sans élévation et sans tendresse; en général soumise à sa femme et au pouvoir, attendant les événements; incapable de résister, mais avec des velléités secrètes de conscience personnelle, obscures et inintelligentes. En 1819, les chansons de Béranger, singulièrement analogues à ce milieu, y faisaient brèche; et les écrits polémiques du jeune Guizot, éclairant le sommet du rempart, continuaient et activaient la destruction.

J'avais vécu en Angleterre une facile et simple vie. Point d'ambition; pour la première fois depuis ma naissance j'avais senti la fraîcheur du *vrai*. Dès qu'un Français ouvre les yeux, il faut qu'il s'accoutume dans le pays aux petites feintes, aux embûches même dans la phrase, au détour même dans le compliment. J'ouvris la porte du monde teutonique; celle de la *vérité* libre. J'entrai dans la bruyère sauvage et odorante de Shakespeare que je ne trouvai point dure, sauvage, inhabitable, comme M. Taine quand il a voulu expliquer sa sensation d'homme latin. Moi, je me sentis libre. Mon orgueil primitif se greffa sur cette couche de vérité. Je me sentis vivre et vivre deux fois, par l'affranchissement intérieur et par l'expansion extérieure; je ne demandais rien de plus. Que m'importait l'opinion? Que m'importaient les honneurs? Ne pouvais-je pas faire de bonnes actions? Ne pouvais-je pas élargir mon esprit? Y avait-il rien de plus grand au monde que cette amélioration de l'individu agissant sur lui-même. La vie morale reconnue chez moi par les autres me suffisait. Il n'y avait pas un Anglais autour de moi qui, voyant la simplicité de mes goûts et mes tendances de labeur désintéressé, ne m'honorât. Depuis le jeune poitrinaire *Saintsbury* que j'ai pleuré, jusqu'au *duc de Rutland*, de la cime aux dernières couches sociales, je ne prononçais pas un mot qui ne me fût renvoyé avec sympathie; pas un de mes efforts qui ne fût aidé; pas un de mes actes qui ne fût interprété, ce qui était vrai, comme le résultat d'une nature honnête, charitable et aimant le bien.

Je revins, emmenant avec moi, et protégeant sur la route, à travers les petites chances de la traversée et des diligences d'alors, une jeune fille anglaise de dix-sept ans, belle comme le jour, coquette, fort légère, et dont les yeux d'un bleu tendre sous deux lignes d'ébène de sourcils noirs auraient mené je ne sais où tout autre qu'un jeune ascète aux sens domptés, et plongé dans ses rêves austères, aussi profondément et aussi religieusement que Pétrarque devant Laure ou Dante devant Béatrice. Je remis donc aux mains d'une tante qui habitait

Amiens cette virginité intacte, cette vraie merveille de beauté, ce cristal fragile, qui semblait étonné de n'avoir pas été brisé en route. J'avais perdu toute idée analogue ou adhérente à la lubricité des bas étages français, à l'érotisme paré du dix-huitième siècle et aux théories malsaines du libertinage devenu philosophie. J'aurais mieux aimé me passer de pain que de feuilleter *Faublas*, *Grécourt* ou *le Compère Mathieu*, livre odieux et gras de vice, qui, composé par un mauvais moine, était lu par tout le monde entre 1800 et 1820.

Quel terrible effet produisit sur moi, jeune, ardent et comprimé, l'excessive abstinence, en même temps que, délivré et hardiment indépendant, le courant nouveau dans lequel je rentrais! Depuis 1814, les hommes venus au pouvoir avaient aggravé la corruption et la misère morale du pays en essayant de refouler le flot qui menait à l'avenir. Au lieu de creuser un lit pour la grande marche des vagues, et de les régler par la liberté, ces insensés égoïstes avaient refoulé le torrent et essayé de le faire rentrer dans le vieux lit monarchique. Moi, atome, mais trempé dans la vie libre et saine, je revenais m'exposer aux bouillonnements de la servitude corrompue que l'autorité violente et l'impuissante immoralité du pouvoir s'efforçaient de remettre à la chaîne.

Je ne regarde mon siècle ni comme plus intelligent ni comme plus vicieux qu'un autre. On a tort de le croire, et de calomnier son propre temps pour la morale, en le surfaisant pour l'intelligence. Ce qui, au dix-neuvième siècle, a manqué à la France, c'est la vie énergique, c'est la force de l'accomplissement ; on aspire trop haut, on n'atteint pas assez. Le but de nos désirs n'est jamais touché. Nous avons tort de nous en prendre aux autres de cela, c'est notre faute. L'animal, l'idiot, le malade en fait autant. Ce même sentiment de faiblesse porte l'animal débile à se mettre en bande. Il sent son peu de valeur ; il la compare à l'intensité de son désir et, systématisant sa défense, organise une troupe. De là les armées. Plus un peuple est soldat, plus l'individu se sent faible.

Mon temps, qui possède de beaux éléments, est celui des découragements éperdus, des vastes tentatives et des avortements éternels. Aucun dénoûment n'a répondu aux promesses du lever de rideau ; chacun se décourage. Obermann, si mal apprécié par Sainte-Beuve, exprime ce découragement amer. Comme les malheureuses qui commencent par être romanesques et finissent par être catins, la France s'est méprisée elle même. Je ne vois pas d'espérance qui n'ait été déçue. Roulant de désappointement en désappointement, de duperie en duperie, nous avons abouti à la coquinerie. Les choses qui chez les peuples sont jugées infâmes ne nous étonnent plus. Ainsi mon père, un des hommes les plus honnêtes de la Révolution, n'hésitait pas à me laisser appeler noble ; et mon frère le musicien, pauvre chère âme victime aussi de son temps, se laissa en effet débaptiser ; il a vécu et il est mort sous le nom d'Halma, ce triste et brillant virtuose qui n'a pas laissé de traces. Quant à moi, je tenais des Frisons cette verdeur d'opinion que je n'ai jamais quittée, et je suis resté fidèle au nom et à la famille.

Vivre pour la pensée et le bien! Belle aspiration dévouée. Elle n'avait aucune application à la vie présente et nationale. Je ne prétendais pas me reposer. Cette activité d'amélioration que je réclamais ne trouvait pas à s'employer. Enfin, je constituais un anachronisme complet. Si j'étais resté dans le milieu des mœurs teutoniques, anglaises et américaines, elles m'auraient fait ma place. J'aurais été quelque chose comme *professeur* allemand ou professeur *suisse* et penseur. Je me trouvais desheuré, dépaysé. Je ne pouvais pas reconnaître qu'il y eût chimère chez moi, puisque j'avais vu à l'œuvre, en Angleterre, mon idéal même de liberté réglée et d'ordre passionné. Je ne pouvais pas admettre la supériorité de nos propres mœurs sur les autres et de nos propres habitudes, puisque je voyais que nos populations étaient mécontentes, que les trois quarts grossièrement illettrées ne savaient pas même lire, qu'une portion toute farouche, résolue et violente, le fusil en main, allait à travers l'Europe terrifier et massacrer les autres races, enfin que la plus raffinée dépravation régnait dans les livres, dans les ménages, dans les mariages, dans les familles d'en haut.

Je ne pouvais raccorder avec le but élevé de ma jeunesse, rien de ce qui m'environnait. C'était au surplus bien peu de chose, ma société: je voyais ma mère, un libraire et son fils. Mon père m'avait défendu sa porte, étant revenu malgré lui. J'allais le matin chez un vieux libraire, à qui mon père avait rendu des services sous la République, j'en partais à cinq ou six heures. Ce vieux libraire habitait le *Quai des Augustins* et sa boutique poudreuse s'annonçait par des volets gris fermés, une beauté pittoresque de toiles d'araignées qui dataient d'un siècle, des pyramides de bouquins antiques au milieu desquelles on avait créé des sortes de ruelles pour les passants, et enfin un comptoir de chêne, sur lequel les gens de la famille, une grande demi-servante picarde et deux ou trois commères venaient alternativement prendre leur café. Tout cela sordide, sans élégance, sans propreté, ne manquait pas de l'honnêteté bourgeoise et avare, sentait l'Université et la classe cuistre, puait la sacristie et me répugnait horriblement. Où étaient mes belles promenades dans les parcs verts qui remplissaient la moitié de Londres? Et les libres allures des *mansions* bien aérées, sur les penchants de montagnes boisées, avec le gazon fin des pelouses, les jeunes filles à cheval, très-chastes et très-indépendantes, des espèces d'Imogènes moins idéales, chez lesquelles l'audace physique n'étouffait jamais les scrupuleuses et adorables grâces du sens moral? Qu'était devenu ce divin sentiment de n'avoir à rien cacher, rien à réprimer; et de ne rougir d'aucun acte, d'aucune pensée, en ne se refusant aucun essor?

... Dans quelle caverne de sauvage et de honte étais-je tombé! Était-ce là mon pays? Avais-je un pays!

Personne ne m'avouait, tout le monde reculait devant moi, même le vieux libraire qui me nommait Philarète, dans la crainte de prononcer les damnées syllabes, les syllabes de malédiction, *Chasles*, un nom régicide. Ma mère venait me voir en cachette. On l'avait avertie que si son fils devenu Anglais, whig, libéral et exécrable, se ralliait à son père le conventionnel, et surtout s'il faisait ou tentait aucun mouvement dans le sens et la route de cette opinion jacobine, le pouvoir éveillé ne manquerait pas de sévir comme il l'avait fait déjà. Je logeais dans une petite chambre ignorée, rue du Paon, où nul ne me visitait. Jousse, mon ami de collége, descendant des protestants d'Orléans, s'était fait ministre de son Église et prêchait dans le Poitou. A quoi se prendre? Que faire? Il y avait chez le Père Merlin trois caveaux que plus de vingt mille volumes antiques encombraient. Je m'enfermai là et les classai. J'y appris l'art curieux et délicat des catalogues et des vieux livres. Jamais au surplus le vieux jésuite en robe courte, qui me croyait fils du diable, ne venait me voir dans mes caveaux. Il ne me payait pas; et cela lui suffisait. D'ailleurs excellent spécimen, dans sa redingote brune infatigable, s'élevant au-dessus des oreilles, tombant plus bas que la cheville, pâle, immobile, communiant tous les jours, ne vendant rien; sincère, un calviniste jésuite.

Toutes les conditions de la famille avaient été renversées et détruites pour moi. Mon père avait vendu l'hôtel Flavencourt et sa chère allée de tilleuls. Ma mère affaiblie par la souffrance morale n'était occupée qu'à soigner le blessé et le malade dont les douleurs étaient bien moins celles du corps que celles de l'âme. Lui-même était isolé, comme un vieux chêne frappé de la foudre qu'on aurait laissé debout dans une plaine et qui serait là, dépourvu de beau feuillage, la tête découronnée. Au surplus la France traite ainsi toutes les vieillesses ; surtout les gloires qui l'ennuient, dont l'éclatante durée lui déplaît, et dont son étourderie sauvage et polie se défait comme chez les plus civilisés cela arrive. Respecter ce que l'on a aimé, c'est trop. J'ai déjà dit dans mon *Galilée* comment les races en déchéance ne veulent pas tolérer la douce gloire des vieillards ; ni Châteaubriand, ni Guizot, ni Rossini, ni Lamartine, ni David ne pouvant mourir dans la lumière, mais recevant, après des hommages, des hontes cruelles, et forcés de s'éteindre dans l'humiliation, la misère ou la rage, s'ils n'échappaient par l'ironie et la fuite, comme Voltaire et Rossini l'ont fait si à propos.

Mon père, retiré d'abord dans une cour obscure d'une vieille maison de la rue Saint-Jacques, avait évité l'exil et la prison, par une conduite très-habile, que lui avait enseignée sans doute son accointance ancienne, la diplomatie du clergé supérieur, le plus fin des maîtres en ces matières. Il n'avait point signé l'acte additionnel que Napoléon Bonaparte avait offert sinon imposé à ses sujets ; et il se trouvait par là dans une catégorie toute spéciale. Il avait eu aussi le tact de conserver avec des hommes de l'ancien régime de très-bons rapports ; avec Dumonchel, de l'Université ; Noël auquel tant d'ouvrages scolaires sont dus ; M. Lemoine, ancien secrétaire de l'un des impuissants ministres qui avaient essayé de sauver Louis XVI, et qui l'avaient perdu. Avec ces appuis, mon père se soutenait, ne cédait sous aucun point et ne s'abaissait pas. Mais ces habiletés de l'ancien monde social n'allaient point à ce que je me proposais comme idéal de la nouvelle vie et à ma manière de voir. Elle était puritaine sans prétendre à la vertu ; et c'était de vérité que ces choses me paraissaient manquer ; la politesse raffinée, *très-humble serviteur* de nos lettres, les formules, les révérences ont peu à peu disparu ; nos mœurs sont devenues moins élégantes, mais quant au fond nous n'avons pas amélioré la fraude sociale que nous avons transportée dans le moral et dans la gestion des affaires. Nous nous courbons sous un maître méprisé ; mais nous ne saluons plus les femmes. Nous adoptons des constitutions auxquelles nous ne croyons pas ; mais nous signons à l'anglaise : *votre dévoué*. Le mensonge des paroles est rentré dans les âmes ; et la grossièreté même a été simulée.

Selon moi, mon père aurait dû ne point rester dans un pays qui le maudissait. Je blâmais, comme un vrai jeune homme, et un jeune homme imprégné de teutonisme, les ménagements et les atermoiements, les concessions et les obliquités. Je ne convenais pas que mon père eût le droit de me défendre l'entrée de la France et celle de sa maison ; et bien que ses motifs, comme aujourd'hui je le reconnais, fussent bienveillants, personnels, excellents, ils révoltaient ma droiture, irritaient ma fierté et ne trouvaient pas grâce devant mon rigide bon sens. Aussi tombai-je dans une amère douleur, ou plutôt dans un anéantissement absolu. Point de foyer domestique. Point d'amis. Aucune perspective devant moi. Ni vices, ni études, ni distractions. Pas une maison qui s'ouvrît pour moi, pas un cœur qui me répondît. Ma mère s'affaissait dans le dévouement. J'avais apporté quelque argent de Londres. J'en remis à ma pauvre vieille mère la plus grande partie et, accompagné d'un gros chien de Terre-Neuve que j'appelai le baron de Tott, je me mis en route pour aller à Orléans, où se trouvait Jousse. La route à faire à pied me sembla meilleure que dans une diligence.

On ne fait, on ne réussit en rien en France que par l'intrigue, c'est-à-dire par un certain mécanisme d'influences qui agissent les unes sur les autres, roues s'engrenant les unes dans les autres, l'opinion la plus folle agissant comme influence quand cette opinion est acceptée et le grand artifice consistant à entrelacer et mettre en œuvre pour réussir dans une affaire beaucoup d'intérêts divers et de passions ardentes, surtout de préjugés. Ce sont là les conditions du succès. Il n'y a jamais eu de société plus méprisante de la vertu malheureuse, ou de l'honnêteté malhabile ou du talent isolé. Nulle part le triomphe des coquins n'a passé pour plus légitime.

Il est vrai que le coquin sans succès y est plus

bafoué que partout. Si Louis-Napoléon n'avait pas réussi dans ses deux escapades, il n'y aurait jamais eu pour lui assez de sifflets. On me recommanda à Villemain sans que je le susse.

Celui-ci était le Voltaire de la bande doctrinaire, dont Cousin était le Démosthène et Guizot le Bossuet. J'étais signalé à ces messieurs comme un libéral jeune, pouvant grossir leur armée. Aucun des trois n'était sans mérite et sans talent, tous trois étaient rompus et roués, jusqu'à la dernière finesse, à la vieille manœuvre sociale. Le plus fort était Guizot, qui a tant marqué; le plus déhonté était Cousin que son rival Guizot a éclipsé; le plus faible était Villemain, qui en passant au ministère a effondré sa raison. C'est par Guizot que la théorie de l'intrigue, devenant *théorie des influences*, a été moralement justifiée; c'est Cousin, qui, appliquant à la politique la théorie de Hegel, a posé en principe l'excellence de tout ce qui arrive au monde. Villemain, comme l'abeille attique, se contentait de voltiger sur les systèmes et les races. Leur doctrine à tous, détruisant la certitude et le sens moral, était immorale. Elle péchait par sa base, puisque si elle ne réussissait pas elle était condamnée.

Je comprenais mal le français quand je revins de Londres en 1822; il m'était impossible d'ajouter un s à la queue des adjectifs pluriels, parce qu'en anglais les adjectifs sont indéclinables, et je ne savais plus ni comment saluer, ni comment ôter mon chapeau. A cette époque un chapeau et une tête anglaise étaient des choses indivises, les deux membres d'un éternel ménage, sans séparation et sans divorce. La restauration de Louis XVIII avait ramené en France un certain vernis d'ancienne politesse de l'OEil-de-Bœuf qui, entre 1815 et 1830, recouvrit plus ou moins les nouvelles mœurs nées de la Révolution. Je tombais, au milieu de tout cela, dans ces mœurs si mêlées, si étranges, résultat de tant de siècles de civilisation élégante, terminés et couronnés par une catastrophe ; j'arrivais dans ce monde nouveau et confus, absolument comme si je fusse tombé de la lune. En fait de politique, je ne connaissais que les tories et les whigs ; en fait de littérature, Shakespeare et Byron ; en fait de cuisine, le bœuf rôti et le porter. Tout mon cœur était resté fidèle à la France, mais toutes mes habitudes appartenaient à ce pays nouveau. A quinze ans le cœur est si facile ! et la cire molle dont nous sommes faits se pétrit et se moule si aisément ! Le doux ciel, la terre fertile et fleurie, la vivacité et la grâce de mes compatriotes et de ma France m'étonnaient en me ravissant ; je jouissais avec une sorte d'amertume de ces biens auxquels je me sentais jusqu'à un certain point étranger ; je parlais mal ma propre langue et cela me gênait. L'accentuation martelée, la perpétuelle note pointée de la mélopée anglaise m'était restée malgré moi. Je chantais mes phrases, mon expression devenait dure et bizarre, et je sentais que je ne pouvais plus atteindre ni imiter cette simplicité de cadence et cette facilité non affectée de notre idiome tout rempli de délicatesses et de finesses naïves. De là un sentiment d'embarras étrange qui ne pouvait inspirer de pitié ou d'intérêt à personne. Ce qu'on eût pardonné à un étranger, on ne me le pardonnait pas; j'étais resté Français par l'âme et l'esprit; j'étais devenu Anglais par les formes. J'avais pris l'habitude de ces gants de daim jaune et de ces pantalons à guêtres sans lesquels on n'était pas gentleman là-bas; et, pour m'avoir aperçu à mon arrivée, dans ce costume accompagné de la queue de morue de l'habit anglais et du chapeau à bords immenses, le tout porté avec l'incroyable roideur d'une momie égyptienne, je passai dès l'origine pour horriblement affecté, guindé, recherché, faux, et qui sait? perfide peut-être; qui sait encore? peut-être étais-je capable de bien des noirceurs. Ce qu'il y a d'assuré, c'est que je déplaisais extrêmement et que j'étais en fonds pour cela, avec mes habits, mes habitudes et le chagrin, que me causait la conscience d'un anglicisme détesté.

Ce que ma pauvre âme de jeune homme a souffert de se trouver ainsi incomplète et dépareillée, je ne saurais le dire. Je me croyais haï, je n'étais qu'ennuyeux. Je me regardais comme obligé à la franchise, et cette franchise me rendait insupportable, abominable; elle m'achevait. Il m'était impossible de comprendre une Chambre des députés sans sympathie populaire et une Chambre des pairs que personne ne respectait. Je n'entendais rien à ces libéraux qui aimaient Napoléon jusqu'à la fureur; et je ne réconciliais pas dans ma pensée l'enthousiasme pour la liberté avec l'enthousiasme pour un despote, sublime sans doute mais peu libéral. Il me semblait impossible de pénétrer dans le mystère de ces mœurs des salons où M. de Béranger, admirable poëte, chantait *Lisette* et *Suzon* et la *Mère Bontemps*, assis sur un sofa de velours entre une fille de général de l'Empire et une sœur de munitionnaire général. Enfin tout en m'ouvrant l'esprit sous d'autres points de vue, l'Angleterre m'avait refait naïf et ingénu quant à mon pays. Ceux qui ne me prenaient pas pour un sot me prenaient pour un hypocrite ; mais la plupart se contentaient de me juger un petit être fort prétentieux et singulièrement affecté. Malheur à qui ne ressemble pas à ceux qui l'environnent !

J'étais un Faust jeune qui n'avais encore vu que mes livres, la nature et le Barbet. J'adorais la seconde, faisais mon choix des premiers. Je me mis à étudier Marguerite. On me la jeta plusieurs fois à la tête. Ici le proxénétisme est universel.

De ces passions et de ces influences, une seule me touche au cœur ; celle de Mme de Staël. Elle se rattachait et me rattachait à Rousseau, le démocrate et l'ouvrier antique ; mais si elle était Genevoise comme le fils de l'horloger, elle était moins enfoncée dans Plutarque et moins vouée que lui à Solon et aux anciens. Elle m'ouvrait des horizons et des vues non-seulement sur le passé, mais sur l'avenir ; elle s'accordait avec tous mes goûts de nature idéalisée et de caractère individuel. Shakespeare lui était cher et connu ; elle avait deviné l'Allemagne en essayant de la comprendre. Femme, elle avait levé devant Napoléon tout-puissant une tête virile ; et chose presque incroyable dans cette lutte entre le sexe le plus débile et le sexe le plus fort, elle avait personnifié le bon sens chez une femme passionnée, tandis que le lieutenant devenu empereur représentait l'insanité de l'orgueil chez l'homme de calcul et le défi impie lancé au possible par une géométrie effrénée. Elle était le type et la personnification du contraire.

Ces pages que j'avais écrites dans la petite maison ou hutte du Jardin des Plantes, sous le vieux marronnier de Parmentier, sur une table de vieux sapin, entre une tasse de lait et un verre d'eau, furent le commencement et le début de ma vie littéraire. Bien souvent, depuis, j'ai renouvelé ce plaisir de tracer sous le ciel ma pensée intime, en face des Alpes et au bord de la mer, toujours à la lueur vive de ma vérité, sortant du cœur, comme je le fais encore maintenant même, au moment où j'écris ceci devant le beau lac des Waldstœtten en Suisse. Ce n'est point de ma part affectation vaine. C'est que la société des hommes me pèse et me gêne, c'est que son fardeau de mauvaises passions et de petits intérêts grossiers que je ne partage pas m'étouffe, et que la France les a rendus trop odieusement complexes, trop amers et trop furieux.

C'était le moment où le grand mouvement libéral bourgeois se faisait jour. Benjamin Constant, avec l'argent du banquier Laffitte, avait fondé et dirigeait contre Louis XVIII la *Renommée*, journal ; le *Censeur européen*, mené par Dunoyer, un autre de ces gros canons braqués contre le trône, faisait trouée.

Deux intelligences gauloises d'un incontestable génie.

Ma mère, charmée que je me fusse décidé à sortir de mon nuage rêveur et de ma mystique indolence, porta à M. Guizot, secrétaire de la *Renommée*, cet *Eloge* sans réserve, et vigoureux par la forme, de Mme de Staël. L'article eut grand succès dans ce journal.

SUR MADAME DE STAEL.

Staël-Holstein (Anne-Louise-Germaine Necker, baronne de), écrivain célèbre, née le 23 avril 1764, à Paris, où elle est morte, le 14 juillet 1817. D'origine genevoise, son père, qui venait de s'associer avec les frères Thelusson, banquiers, était bien loin sans doute alors de prévoir la haute fortune politique qui lui était réservée en France. Sa mère se chargea de son éducation. C'était une femme de vertu et de savoir; mais la roideur pédantesque de ses principes, le puritanisme sévère et glaçant de ses mœurs, la rendaient tout à fait impropre à la tâche délicate et difficile qu'elle s'était proposée. Aussi, il ne tint pas à elle que le brillant génie de sa fille n'avortât, desséché dans son germe. Au lieu d'aider, en effet, par ses leçons et ses encouragements, au développement normal de cette nature que Dieu avait créée si expansive et si opulente, elle s'appliqua de tous ses soins, de tous ses efforts, à la comprimer, à la fausser, à la pétrir selon un idéal étroit et mesquin fait à son image. Et peut-être serait-elle arrivée au but poursuivi par son aveugle sollicitude, si le correctif de cette inflexible discipline ne se fût rencontré pour l'enfant dans les douces paroles, dans les affectueuses caresses que lui prodigua son père. Ceci explique le véritable culte que, dans sa pieuse reconnaissance, elle professa toujours pour lui. N'avait-il pas été la rosée vivifiante, le soleil fécondant de ses jeunes années? La tendresse et l'admiration qu'elle lui avait vouées acquirent même dans la suite, sous la religieuse inspiration des souvenirs de son enfance, des proportions tellement exagérées, que, si l'on en doit croire un de ses biographes, Mme Necker de Saussure, elle conçut pour sa mère une jalousie dont celle-ci se sentit bientôt atteinte elle-même. S'étonnera-t-on après cela de l'étrange proposition qu'elle avait, à l'âge de dix ans, faite à son père, d'épouser, afin de le fixer près de lui, le célèbre historien anglais Gibbon, qui était bien l'homme le plus laid des *trois Royaumes-Unis?* Dans l'enfance si occupée de Mlle Necker, tout fut sérieux, jusqu'à ses révélations mêmes. Son plus grand bonheur, dans les courts loisirs que lui laissaient ses études, était de faire mouvoir, dans une action tragique de son invention, des personnages découpés par elle dans du papier de couleur et dont elle improvisait et déclamait les rôles. Certes, rien de plus innocent que cette distraction, qui était presque encore un travail; il fallut cependant qu'elle y renonçât, car, calviniste rigoureuse, Mme Necker

n'était pas femme à entendre raillerie à l'endroit du
théâtre. Un autre de ses bonheurs, très-singulier
pour un enfant, et dont toutefois on ne songea jamais à la priver, était d'écouter discourir sur les
sujets les plus variés, sur les plus hautes questions
de littérature, d'histoire, de philosophie et de politique, les quelques écrivains distingués qui fréquentaient le salon de sa mère. Chaque semaine
ramenait à jour fixe, chez Mme Necker, Thomas,
Marmontel, Grimm, l'abbé Raynal, etc. Le charme
que pouvaient avoir pour la précoce et pénétrante
intelligence de Mlle Necker les graves matières traitées dans ces réunions ne saurait se comprendre, si
la sévère direction imprimée par sa mère à ses études ne l'avait dès l'enfance familiarisée avec les plus
sérieuses questions dont se soit jamais préoccupé
l'esprit humain. Montesquieu ne quittait pas sa table de travail; l'*Esprit des lois* était le texte le plus
habituel de ses méditations. A quinze ans elle présenta à son père de nombreux extraits qu'elle avait
faits de ce hardi et profond ouvrage, accompagnés
de réflexions que lui avaient inspirées les passages
transcrits par elle. Quelques pages qu'elle écrivit
vers le même temps sur la révocation de l'édit de
Nantes parurent à Raynal si fermes de style et de
pensée, que l'abbé philosophe, dont l'indigence s'était déjà enrichie des aumônes de Pechméja et de
Diderot, parla très-fort de se les approprier, en leur
donnant place dans une nouvelle édition de son
Histoire des deux Indes.

Cette fièvre de travail avait occasionné de cruels

désordres dans sa santé. En tendant, jusqu'à les rompre, les ressorts encore délicats de l'intelligence de sa fille, Mme Necker avait brisé son corps, arrêté dans son développement. Toutes les forces vitales s'étaient, chez son enfant, concentrées au cerveau. Le célèbre Tronchin fut appelé. Il prescrivit la campagne et la cessation de tout travail. Soustraite à la rude discipline de sa mère, Mlle Necker alla habiter Saint-Ouen. Elle respirait enfin, avec quelle ivresse! Comme elle se sentit heureuse de cette vie libre sous le ciel! Retrempé à cette source vive, son corps se redressa, son caractère fit peau neuve. De soucieuse, vaine et un peu pédante que l'avaient rendue sa mère et les livres, elle devint, par une transformation aussi rapide qu'inattendue, rieuse, aimable, pleine d'abandon et d'un naturel charmant. De tous les auteurs de sa bibliothèque, deux seulement l'avaient suivie dans sa solitude, les plus aimés : Richardson et Jean-Jacques. Il faut l'entendre raconter, à quinze ans de distance, ce qu'elle éprouva d'enivrement à la lecture de *Clarisse Harlowe*, faite au pied d'un arbre. Ressuscités par sa puissante imagination, par son émotion plus puissante encore, les héros de cette vivante peinture du cœur humain étaient passés pour elle du domaine de la fiction dans celui de la réalité. Elle les voyait, les entendait; elle tremblait, rougissait, pleurait, se sentait mourir avec Clarisse; elle s'indignait de toute son âme contre Lovelace. L'enlèvement de Clarisse par son séducteur, c'est elle qui nous l'apprend, fut un des plus grands événements de sa jeunesse.

Lorsqu'après cinq ans d'une administration marquée par d'importantes réformes, Necker se retira, en 1781, devant les haines de la cour, et publia, en réponse aux attaques de ses ennemis, son fameux *Compte rendu*, sa fille, se faisant l'organe des sentiments de la nation, lui adressa une longue lettre pour le féliciter. En vain s'était-elle cachée sous le voile de l'anonyme ; son style et ses pensées la trahirent. Son génie avait déjà son cachet.

En 1786, Mlle Necker épousa le baron de Staël-Holstein, ambassadeur de Suède en France[1]. En 1788, elle débuta dans le monde littéraire par les *Lettres sur les écrits et le caractère de J.-J. Rousseau*[2], hommage de reconnaissance filiale au génie qui l'avait formée, où la passion de l'éloge domine l'esprit critique. Présentée à la cour peu après son mariage, elle y reçut un accueil très-froid. Les courtisans s'amusèrent beaucoup « de ce qu'elle avait manqué une révérence et de ce que la garniture de sa robe était un peu détachée ». Dans une visite qu'elle fit quelques jours après à la duchesse de

1. Elle fit paraître un peu avant une pièce en trois actes et en vers, intitulée : *Sophie, ou les sentiments secrets* (Paris, 1786, in-8°), sans nom d'auteur et tirée à petit nombre. — Une autre pièce en cinq actes et en vers, *Jane Gray*, composée vers la même époque, ne vit le jour qu'en 1790 (Paris, in-8°). Ces deux ouvrages ont été trop faibles pour être admis dans le recueil posthume des *Essais dramatiques* de Mme de Staël.
2. Ces *Lettres* (1788, in-12), tirées d'abord à vingt exemplaires, furent réimprimées à Paris, 1789, 1798, in-8°, et 1820, petit in-12 ; elles donnèrent lieu à diverses critiques de la comtesse Alexandre de Vassy (née de Girardin) et de Champcenetz, publiées l'une et l'autre en 1789.

Polignac, amie et confidente de la reine, elle oublia son bonnet dans sa voiture, et les courtisans qui se le dirent, de rire davantage encore.

La Révolution allait faire explosion. A bout d'expédients, la cour elle-même ne voyait plus au désordre des finances, à l'anarchie et à la banqueroute dont le royaume était menacé, qu'un seul remède, la convocation des états-généraux : remède décisif qui, pour avoir été appliqué trop tard, la perdit. Enthousiaste de la constitution anglaise, passionnée pour toutes les nobles idées de liberté, de réparation, de justice, Mme de Staël s'associa de tout son cœur et de toute son âme au grand mouvement national, tant qu'il se maintint dans les limites que lui avait tracées l'Assemblée constituante ; mais quand, rompant ses digues, il déborda, torrent fougueux, semant partout sur son passage la ruine et la mort, sans que sa pensée rétrogradât un seul instant par le regret vers un passé coupable devant sa raison, elle se sentit prise d'un dégoût mêlé de pitié pour ce peuple, victime hier, bourreau aujourd'hui, et d'une profonde horreur pour les nouveaux tyrans dont il s'était fait l'instrument aveugle et sans merci. L'arrestation de Varennes lui causa un sentiment de douloureux effroi, dont l'éloquente expression revit dans ses *Considérations sur la Révolution française*. Pressentant le 10 août, et pleine d'épouvante pour la famille royale, elle rédigea, vers le milieu de 1792, un nouveau plan d'évasion des Tuileries, qu'elle envoya au comte de Montmorin. D'après ce plan, le roi, la reine et le dauphin, menés sur les côtes de Normandie, devaient être embarqués ensuite pour l'Angleterre. L'insistance qu'elle mit pour que le comte de Narbonne, dont le caractère léger inspirait peu de confiance à l'infortuné monarque, fût chargé de la conduite de cette difficile entreprise, empêcha qu'il ne fût donné suite à son projet. Elle sortit de France après le 2 septembre, se retira en Suisse, près de son père, et ne revint à Paris que trois ans après. Le coup de hache qui trancha, sur la place de la Révolution, la tête de Louis XVI, eut dans son cœur un si affreux retentissement, qu'une partie de ses facultés en sembla un moment paralysée. Elle n'eut bientôt plus qu'une pensée : arracher le plus de victimes qu'elle pourrait au bourreau ; et dans l'accomplissement de cette noble tâche, elle apporta, préparée qu'elle était au sacrifice de sa vie, toute l'exaltation de son âme généreuse. Malheureuse de l'exécution du roi, elle entreprit de sauver la reine. Et certes, les *Réflexions sur le procès de la reine, par une femme* (§ 1, août 1793, in-8°), plaidoyer à la fois ingénieux et énergique, auraient eu les honneurs du triomphe, si la reine n'avait été fatalement condamnée par avance. Plus d'un an après le coup d'État de thermidor, elle publia une brochure dictée par un ardent amour de l'humanité : *Réflexions sur la paix, adressées à M. Pitt* et aux Français (Genève, 1795, in-8°), brochure qui fut citée avec éloge par Fox dans le parlement d'Angleterre. Vers la même époque, elle fit paraître un volume contenant ses œuvres de jeunesse, intitulé : *Recueil de morceaux détachés* (Lausanne, 1795, in-8°; Leipzig, 1796, in-8°), et parmi lesquels on remarque l'*Essai sur les fictions* et l'*Épître au malheur*. Puis elle donna le livre *De l'influence des passions sur le bonheur des individus et des nations* (Lausanne, 1796, in-8° ou 2 volumes in-12), livre qui « présente, suivant Chénier, des tableaux riches et variés, le besoin et le talent d'émouvoir, des traits ingénieux, de la nouveauté dans les expressions, et surtout une extrême indépendance[1] ».

Sous le Directoire, Mme de Staël se fit l'âme du *Cercle constitutionnel*, dont Benjamin Constant, inconnu encore, se constitua l'orateur, pour défendre contre le club de Clichy cette administration qu'elle méprisait, mais dont le maintien lui semblait importer à la cause de la liberté. Ce fut à ses sollicitations près de Barras, et sous ses auspices, que l'ex-évêque d'Autun, Talleyrand-Périgord, fut introduit aux affaires étrangères (juillet 1797). Déjà, en septembre 1793, elle avait contribué, par ses actives démarches, à le faire rayer de la liste des émigrés. Les protestations du jeune conquérant de l'Italie la trouvèrent incrédule. Déjà, pour nous servir de l'expression d'un poëte, Napoléon perçait pour elle sous Bonaparte. Arriva le 18 brumaire; son salon devint le quartier général des opposants. Moins généreux que Louis XII, qui à son avénement au trône ne voulut point se souvenir des injures faites

---

1. La partie qui devait traiter de l'influence des passions sur le bonheur des nations n'a jamais vu le jour.

au duc d'Orléans, Napoléon consul, puis empereur, ne se rappela que trop qu'elle l'avait deviné et avait voulu barrer son ambition. Ce fut en vain que l'un des frères du futur César, Joseph Bonaparte, lui offrit, pour la gagner à la cause alors triomphante, la restitution des deux millions versés par son père au trésor royal en 1788, pour assurer le service courant. « Il ne s'agit pas de ce que je veux, mais de ce que je pense, » lui avait-elle répondu ; et cette fière réponse avait coupé court à toutes les négociations[1]. Un discours prononcé sous son influence par Benjamin Constant au Tribunat, et dans lequel il n'avait pas craint de signaler l'aurore de la tyrannie, irrita si fort contre elle le Premier Consul, qu'il enjoignit à Fouché, ministre de la police, de lui recommander, dans l'intérêt de sa tranquillité, de se montrer plus circonspecte à l'avenir. Ses fréquents voyages à Coppet, et la publication des *Dernières vues de finances et de politique* de son père, que Bonaparte qualifia tout haut de « régent de collége, bien lourd et bien boursouflé », achevèrent de la perdre dans son esprit. La vie de Mme de Staël, à partir de ce jour, ne fut qu'une incessante persécution. Fouché reçut l'ordre de s'emparer de sa personne. Sur l'avis que lui en donna secrètement Regnaud de Saint-Jean-d'Angély, elle se cacha à la campagne. Bientôt elle quitta sa solitude pour aller habiter à Saint-Brice (près d'Écouen), chez une de

---

[1]. On a prétendu sans fondement que Mme de Staël éprouva d'abord pour Bonaparte une passion qu'elle ne put lui faire partager, et que son opposition politique naquit d'un dépit d'amour.

ses amies, Mme Récamier, « cette femme si célèbre par sa beauté, et dont le caractère est exprimé sur sa figure même ». Elle acheta ensuite, à dix lieues de Paris, une petite maison où elle se retira; mais elle y était à peine installée que, malgré les pressantes sollicitations du général Junot et de Joseph Bonaparte, le commandant de la gendarmerie de Versailles fut chargé de lui signifier qu'elle eût à s'éloigner dans les vingt-quatre heures, d'au moins quarante lieues de la capitale. Indignée, elle se réfugia alors en Allemagne, voulant, dit-elle, opposer l'accueil bienveillant des anciennes dynasties à l'impertinence de celle qui se préparait à envahir la France. Elle venait encore d'accroître sa réputation par son ouvrage *Sur la littérature considérée dans ses rapports avec l'état moral et politique des nations*[1], et par le roman de *Delphine*[2]. A Weimar, l'Athènes germanique, où elle chercha un abri, elle vit Gœthe, Wieland et Schiller; et les relations qu'elle noua avec ces génies illustres la mirent à même d'approfondir la langue et la littérature allemandes. Puis elle fit un voyage à Berlin, où elle fut accueillie avec une rare distinction par le roi et la reine. La mort de son père (9 avril 1804) la rappela bien-

---

1. Paris, an VIII (1800), 1801, 1818, 2 vol. in-8°; *ibid.*, 1820, in-12, et 1842, in-18. Mme de Staël a adopté, dans cet ouvrage, le système de la perfectibilité, et peut-être est-elle la première qui l'ait appliqué à la littérature. (Voy. à ce sujet une *Lettre à Fontanes*, par Chateaubriand, insérée dans *le Mercure*, t. III, 1801.)

2. *Delphine* parut à Genève, 1802, 4 vol. in-12, et a été réimprimé depuis une quinzaine de fois, entre autres, Paris, 1820, 3 vol. in-8°, avec un nouveau dénoûment, et 1829, in-18.

tôt en Suisse; et, ses affaires réglées, elle partit pour l'Italie. A son retour, elle séjourna une année à Coppet et à Genève, et elle commença à écrire *Corinne, ou l'Italie*, qu'elle alla achever dans une terre de M. de Castellane, à douze lieues de Paris, et qui parut en 1807[1]. L'immense succès qu'obtint en Europe ce roman, en rappelant son souvenir à l'empereur, lui suscita de nouvelles rigueurs de la part de la police[2]. Fouché lui intima l'ordre de sortir de France. Elle retourna alors à Coppet, où le prince Auguste de Prusse la visita. Elle alla ensuite passer à Vienne l'hiver de 1807 à 1808, et s'y lia avec le prince de Ligne et la princesse Lubomirska. C'est pendant ce séjour en Autriche que son fils aîné, le baron Auguste de Staël, âgé alors de dix-sept ans, eut à Chambéry, le 29 décembre 1807, une longue audience de l'empereur, qu'il sollicita pour sa mère, l'assurant qu'elle ne ferait plus de politique. Napoléon fut inflexible. « De la politique, répondit-il, n'en fait-on pas en parlant de morale, de littérature, de tout au monde?... Que voulez-vous que j'y fasse? C'est sa faute; elle a de l'esprit, trop d'esprit peut-être; voilà ce qui fait qu'elle est insubordonnée. Elle a été élevée dans le chaos d'une monarchie qui s'écroule et d'une révolution qui surgissait;

---

1. Paris, 1807, 3 vol. in-12, et 2 vol. in-8°. — C'est l'ouvrage le plus connu de Mme de Staël. Les principales éditions sont celles de Paris, 1819, 4 vol. in-18; 1840-1841, 2 vol. in-8°, avec 300 figures; 1840, in-18, et 1840, in-12.

2. On croit que la critique de *Corinne*, publiée à cette époque au *Moniteur*, est de l'empereur lui-même.

elle a fait de tout cela un amalgame dangereux. Avec l'exaltation de sa tête, la manie qu'elle a d'écrire sur tout et à propos de rien, elle pouvait se faire des prosélytes ; j'ai dû y veiller. C'est dans l'intérêt de ceux qu'elle pouvait compromettre que j'ai dû l'éloigner de Paris.... Elle servirait de drapeau au faubourg Saint-Germain. »

De retour à Coppet, Mme de Staël y composa et y joua, pour se délasser, quelques petites pièces recueillies dans ses œuvres, sous le titre d'*Essais dramatiques*[1], et y termina (1809) son ouvrage *De l'Allemagne*[2]. Malgré la proscription dont elle était frappée, elle vint, quelques mois plus tard, afin de surveiller l'impression de ce livre, s'établir à Blois dans le vieux château de Chaumont, successivement habité par le cardinal d'Amboise, Diane de Poitiers et Catherine de Médicis ; puis au château de Fossé, dans le Blésois, chez le comte de Sallaberry, et enfin chez le vicomte (depuis duc) Mathieu de Montmorency. Là, elle apprit que les dix mille exemplaires qu'elle avait fait tirer de son ouvrage *De l'Alle-*

---

1. Les *Essais dramatiques* (Paris, 1821, in-8°, et in-12, contiennent sept pièces en prose : *Agar dans le désert*, scène lyrique ; *Geneviève de Brabant, la Sunamite, Sapho*, drames ; le *Capitaine Kernadec*, comédie ; la *Signora Fantastici*, et le *Mannequin*, proverbes.

2. La 1re édition est de Paris, 1818, 3 vol. in-8°, et in-12. Cet ouvrage a eu de nombreuses éditions, soit à Paris (1814, 3 vol. in-8° ; 1820, 2 vol. in-8° ; 1839, in-18), soit à l'étranger (Londres, 1813, 1814, 3 vol. in-8° ; Genève, 1814, 3 vol. in-12 ; Leipzig, 1814, 4 vol. in-12). Il a été traduit en plusieurs langues et vivement critiqué en Allemagne.

magne avaient été saisis chez l'imprimeur et mis au pilon, et il lui fut commandé, de par le duc de Rovigo, ministre de la police, de sortir de France dans trois jours. Sa demande d'un sursis ayant été accueillie de la manière la plus ironique et la plus dure, elle regagna Coppet[1].

Mme de Staël prit le parti de retourner à Coppet; mais elle aggrava encore sa situation lorsqu'on vint lui proposer de célébrer la naissance du roi de Rome, pour rentrer en grâce; elle répondit par cette saillie ironique : « Tout ce que je puis faire pour lui, c'est de lui souhaiter une bonne nourrice. »

---

1. Voici la lettre par laquelle on répondit à sa demande d'un sursis :

« POLICE GÉNÉRALE. — CABINET DU MINISTRE.

« Paris, 3 octobre 1810.

« J'ai reçu, Madame, la lettre que vous m'avez fait l'honneur de m'écrire. Monsieur votre fils a dû vous apprendre que je ne voyais pas d'inconvénient à ce que vous retardassiez votre départ de sept à huit jours; je désire qu'ils suffisent aux arrangements qui vous restent à prendre, parce que je ne puis vous en accorder davantage.

« Il ne faut point rechercher la cause de l'ordre que je vous ai signifié dans le silence que vous avez gardé à l'égard de l'Empereur dans votre dernier ouvrage : ce serait une erreur; il ne pouvait pas y trouver de place qui fût digne de lui; mais votre exil est une conséquence naturelle de la marche que vous suivez constamment depuis plusieurs années. Il m'a paru que l'air de ce pays-ci ne vous convenait point, et nous n'en sommes pas encore réduits à chercher des modèles dans les peuples que vous admirez.

« Votre dernier ouvrage n'est point français; c'est moi qui en ai arrêté l'impression. Je regrette la perte qu'il va faire éprouver au libraire, mais il ne m'est pas possible de le laisser paraître.

« Vous savez, Madame, qu'il ne vous avait été permis de sortir

Défense lui fut bientôt signifiée de s'éloigner de plus de deux lieues de sa demeure. Schlegel, qui, depuis plusieurs années, l'aidait à élever ses fils, fut alors obligé de la quitter, et elle se trouvait dans une solitude presque complète lorsque le vicomte de Montmorency alla la rejoindre; il venait d'être exilé pour l'avoir reçue chez lui. Mme Récamier eut bientôt le même sort. Au printemps de 1812, après huit mois d'une surveillance inquisitoriale et persistante, Mme de Staël parvint à s'évader, et se sauva à Vienne. L'espionnage dont elle devint l'objet aussitôt son arrivée la décida à se réfugier à Moscou,

---

de Coppet que parce que vous aviez exprimé le désir de passer en Amérique. Si mon prédécesseur vous a laissée habiter le département de Loir-et-Cher, vous n'avez pas dû regarder cette tolérance comme une révocation des dispositions qui avaient été arrêtées à votre égard. Aujourd'hui vous m'obligez à les faire exécuter strictement, et il ne faut vous en prendre qu'à vous-même. — Je mande à M. Corbigny[*] de tenir la main à l'exécution de l'ordre que je lui ai donné, lorsque le délai que je vous ai donné sera expiré.

« Je suis aux regrets, Madame, que vous m'ayez contraint de commencer ma correspondance avec vous par une mesure de rigueur; il m'aurait été plus agréable de n'avoir qu'à vous offrir des témoignages de la haute considération avec laquelle j'ai l'honneur d'être, Madame,

« Votre très-humble et très-obéissant serviteur.

« Signé : LE DUC DE ROVIGO. »

MADAME DE STAEL.

P. S. — J'ai des raisons, Madame, pour vous indiquer les ports de Lorient, La Rochelle, Bordeaux et Rochefort, comme étant les seuls ports dans lesquels vous pouvez vous embarquer; je vous invite à me faire connaître celui que vous aurez choisi[**].

[*] Préfet de Loir-et-Cher.
[**] Le but de ce post-scriptum était de lui interdire les ports de la Manche.

puis à Saint-Pétersbourg, qu'elle quitta, pour traverser la Finlande et aller habiter Stockholm, où elle commença à rédiger son journal : *Dix années d'exil*. De Stockholm elle partit pour Londres. Son premier soin en arrivant en Angleterre fut de publier son ouvrage *De l'Allemagne* (1813, 3 vol. in-8°)[1]. La déchéance de Napoléon la ramena en France. Les Cent-Jours l'en éloignèrent de nouveau. Lorsque Louis XVIII reprit possession de son trône, il lui fit le plus gracieux accueil. Les deux millions dus à son père par le Trésor lui furent restitués. Tant d'épreuves avaient gravement altéré la santé de Mme de Staël. Après un voyage en Italie, qu'elle avait entrepris en 1816, dans l'espérance de se rétablir, elle mourut à Paris le 14 juillet 1817. Ses restes furent transportés à Coppet. Ce ne fut que par son testament que l'on apprit son second mariage, contracté en 1812 avec M. de Rocca, jeune officier de hussards qui, criblé de blessures en Espagne, avait quitté le service, et qu'elle avait connu à Genève. « Mme de Staël avait de la grâce dans tous ses mouvements, dit Mme Necker de Saussure. Sa figure, sans satisfaire entièrement les regards, les attirait d'abord et les retenait ensuite. Il s'y déployait subitement une sorte de beauté, si on peut dire, intellectuelle. Le génie éclatait tout à coup dans ses yeux qui étaient d'une rare magnificence.... Sa taille un peu forte, ses poses bien dessinées, donnaient une grande éner-

---

[1]. De la même époque date la publication des *Réflexions sur le suicide* (Londres, 1813, in-8°), et de *Zulma et trois nouvelles* (ibid., 1813, in-8°), précédées d'*un Essai sur les fictions*.

gie, un singulier aplomb à ses discours. Il y avait quelque chose de dramatique en elle; et même sa toilette, quoique exempte de toute exagération, tenait à l'idée du pittoresque plus qu'à celle de la mode.

Mme de Staël eut trois enfants : *Auguste; Albert*, tué en duel dans l'année 1813; et *Albertine-Ida-Gustavine*, duchesse de Broglie, morte en 1838[1].

Ses *Œuvres complètes*, recueillies d'abord en 17 volumes in-8° et in-12, par la piété de son fils (Paris, 1820-1821), précédées d'une *Notice* par Mme Necker de Saussure, ont eu depuis plusieurs éditions, sous tous les formats. Elles comprennent les écrits que nous avons cités, plusieurs morceaux inédits, et de plus *Considérations sur les principaux événements de la Révolution française* (Paris, 1818, 1820, 3 vol. in-8, et 1843, in-18); *Essais dramatiques* (Paris 1821, in-8; et in-12), qui ne parurent qu'après sa mort. Ses *Œuvres inédites* ont paru en 1836 (Paris, in-8). En outre, Mme de Staël a édité les *Manuscrits* de son père (1804, in-8), et les *Lettres et Pensées du prince de Ligne* (1809, in-8). Sa correspondance, quoique fort étendue, n'a pas encore été l'objet d'une publication spéciale, et l'on n'a mis au jour qu'un nombre assez restreint de ses lettres, disséminées dans plusieurs recueils.

Nous avons raconté sommairement les principaux événements de la vie agitée de Mme de Staël; il nous

---

[1]. Elle laissa aussi un fils de son second mari. M. de Rocca, quoique âgé seulement de trente ans, ne lui survécut que de quelques mois, et mourut aux îles d'Hyères, à la fin de janvier 1818.

reste à apprécier le caractère de son génie. Sans jamais perdre son cachet distinctif, son originalité propre, notre littérature, dans ses différents âges, subit l'influence des diverses littératures de l'Europe, comme elle leur a imposé la sienne. Pâle reflet des lettres françaises pendant le dix-septième et la première moitié du dix-huitième siècle, la littérature allemande se monta tout à coup à l'originalité par Klopstock, Herder, Gœthe, Schiller et les brillants disciples de ces beaux génies ; mais entre l'Allemagne et la France le Rhin coulait toujours, barrière infranchissable. C'est à Mme de Staël que revient la gloire d'avoir fait franchir cette barrière aux lettres allemandes, accueillies sur sa présentation chez nous, au commencement de ce siècle, avec un enthousiasme, on se le rappelle, qui a porté et porte encore tous les jours ses fruits. Le génie de Mme de Staël nous semble le merveilleux produit de ce double courant littéraire. Française par le fond des idées, elle est Allemande par le tour de l'imagination ; son regard a une grande portée, mais il est rarement dégagé de tout nuage. Elle voit loin, mais une face des objets reste presque toujours voilée pour elle. Des choses, elle ne saisit ordinairement que le côté enthousiaste, si nous pouvons nous exprimer ainsi ; presque tout ce qui est du domaine de la réalité lui échappe. L'émotion que vous éprouvez en la lisant, si vous êtes jeune, a plus de vivacité que de profondeur. Si les larmes vous viennent au bord de la paupière, elles ne tombent presque jamais, cristallisées qu'elles sont, presque aussitôt formées. Son coup d'œil ne va pas assez au fond des choses de la vie ; du gouffre, elle n'aperçoit que les bords. Combien plus sûr et plus entrant était le regard de Cervantes, Fielding, Lesage, l'abbé Prévost, ces maîtres du roman ! *Corinne* n'est pas un roman, c'est un poëme : c'est l'idéal de Mme de Staël, comme *Delphine* est la réalité de ce qu'elle était dans sa jeunesse[1]. Dangereux par ses tendances, son livre *Sur l'influence des passions* manque de plan dans la distribution des matières. C'est l'action, but de la vie, qu'il faut prêcher aux hommes, non le pouvoir et les charmes de la mélancolie qu'il faut leur vanter. Nous ne sommes déjà que trop enclins, par la faiblesse de notre nature, à nous immobiliser dans de stériles rêveries. Son ouvrage *Sur la littérature*, démonstration de la perfectibilité indéfinie, n'est qu'un brillant paradoxe, qui fit conseiller à l'auteur, dans le *Mercure*, par Fontanes, de parler, de ne plus écrire. L'*Allemagne* et les *Considérations sur la Révolution française* sont à nos yeux la plus haute expression du génie de Mme de Staël. L'*Allemagne* était toute une révélation. Aussi quel succès ! et comme il s'est maintenu ! Dans ses appréciations des acteurs et des scènes du grand drame révolutionnaire, on peut lui reprocher de n'avoir pas toujours réussi à dégager son esprit des sympathies et des préventions qui en troublent la netteté et en émoussent le tranchant ; mais quelle sûreté de pinceau ! quelle touche ferme et vigoureuse ! quelle

---

1. « Il n'y a qu'un héros dans les romans de Mme de Staël. »

énergie! quel éclat! Montesquieu et Tacite ont souvent passé par ce livre.

Comme écrivain, Mme de Staël appartient à ce que l'on appelle en peinture l'école des coloristes. Elle relève de Rubens plutôt que de Raphaël. Son style *coule bas*, à chaque instant, suivant la pittoresque expression de l'un de ses compatriotes, M. Simon, tant il est chargé d'idées et d'images. C'est un éclatant compromis entre la sobriété si riche de l'auteur d'*Émile* et l'intempérance plus fastueuse que riche du chantre d'*Atala*.

MON ENTRÉE CHEZ JOUY

(1825).

Enfin, mon article sur Mme de Staël parut et fit sensation dans le monde littéraire. Jouy de l'Académie m'offrit une place d'aide littéraire et de collaborateur. J'acceptai, mais avant d'entrer chez Jouy, j'entrepris une excursion en Allemagne et je fis un assez long séjour en Suisse pour me fortifier dans la langue allemande.

J'entrai un soir dans une auberge des Grisons. A la lueur d'une grosse lampe qui fumait lourdement s'étalaient vingt porcs, trois boucs et dix hommes rustiques, athlétiques, fort beaux pour un peintre, que Michel-Ange ou l'Espagnolet eussent étudiés avec joie et avec ardeur. Les pipes étaient énormes, les boucs suintants, l'huile plus qu'odorante, et l'atmosphère tellement massive et chargée d'aromes confondus que je tombai presque à la renverse. Ces gens ne s'en apercevaient même pas. De même, l'extrême immoralité de la France ne frappe personne ici. Aucun Français ne s'en doute. Les poumons y sont faits ! On respire avec joie l'air méphitique chargé de *Faublas*, des *Liaisons dangereuses* et de pornographie; comme si c'était l'air ordinaire et vital. On ne sait même plus ce qui est bien et ce qui est mal. L'affreux divorce de Napoléon a semblé naturel ; et les Messalines nues sur les théâtres d'aujourd'hui n'ont choqué personne.

De retour à Paris, je me présentais chez M. Jouy. J'entrai dans un appartement ovoïde, d'une forme très-agréable et dont les murailles étaient tapissées de livres reliés, coquettement disposés dans une bibliothèque vitrée, en bois de rose, qui en suivait le contour. C'était de l'Athénien rococo, un curieux mélange de Pompadour et de style grec. Des fleurs rares ornaient l'escalier. Un balcon sur lequel ouvraient des portes vitrées à grandes glaces laissait voir des arbres et des jardins. Moins bibliothèque que boudoir, cette salle n'était faite ni pour l'étude, ni pour le repos, ni pour le plaisir. Mais l'ensemble avait de la grâce, de doux tapis couvraient le parquet, et des nattes bien arrangées étaient réservées pour le balcon. Au fond à droite, un fort beau bureau d'acajou soutenait des papiers et des livres; et dans un vaste fauteuil rond, un personnage aux cheveux bouclés était assis, enveloppé dans une ample robe de chambre à ramages. Rien dans ce lieu ne rappelait la méditation, le travail, encore moins l'inspiration ou le génie.

Ma curiosité était singulièrement piquée. Quoi !

tel était l'asile studieux de l'un des représentants les plus aimés de l'intelligence française et de la sagesse parisienne? L'un des chefs de l'opposition politique et libérale était devant moi! Rien ne m'étonnait. J'avoue même que ces contrastes m'amusaient, et que, gardant en moi le culte sérieux et profond de ce que je ne trouvais pas autour de moi, j'essayais de m'expliquer l'énigme sociale de ce pays et de ce peuple si étranges! Ici les bizarres phénomènes se multipliaient. J'ai toujours été en face des formations sociales comme un savant qui étudie les couches géologiques du globe. Mon véritable intérêt a été là. Ni fortune, ni succès, ni argent, ni gloire, ne m'ont aussi vivement préoccupé ; c'était et c'est encore ma passion principale. Elle m'a préservé de bien des vices et ne m'a point permis de bassesses ; j'aurais voulu y joindre des attaches fortes et honnêtes, liant le cœur à l'honnèteté et assurant la vie morale par la fermeté des rapports amicaux. Mais, hélas! presque tout ce que j'ai vu, je l'ai méprisé, et il a fallu faire rentrer, à peu d'exceptions près, la plupart de ceux qui m'ont approché dans ce grand cabinet d'études nosologiques que je remplissais à mes dépens et que les révolutions dernières de la France ont fourni d'une collection de si bizarres et de si complexes monstres.

Ici quelle nouveauté! Le Directoire et l'année 1799 respiraient dans tout ce qui m'entourait. C'était à l'époque de Barras que remontait la gloire du personnage aimable dont l'accueil souriant me semblait plutôt celui d'une courtisane bonne fille que celui d'un homme de talent et d'un chef politique. La familiarité des camps, le ton résolu et étourdi des états-majors, quelque chose de franc, d'ouvert, de charmant, de séduisant, se mêlaient avec attrait à une légèreté de causerie et à une aimable nonchalance de discours qui n'était pas sans rapport avec les habitudes des coulisses et de l'opéra. Je n'ai appris que très-tard comment ce composite mélange s'était fait ; l'Inde, l'Angleterre, une naissance originale et illégitime, les aventures d'une jeunesse hasardeuse, Voltaire, Barras et le Directoire y avaient concouru. Sous le rapport social, à travers cette existence à mille faces, Jouy — car c'était son nom — avait acquis une séduction incomparable et gardé ce que gardent quelquefois les femmes de peu de chasteté, un bon cœur, susceptible de faire le bien et de venir au secours des autres. Factice jusque dans la moelle des os, sans aucune littérature, ne sachant ni le latin, ni sa langue, porté par les femmes, ce Morny intellectuel de 1800 était devenu le roi des littérateurs et le Voltaire de son temps.

Sans but ! c'était l'explication de ma vie et le mot de son énigme. Comme le lépreux de la cité d'Aoste, je voyais le vide autour de moi ; le caractère spécial de mon père l'avait encore rendu plus profond. Mon père était dénué de toute attraction sociale, ses collègues, sa famille personnelle, ses cousins ou frères ne l'aimaient pas, non qu'il fût pire, et ses collègues ne l'aimaient pas davantage, bien qu'il valût mieux que beaucoup d'entr'eux. J'étais, par le fait, comme lui et beaucoup plus que lui, en dehors de la société tout entière et, même dans le monde des révolutionnaires, une sorte d'exilé. Paria entre les parias. Je n'avais même pas de système encore, me contentant de voir et d'entendre, de regarder autour de moi, et laissant s'accumuler dans les archives intérieures tous les documents, c'est à-dire toutes les impressions vraies ; c'était là ce qui me suffisait et me contentait. Ce n'était ni une vie d'impressions sensuelles, ni une vie de méditation intime ni d'observation volontaire, encore moins une vie d'action intéressée. J'attendais mes convictions qui ne devaient être que le résultat des expériences ; au moment où j'écris, je les possède tout entières. Voyant grandir autour de moi l'idée matérialiste et parallèlememt l'idée de Dante sur toutes choses, d'où résultait la ruine de toute morale et conséquemment la ruine de la race et du pays, je me trouvai si isolé dans mes principes, et si douloureusement perdu dans le désert de mes convictions croissantes, que le désespoir ressenti à mon début en France ne fit que s'accroître.

Je courais grand risque, étant jeune et d'un tempérament nerveux et ardent, de tomber dans d'étranges excès, ordinaire consolation des gens qui comme moi n'ont point d'attache, d'espoir ou d'estime pour les choses et les hommes. Le vin remplit le cerveau de ses fumées. Le jeu nous ouvre une arène obscure où l'on cherche l'inconnu. La gastronomie épaissit les humeurs en étouffant l'esprit. La femme achetée vous hébète en vous volant. Je ne fus donc ni buveur, ni joueur, ni coureur. L'étude à laquelle je

me livrais intérieurement n'était pas même une
étude et ne tendait à rien qu'à comprendre. Ce qui
donnait la grande impulsion à mon cerveau toujours occupé, toujours tendu, c'était le contraste,
plutôt senti par moi que réfléchi, de l'Angleterre et
de la France. La première depuis 1688 n'avait pas
abandonné le spiritualisme chrétien. Elle l'avait
même poussé jusqu'à un mysticisme étrange, mais
sincère.

La France, exagérant Descartes et Molière, était
tombée dans une ironie profonde, facile et sensuelle,
ce qui lui va très-mal; car ses penchants sensuels
étant modérés et son cœur honnête, elle est forcée,
pour devenir voluptueuse et grossière, de renoncer
à ses vertus et d'exagérer ses biens sociaux. Béranger et Paul-Louis Courier portaient des coups terribles à la société, en prose et en vers! Le pouvoir
tentait de faire reculer la Révolution, chose impossible. Napoléon en la domptant l'avait servie, comme
on use d'un cheval fougueux que l'on précipite sur
l'ennemi. Il avait déshonoré les légitimités, découronné les rois et désenchanté le trône. Çà et là,
quelques penseurs isolés voulaient la liberté, c'était le très-petit nombre. La bourgeoisie en masse
détestait les supériorités et la noblesse; c'était un
groupe plus épais, plus fort, mais immoral et intéressé. La grosse majorité des laboureurs, artisans
et prolétaires, petits propriétaires et marchands,
n'allaient pas si loin. Ils détestaient seulement les
Ducs, les Évêques et les Marquis, et ne voulaient
pas que les biens nationaux revinssent à leurs an-

ciens maîtres. C'était tout. L'intérêt le plus égoïste et le plus bas n'avait pas encore grandi et grossi comme il l'a fait depuis lors ; mais il y avait des germes de la cupidité future, elle n'étouffait pas, elle primait les sentiments élevés. On n'en était pas venu encore à croire que la propriété de chacun appartient à tous, et à en déduire pour les puissants le droit d'annexer, transférer, altérer le droit de chacun, pour égaliser les conditions et les partages. On n'avait touché que la phase de l'envie ; on désirait le nivellement des conditions. Je ne partageais ni l'un ni l'autre sentiment, et d'ailleurs, paria adolescent dans cette société en guerre, épave cassée dans cet orage sourd, je ne pouvais rien dire, rien prétendre. Je lisais sur les murs des affiches rouges portant ces mots : *L'homme sans nom.* Il s'agissait du régicide. Je savais par ma mère que de temps en temps M. de Vilene, M. Lemoinne et M. Dumouchel de l'Université venaient voir en cachette mon père, tapi dans un coin obscur de la rue Saint-Jacques, et l'avertir des dangers qu'il pouvait courir et de la réalité de sa position. Personne ne lui parlait. Il n'y avait plus de M. *Chasles* au monde, mais seulement un M. *Halma* ou *Chasleshalma*, maître de pension que quelques-uns transformaient en *Chaselma* ou *Chaseluma* ; et ce demi-déguisement qui protégeait le persécuté blessé et le vieux proscrit irritait affreusement mon orgueil. Cette propriété de soi-même, cette conscience de mon honneur, cette dignité de mon nom et de ma personne inviolée, que la libre et forte vie anglaise avaient trempées d'acier à jamais, ne faisaient que s'accroître, et depuis ce temps, sous M. Guizot comme sous l'Empire, je ne crois pas avoir fait un acte, écrit un mot ou dit une parole qui abaissassent ou diminuassent ces sentiments. Mais en France! quelle prétention! Le vaincu doit plier la tête et les fils du vaincu doivent ramper. Ainsi en 1793, les nobles avaient été foulés aux pieds et massacrés par la roture; ainsi en 1688, les protestants par les catholiques; ainsi en 1415, les Armagnacs par les Bourguignons.

Un tel état est bon pour le proscrit et l'affermit au moral, quand il ne le déprime pas tout à fait. C'est pourquoi le premier essai de ma plume ne fut ni jacobin ni girondin, ni bonapartiste ni légitimiste.

Chez Jouy. — Chaque jour je voyais Benjamin Constant venir s'asseoir sur le canapé du salon; et chaque soir Dupaty le vaudevilliste, fils du président Dupaty; le chansonnier Béranger; le publiciste Pagès, de l'Ariège; le grand Borée, un fruit sec de la politique; l'Alsacien Coulman Caillette, qui a écrit des mémoires; Spontini, quand il était à Paris, faisait la partie de whist ou la partie d'échecs de Jouy. Quelques bonapartistes, tels que Lebrun, fils de l'archichancelier, et les Regnault Saint-Jean d'Angély, s'y mêlaient; le gendre, le lieutenant Boudonville, qui se donnait un *de* (comme tout le monde en France), avait surtout ces derniers bonapartistes en honneur. Norvins, le préfet de Rome, dont la femme eut de si belles aventures dans un pavillon, comme toutes les femmes de préfets d'ailleurs, oscillait entre les deux fractions, l'une libérale, l'autre impérialiste de cette société discordante, mais unie par la haine des Bourbons et le désir de les mettre à la porte. Les Pontécoulant, dont Jouy avait été secrétaire, quand Gustave de Pontécoulant était préfet de la Dyle, venaient quelquefois; Mme de Pontécoulant était une Schwarzenberg ; par sa tournure allemande et son poids énorme elle tranchait sur le monde frivole qui l'entourait, et tout le monde se moquait d'elle. Norvins la nommait *Poulet-content*.

Les deux personnages auxquels je me sentais le plus naturellement analogue étaient Béranger et Pagès ; le dernier à cause de son sérieux apparent et réel, le premier parce que sous les dehors et la barrette d'un fou faiseur de chansons, il cachait le dessein le plus prémédité et la passion la plus déterminée. Pagès, homme du midi, était moins faux que tout le reste ; on lisait sur sa figure fine et pâle le peu de cas qu'il faisait de ses acolytes. Quant à Jouy, dont l'habileté sociale ne pouvait être l'objet d'un doute, il reliait tous ces éléments, fondait et amalgamait tout cela par ses bonnes grâces, sa franchise, sa finesse, ses tons brusques et doux, ses familiarités d'état-major, ses avances déguisées, et ses éternels succès auprès des femmes. Il ne cachait pas son métier de Cupidon brûlé en cheveux blancs ; professait l'érotisme comme une religion, déclarait la chasteté un crime, la pudeur une faute, le mariage un abîme de perdition ; prêchait Voltaire sur tous les tons et tous les toits ; se montrait charitable et aumônier comme presque tous les intrigants, pour rendre plus faciles ses acquisitions ou ses projets; ne manquait ni de coup d'œil, ni de sagacité, ni d'a-propos, et menait gaiement au combat les troupes légères de l'armée libérale, tout en mettant de l'argent dans ses poches.

Ce groupe, infiniment dangereux pour la royauté — et très-populaire — ne tenait que par des liens de circonstance, et très-légers, au bataillon doctrinaire, à ce centre génevois dont je me rapprochai plus tard. Mais comme la société de Jouy émanait essentiellement du Directoire, dont elle avait les mœurs dissolues, un angle assez délié, il est vrai, mais réel, le mettait en contact avec Mme de Staël et Benjamin Constant. Arrêtons-nous devant ce dernier.

Qu'on imagine un grand corps fluet surmonté d'une petite tête pâle, que couronnait l'auréole de vastes cheveux, jadis blonds, grisonnants maintenant, d'une teinte marron singulière, mêlée de soies pâles, blanches et jaunâtres; une longue redingote également marron; dans la démarche une langueur, dans les yeux bleus une douceur, dans la voix une indifférence, dans l'accent une monotonie, dans les paroles un dégoût sans dédain, et dans le cours des idées un affaissement élégiaque, critique, énigmatique, gracieux, comme au bout de tout par la voie de la lassitude. De l'ascète et du gentilhomme; de l'ascète épuisé par le désir des voluptés et par la mortification de l'impuissance; du gentilhomme qui proteste contre la noblesse. Il me surprenait beaucoup. Je causais longtemps avec lui, je l'appelais Jésus-Christ athée. Il protestait contre le protestantisme même ; jouait énormément ; suait l'ennui, et s'ennuyait de son ennui. Tout était vide chez lui, excepté l'admirable cerveau. Clarté sans foyer, vaste lumière sans chaleur, cette négation vivante était devenue presque religieuse, tant elle était convaincue. Le dix-huitième siècle n'a pas eu d'expression plus critique de ses illusions détruites. Il m'expliquait toute la génération de Byron, d'Obermann, de Shelley, des énervés et des désespérés. Homme supérieur et énigmatique qui a couronné sa vie par une lâche abdication en faveur de Napoléon aux Cent-Jours, il avait fait de nobles actions et de beaux livres. La froideur de son âme et le néant de ses sens glacés l'ont maintenu à l'état d'avortement public qui signale le crépuscule de notre époque — époque finissante, magnifique.

Avez-vous jamais rencontré sur la route de votre vie, pour votre bonheur ou votre malheur, quelque femme, débile en apparence, d'une santé frêle, toute nerveuse, sans force musculaire, roseau qui semble prêt à se briser au moindre choc, mais s'allumant tout à coup de passions irréfléchies ; éloquente par accès, spirituelle sans y prendre garde, vous entraînant malgré vous dans ce tourbillon de faiblesse et d'ardeur ; sans calme, sans aplomb, sans raison ; cependant puissante ; incapable de se dompter, de se dominer et de se connaître ; d'une imagination irrégulière, vagabondante et procédant par caprices ; s'élevant aux grandes idées dont elle ignore la hauteur et retombant au milieu des rubans, des fantaisies, des puérilités et des folies; un être dont la vie n'ait aucun ensemble et aucune proportion; s'élançant toujours, ne se contenant jamais; morale par instinct, car elle sait par les élans de sa sensibilité le désespoir et le repentir, et un être qui vous émeuve, vous attache et vous choque en même temps; quelque chose de si violent et de si maladif, de si incomplet et de si enivrant, de si abandonné à l'émotion et de si faible par le bon sens, qu'on ne puisse ni se garantir d'être ému ni se défendre de la pleurer. Cette femme était la comtesse M..., seul amour de ma vie.

A Dieu ne plaise que je m'absolve de toute faute et que je brode mon panégyrique sur l'étoffe d'une satire fournie par mes contemporains. J'avais leurs défauts; j'en ai usé autrement qu'eux. Toute cette génération byronienne, dont la naissance date du siècle, apportait avec elle le dégoût de la vie. Elle en avait assez du vieux groupe social et des choses d'autrefois. La belle illusion de 1789 s'était évanouie; la gloire guerrière aboutissait à Waterloo; la foi religieuse n'avait plus de prise; le désabusement des intelligences menait à l'avachissement des âmes et au débraillé des mœurs. Lord Byron, le chef de l'École, affectait le satanisme. Ce roi des poseurs modernes mettait un masque sur son puissant génie, un masque rouge de Méphistophélès dandy. On se sauvait, comme on pouvait, de son ennui par l'affectation. Le *mal de la vie*, comme disent les Allemands, la fièvre d'un dédain universel, l'aversion pour le monde et les choses, le *Gæomemphy* des premiers chrétiens, le *Welt-Schmerz* des Allemands modernes, prenaient toutes les formes ; chacun affectait un excès et se parait d'un vice ; Nodier, lexicologue admirable, et habile écrivain, jouait le Werther ; Mérimée, dont la plume est fine comme le crayon de Callot, jouait l'athée ; Jules Janin, ce cuistre doublé d'un almanach des Muses, jouait le Diderot ; Musset, assez mal élevé, saluant et se coiffant comme un coiffeur, jouait le Lauzun ; Balzac, le plus pauvre et endetté des hommes, jouait le Crésus ; Hugo, le Ronsard ou le Dryden du dix-huitième siècle, jouait le Marat et le Cromwell. Ils s'ennuyaient et posaient.

Tous ces gens voulaient échapper à eux-mêmes. Ils y réussirent quelquefois en se plongeant dans un ridicule ou dans un vice. J'en savais quelque chose, moi dont les premières nourrices littéraires, les Muses folles du dix-huitième siècle avaient, de leurs mamelles amères, versé dans mes veines ce même dégoût.

Enfant, je n'avais rien tant aimé que les désespérances du solitaire Obermann et les gémissements lyriques de Werther, de Réné, de Delphine. A mon retour de Londres, au lieu de tourner à l'épicerie, à la prétendue sagesse, à l'égoïsme, au gros sou adoré et mis à intérêt ; au lieu de passer comme Saint-Marc Girardin, Scribe et S... de la rhétorique vide de collége au vide moral de Barême ; au lieu de quitter le *Selectæ e Profanis* pour l'intrigue, j'étais amoureux d'une activité réelle, efficace; d'une énergie sincère, hardie; d'une étude désintéressée, solitaire, enfin d'un idéal honnête, viril, sans rapport avec ce qui m'entourait. C'est ce qui explique les devoirs ridiculement héroïques que je me suis créés lorsque ayant tout donné à ma vieille mère et à ma jeune sœur, j'imaginai de sauver une jeune famille. Il est vrai que j'atteignis une partie de mon but. Cela me fit travailler. Ce ressort remplaça ceux de l'ambition, de la cupidité, de la vanité, de la débauche, de l'amour même. Je sauvais quelqu'un.

MA VIE

(1827).

Le monde n'accepte que ce qu'il comprend parfaitement. Les mobiles de ma vie secrète furent en dehors de toutes les probabilités et circonstances vulgaires. Cette vie commune, sociale, française, dut trouver le fils du conventionnel inexplicable. Non-seulement la mise en scène me manquait, mais j'en avais une à moi, qui consistait dans la plus grande simplicité et dans une sorte d'humilité personnelle, qui me semblait de très-bon goût. La fanfaronnade et le faire-valoir, habituels à tout ce monde, contrastait si effroyablement avec ma manière d'être, et elle s'accordait si mal avec les trois ou quatre langues que je savais, avec mes mœurs élégantes, avec les habitudes semi-hollandaises de ma mère, avec les biens paternels et sa vie de législateur et d'homme d'armes, que l'on me prit naturellement pour le personnage le plus affecté du monde. Quand les

cuistres qui pouvaient se trouver au journal, les
descendants de *Duvicquet* et de *Geoffroy*, m'aperçurent (tout barbouillés de tabac et de latin, érotiques d'après Tibulle et parasites selon le *Selectæ*),
Dieu sait combien ils me haïrent. Ils ne savaient
pas un mot d'anglais, d'allemand encore moins, et
les traditions thermidoriennes au milieu desquelles
le journal avait été fondé vivaient encore. Je ne fus
soutenu que par le maître, le grand *Bertin*, cœur
large, esprit large, auquel son fils *Armand* n'allait
pas à la cheville, par *De Feletz*, l'aimable abbé, et ce
bon *Delecluze*, méchant écrivain, homme de sens et
de goût, esprit noble et excellent cœur. Le reste ou
se retira de moi ou me battit froid : on mit de côté le
fils du conventionnel et le personnage qui osait savoir l'anglais et apprendre l'allemand. Ma vie de studieux qui voit, pense, observe, me suffisait ; et le
vieux Bertin, que j'aimais profondément, me consolait d'un mot et d'un sourire. D'ailleurs j'apprenais l'espagnol, je voyais, je pensais ; je n'enviais
personne. Je ne pensais pas aux rivaux.

Les chefs de partis se rangeaient alors autour de
Bertin « le Superbe », qui avait fondé les *Débats*, et
autour de Michaud, le bibliographe.

Michaud appartenait à la bourgeoisie parisienne,
aux parlementaires ; De Feletz à une de ces noblesses provinciales du Périgord, dont Michel-Eyquen de
Montaigne faisait partie, ardentes, fortes et spirituelles ; Raynouard, plus Provençal ou plutôt Languedocien, érudit, fin, lettré, résolu, obstiné, sentait

son vieux capitoul et datait de Clémence Isaure. Leur fidélité envers l'ancienne France les honorait; leur indépendance était demeurée intacte, et par ce point nous nous entendions. Comme tous les persécutés, ils avaient appris la tolérance. Ce sont les plus justes et les plus aimables hommes que j'aie rencontrés en France. La roture des uns n'était point grossière; l'esprit de caste des autres n'était point insolent. Ils ressemblaient à des fragments de métal qui, dans un grand incendie, se seraient raffinés et épurés grâce à une combinaison inattendue.

Le vieux Bertin les connaissait; et quoique révolutionnaire ou plutôt libéral, modéré lui-même, étant comme Feletz entré dans la prêtrise et ayant reçu les ordres, il se rattachait à ce monde. Il acceptait d'eux des services et leur en rendait. Avec des nuances et des contrastes, dans cette sphère antique et moderne, dont Chateaubriand était le soleil égoïste et où circulaient, à des distances variées, toutes les planètes et toutes les idées, il y aurait eu, ou plutôt il y avait la matière élémentaire qui aurait pu former le noyau d'un pays libre; beaucoup d'expérience, de mouvement, de vues, de bonté envers les personnes, d'indulgence apprise par le malheur, de répugnances pour les bassesses, de raillerie contre les ridicules, enfin de goût pour l'intelligence. Comme ces excellents éléments ont disparu! et quel usage en a fait ce malheureux pays qui, avec ses majorités serviles depuis Clovis, a cru instituer la toute-puissance des majorités, en d'autres termes l'omnipotence des servilités! Les honnêtes, soit libéraux, soit royalistes ou révolutionnaires, les vigoureux et les charitables, c'est-à-dire l'essence indépendante et la crème du pays, au lieu de monter à la surface, ont été submergés par la prépotence des majorités-canaille. J'entends par là *canaille intellectuelle* et morale : sots phrasiers, rhéteurs, intrigants, aventuriers, traîneurs de dossiers et de canons, hommes de la servitude et du sophisme, tartufes et cuistres, rabats et sabres; les pires qui ont étouffé les meilleurs, comme en Italie auparavant, comme en Espagne cela était arrivé.

Je fus introduit par Bertin près de Michaud et de Chateaubriand, que le fils d'un général républicain, d'un conventionnel, d'un juge de Louis XVI ayant voté sa mort, n'épouvanta pas. Tout au contraire. Ils avaient vécu. Les qualités et les goûts qui nous étaient communs leur en paraissaient plus accentués et plus piquants; ce qu'ils pardonnaient à Louis-Philippe, même à leur roi Louis XVIII, libéral dans son espèce, ils pouvaient bien le pardonner à un presque enfant. Ce que j'écrivais était neuf. Mes pages ne manquaient ni d'originalité ni de séve; et ces braves esprits, gardant le reflet des salons où Chamfort et Diderot avaient brillé, me protégeaient. Généreusement, noblement, sans autre intérêt que celui des lettres, ils me prônaient partout.

De là, grande haine de mes jeunes contemporains, S..., Saint-Marc, Janin, P..., tous rivaux entre eux, se détestant cordialement, mais camarades, avec qui je n'avais eu aucun rapport; tous dociles fils de l'université latine, ne sachant pas un mot des langues étrangères, vivant sur les vieux reliefs racommodés du festin antique, tous très-forts en thème, gens de finesse et d'esprit, pleins de ruses, de coquetteries, de citations, de miévreries, de jalousies; nés et élevés dans les langues serviles du premier Empire, libéraux, mais militairement, libéraux n'ayant jamais mis le pied dans aucun grand monde; n'ayant pas une seule idée de philologie nouvelle, rien de commun avec les vrais résurrecteurs du monde moderne, avec Gœthe, Tieck ou Coleridge, enfin pour lesquels chacune des lignes vives que j'écrivais dans le sens de ma propre indépendance et de l'avenir était un scandale exotique et une blessure amère.

De Villène était noble. Lemoine ne l'était pas. Chateaubriand portait avec gloire le blason de sa race bretonne. Bertin, d'origine israélite, tenait à cette famille de financiers qui avait brillé au dix-huitième siècle. Eh bien, tous ces gens, avec des qualités diverses, des réalités de talent et des sincérités de conduite, jouaient la comédie, parlaient en acteurs, tenaient un rôle, avaient des attitudes et se faisaient marionnettes d'une pièce apprise; non pas facteurs et exposants de leur personne humaine, de leur *moi* natif et naïf. Un Allemand Hegelien dirait que la société leur dérobait leur *moi*; un Français du dix-huitième siècle se servirait du mot d'atelier, *la pose*, mot si bien inventé pour indiquer les gestes de commande de théâtre, le dur Anglais employerait l'expression *shams*, « faux billet; » et le

Napolitain cynique les appellerait *polichinelles*, tout simplement.

Ce n'était rien de tout cela. Seulement chez tous ces hommes, comme chez les Italiens et les Espagnols du vieux monde civilisé, la sensation depuis longtemps, le sentiment et l'idée vrais s'étaient effacés et amoindris; ils tenaient de leurs pères un organisme affiné et appauvri, plus exquis, plus mou, plus incapable de recevoir les images fortement accusées, plus éloigné de la certitude, plus vacillant dans ses intuitions, plus « mousse », comme disent les graveurs, et moins incisif. Ce quelque chose d'affaibli et *d'écaché* (pour me servir encore d'un terme technique); joint à une multitude de connaissances et d'aspirations compliquées, leur faisait désirer remplacer ce qui leur manquait par une attitude et un costume; celui-ci, naturellement poëte, Lamartine par exemple, se faisait politique et administrateur; celle-là, femme Delphine Gay, grosse spirituelle commère, montait sur l'autel de la Pythonisse sacrée. La personne vraie restait en dehors du costume; le langage s'écartait de l'idée; l'idée se détachait de l'émotion ressentie; il y avait même de l'objet à la sensation une certaine distance, un certain espace. L'image ne se collait plus à la sensation, ni le mot au sentiment. La généralisation littéraire chez quelques-uns se substituait à la fidélité précise. Chez d'autres, l'excès de la couleur et la dureté de l'appuyé falsifiait la reproduction. On ne sentait pas vrai. On n'aimait pas vrai. On ne parlait pas vrai. Cela ne m'avait point frappé dans mon enfance; vers onze ans j'étais tout prêt, ayant traversé l'Université et lu beaucoup de livres nouveaux et anciens, à prendre aussi mon attitude, à choisir ma pose; à me maquiller par l'intelligence et l'âme; à me farder moralement; à me civiliser dans les coulisses, comme cette société bohème; à imiter tous ces acteurs, lorsque le hasard me jeta dans le monde du Nord. Il m'entoura d'une saine atmosphère et rude. Bientôt tomba la croûte de mensonge involontaire, classique, païen, romanesque, factice; et le *moi* naturel apparut. J'eus honte de mes premières années.

C'était un noble acteur que Chateaubriand, l'un des premiers que j'aperçus à mon retour en France. Son fonds contenait générosité, bravoure, vanité. Il était né magnanime. Sa prose tout en relief, en bosse et en repoussé d'orfévrerie, était après tout la moins chrétienne du monde, et la moins humble. Le sauvage et hargneux Breton, qui persistait sous le gentilhomme du dix-huitième siècle, apportait son essence de démocratie primitive. Aussi sa conduite envers moi, comme celle de tous les vrais gentilshommes, a-t-elle été honnête, loyale et excellente. Il a ordonné que la prison s'ouvrît devant moi, quand ses amis m'y avaient mis; et plus tard nos rapports ont été parfaits. Sa seule pose était la galanterie, ornée et enrubannée de catholicisme. Guêtré, finement astiqué, serré de taille, le jonc à la main, la tête au vent et la main dans le gilet, il allait tous les jours à quatre heures, avec une parfaite régularité, chez Mme de Montmorency et Mme de Boigne ; il s'y laissait adorer de deux façons ; et c'était deux bouffées d'encens féminin diversement apprêté qu'il savourait. Car il aimait les victimes d'âme féminine; fat comme Byron, comme Brummel, comme Frédéric de Gentz. Mais avec ces faiblesses de combien il dépassait son époque ; et combien cette sauvagerie indépendante, doublée de fatuité polie, était au-dessus de la fine chatterie et de la souplesse onduleuse de son juge et de celui qui l'a disséqué après l'avoir flagorné, Sainte-Beuve !

Le faux régnait absolument. Quant aux noms, aux titres, qualifications, généalogies, et le reste, rien que mensonge. On avait subi de fausses dynasties. Le catholicisme éclectique était faux ; la révolution s'était vingt fois faussée. La noblesse portait de fausses armoiries ; et j'avais vu chez Jouy le plus bizarre exemple de fraude immense et de manœuvre intellectuelle. En voici dans l'ordre social, un curieux échantillon.

Sous le règne de Louis XV vivait à Paris, très-considéré et très-aimé, un collectionneur d'estampes et de médailles, de tableaux et d'objets d'arts, médecin de sa profession, spirituel et doux, qui eut l'honneur de tâter le pouls de Jean-Jacques Rousseau et qui a laissé un bon catalogue de curiosités. Je l'appellerai de son nom, G..., et son origine était écossaise, comme le prouvait son nom. Nullement noble, pas plus que l'Écossais *Pocklein* (Poquelin) aïeul de Molière, il était sans doute l'un des descendants de ces vieux soldats des bandes écossaises qui ont au moyen âge servi sur le continent, comme plus tard les Suisses. Il voyait beaucoup les gens de cour, et en était fort aimé. Mais comment s'appeler G.... ou S..., quand on est contemporain des Montmorency et des Lauzun? Malgré sa fortune et son esprit, il était donc fort affligé de cette consonnance qui l'exposait aux railleries et aux quolibets. Il avait suivi l'exemple des mœurs publiques et pris une maîtresse très-chère, d'une beauté singulière, que son épicuréisme avait choisie dans un assez mauvais lieu. Toute cette histoire est caractéristique. Il acheta une « savonnette à vilain, » comme on disait alors avec l'impertinence de l'époque, prit le titre d'une baronnie tombée par deshérence dans le domaine public, alla vivre dans le domaine de G.... qu'il paya et épousa la jolie Manon, dont il avait eu deux fils hors mariage. Quand le père mourut, les deux fils disputèrent à leur mère l'héritage paternel, et la courtisane avide, grâce à je ne sais quel défaut de forme, se trouva dépouillée de ce qu'elle avait gagné par l'emploi de ses habiles charmes. Abdon et Henri, c'étaient les noms des deux frères, eurent bientôt dévoré les millions paternels; Abdon mourut d'indigestion; et Henri, épuisé par ses excès, vint redemander à sa mère furieuse sa grâce et de l'argent. Elle était tombée dans la dévotion comme toutes les vieilles Phrynés qui veulent se ménager l'escalier du ciel. Alors eut lieu une des plus baroques scènes de ce roman vrai et mêlé, qui renferme tous les éléments disparates du dix-huitième siècle. Sur l'avis du

Confesseur, une messe solennelle chantée à Notre-Dame réunit le fils et la courtisane, qui lui donna son pardon devant les autels et lui accorda une petite pension dont il vécut, tout en le deshéritant en faveur de l'Église. Il avait à peu près vingt-deux ans et la Révolution allait éclater. La mère mourut; et le faux baron de G..., devenu citoyen G..., mangea ses dernières ressources. Il obtint un petit emploi dans le Commissariat des guerres, au moment où nos armées s'occupaient à piller les tableaux des Italiens, tout en battant les Autrichiens. Une vie aussi décousue, aussi dégommée, aussi déjetée, épuisa ce qui lui restait de séve; et quand je connus en 1827 ce pauvre rejeton des G.... qui, bien entendu, se laissait appeler le baron de G..., c'était bien le débris de l'humanité, le plus douloureux et le plus désolant; décrépit à quarante ans, suspendu entre l'idiotisme et la folie, prétentieux et balbutiant sa politesse surannée.

Je veux rappeler aussi le souvenir de ceux que la folle société française, occupée à gâter ses favoris et à perdre ses engouements, a repoussés sans justice. Parmi les honnêtes et les déclassés, mais aussi parmi les dépaysés qui ont trop voyagé, que la France a dédaignés injustement à cause de cela, qu'elle aurait dû encourager et qu'elle a forcés de rester presque stériles, en les regardant comme demi-étrangers, demi-Français; enfin parmi les blessés, les mutilés de ce temps, je citerai trois personnages qui se rapportent à l'insurrection de la Grèce et aux souvenirs de mon adolescence : Chelard,

Buchon et Bory de Saint-Vincent. Ils avaient peu de précision et de tenue, des prétentions supérieures à leur mérite, mais un mélange de sincérité et d'étourderie, de vérité dans l'emphase et de désintéressement dans le casse-cou, qui les ont mal servis, dans cette génération de 1815 à 1838. L'absence de servilité et d'intérêt personnel les distinguait. Le petit Bory de Saint-Vincent qui parlait toujours, qui savait tout, qui frétillait de la langue sur la science et sur les races, espèce de lieutenant de cavalerie déchaîné sur l'histoire naturelle et la géologie ; — tantôt dans les bureaux de journal, tantôt sur les plages de Sycione ou de Corinthe ; brouillon, vantard et confus, mais actif, fécond, zélé et plein de ressources, fut un de ceux qui poussèrent le plus vivement le public et les ministres du temps vers cette émancipation hellénique, entreprise généreuse qui d'ailleurs jusqu'ici a donné peu de résultats. J'entrevis Bory chez Jouy ; et je m'amusai fort de cette figure ardente au bien, remuante, qui venait de Sparte pour aller à Genève, et parlait dans une même phrase des *Orchidées*, de *Maurocordato* et des *Bolides*.

Un autre membre curieux de cette nation des commères scientifiques, dont le roi fut Alexandre de Humboldt, à laquelle appartenait Maupertuis et qui a pour contrées de serres chaudes la vanité des salons de Paris et le pédantisme de Berlin, était Buchon, non moins étourdi, non moins hableur, plus honnête encore que l'autre. Un jour, vers 1817, je me promenais à pied seul, dans ces petits sentiers couverts du Comté d'Essex, que le houblon ombrage de festons et de feuillages, lorsque je me trouvai tout à coup sous une espèce d'arcade en ruine qui surplombait la route; et levant le front j'aperçus deux jambes d'homme pendantes sur moi; c'étaient celles d'un lecteur niché dans le balcon d'une fenêtre supérieure; la tête en dedans, les pieds en dehors, il lisait ainsi. Me reconnaissant pour Français, à ma démarche et à mon habit : « Bonjour, monsieur, » me dit-il du haut de son observatoire ! J'entrai. Buchon, sous-maître dans une pension du Comté d'Essex et avec qui je fis connaissance de cette manière avait une érudition moins pure que vaste, et une patience hardie pour déchiffrer les manuscrits; d'ailleurs une science énorme infatigable, intelligente. Il a beaucoup publié et n'a été d'aucune académie. Il devint un des familiers les plus assidus de la comtesse Merlin chez laquelle il me présenta au moment de partir pour la Morée, dont il rapporta de beaux tufs. — Il avait pris avec enthousiasme la cause des Grecs.

On ne voulait pas de lui. Il avait été dépaysé et transformé par l'Angleterre, comme le musicien Chelard le fut pour l'Allemagne. Celui-ci, qui mourut maître de chapelle à Munich, était aussi original, mais grave. Le haut de la tête était mince et serré, les mâchoires colossales et carrées; son menton formait une assise vaste et massive que faisait encore valoir la pyramide d'un petit toupet naturel, pointu et blanc. Des éclairs jaillissaient de ses petits yeux gris; et l'arcade sourcilière annonçait par sa saillie la vigueur d'une organisation musicale, à la fois étroite et puissante. En effet dans son *Macbeth* et dans une ou deux messes, surtout dans un trio qu'il fit exécuter plus tard chez moi, se révèle un rare et singulier génie de combinaisons serrées, neuves, drues, qui rappellent de loin Bach ou Hændel, mais qui s'arrêtent trop court. Il a été découragé, comme Buchon et Bory, par la Société française qu'il ne flattait pas assez. Il avait mille fois plus de génie que ses contemporains, Halévy par exemple, mais point d'intrigue.

D'ailleurs véhément et entêté, ayant la fougue de sa génération, non la froideur calculée de celles qui m'entourent; il vint un jour, tout enflammé me dire qu'il organisait un concert en faveur des Hellènes, et qu'il me priait de l'aider. C'était alors la fureur, la mode, la rage universelle, de secourir les Grecs. J'y consentis, je me mis aussitôt à l'œuvre, et je me rappellerai toujours l'enthousiasme profond avec lequel en quelques coups de crayon, dans une embrasure de croisée de ma retraite solitaire du faubourg, je fis cette cantate que Chelard mit en musique et qui, chantée par les grandes dames et les belles voix de Paris, eut tant de succès : ce fut la Marseillaise de la Grèce : un lieu commun énergiquement condensé :

Aimez-vous ! levez-vous ! vengez-vous, fiers Hellènes !
Faites briller le glaive ; et ses premiers éclairs
Des mains de vos bourreaux feront tomber vos fers !
Etc., etc.

Je n'ai peut-être pas l'organe de la vénération assez développé. C'est un malheur grave, bien qu'une noble page me fasse tressaillir et que mon sang coule alors plus vite. J'ai lu THOMAS sans autre émotion que celle de bâiller; j'ai lu LAHARPE à mon corps défendant; j'ai lu M. de GUIBERT en *marquant?* le livre de page en page. J'ai lu Victorin FABRE avec peine et douleur; ce sont des auteurs d'éloges. Irai-je plus loin encore. J'ai essayé Thémistine et le spirituel Pline le jeune, avec un mortel dégoût, comme on entre à regret et le cœur défaillant dans la boutique d'un parfumeur. Je n'aime l'éloge que tempéré de vive critique et servant de prétexte à cette chère et piquante liberté de l'esprit que *Fontenelle* et *d'Alembert* ont toujours respectée. Je ne veux nommer et blesser aucune modestie vivante.

Critique, à quoi sers tu? Anatomie du langage et de la pensée! suis-je le plus fort au pugilat, parce que je possède un *Flexor brevis* ou un *Flexor longus?* Cela n'est bon que comme curiosité. La critique est un symptôme de maladie. Les d'Aubignac et les autres de ses pédants rivaux ont jeté dans Corneille tout ce qu'il y a de mauvais. Son génie est père de tout ce qu'il y a de bon.

.... Voilà pourquoi, dès que j'ai pris la plume, j'essayai de ne me pas faire académique. Mon éloge de de Thou est pensé et conçu dans les voies de la Liberté et de Shakespeare. Cet éloge couronné par l'Académie française me réconcilia avec mon père que je ne voyais plus depuis longtemps!

Pouvais-je le voir, ce pauvre cher père, tant les éruptions du volcan révolutionnaire même sous la cendre.... étaient redoutables et contradictoires, perpétuelles et quelquefois insensées. Sensible, violent, sincère, il n'était pas sans scrupule, doutes ou remords. La première consécration chrétienne reçue par lui au xviii° siècle, ce premier serment que le Dieu triple avait reçu de lui, réapparaissait comme un spectre dans ses jours et dans ses nuits. J'avais eu (dès mon enfance la plus fraîche) le spectacle tragique de cette âme brûlante et déchirée que le souvenir de la foudre révolutionnaire sillonnait encore et de cette intelligence enfiévrée qui se voulait guérir et qui déclamait. La continuelle déclamation lui offrait un soulagement, mais passager. Il n'y avait ni harmonie ni accord, ni tenue, dans cette cruelle vie, qui se dévorait elle-même au sein d'un vide affreux et qui débordant d'amertume retombait en flots de fureur frénétique sur la douce et dévouée compagne de son exil. Car c'était un exilé de la société, vivant au sein de cette société méprisante et haineuse. Toléré (mais comme les lépreux que le bâton du moyen âge tenait à distance), il ne pouvait oublier les années éclatantes de son pouvoir et de sa fortune, quand il tombait sous les balles prussiennes, restait volontairement sur le champ de bataille et ne se relevait qu'après la victoire, ou quand il prenait part aux terribles combats de Robespierre et de Danton, combats de paroles, mais combats à mort. Il savait bien que toute une partie des cœurs français, toute une nation dans la nation, pensaient, sentaient avec lui. Cela le soutenait sans rétablir le calme dans son être. . . . .

Malheur à qui ne fait pas ou ne peut pas faire de sa pensée, de ses sentiments et de ses actes, même dans les régions les plus pauvres ou obscures, un tout harmonieux! Mon père portait en lui une admirable passion, il aimait l'humanité; il aimait le peuple; il les aimait sincèrement, ardemment. C'était sa grandeur. Fanatique de l'humanité, il lui avait sacrifié Dieu. Le Christ sublime, qui n'est que la divinité humanisée, il l'avait renié publiquement. Malgré l'appareil des sophismes que sa facilité extrême de paroles accumulait, il sentait et comprenait vaguement la faute illogique non de sa particulière existence, mais du XVIIIe siècle tout entier. Que de larmes il essuyait la nuit! Que de terribles colères domestiques n'avaient pas d'autres causes que ce déchirement intérieur! Son visage même, creusé de mille rides contraires, semblait porter la trace de ces effroyables combats; son sourcil semblait vibrer et trembler de douleur! Il n'écrivait pas il ne faisait ni mémoires ni souvenirs suivis; il prenait la plume, la quittait, pleurait; ouvrait un livre, le commentait souvent avec une rapide et brillante faconde; se rejetait (comme pour se rappeler son apparition aux armées) sur les habitudes militaires; fumait, passait, dans la rêverie amère, et les yeux arrêtés sur l'emplacement de la Bastille, des journées entières, et enfin rencontrant l'œil triste, noir, doux, profond de ma mère qui cousait, se croyant jugé, se voyant surpris, éclatait en invectives: ontre le mariage, contre elle, contre les nobles, quelquefois en sanglots. Son grand remède et sa pensée était Cicéron. Redevenir avec ce merveilleux phraseur, qui aimait aussi l'humanité, païen en sûreté de conscience, lire et relire le *De Officiis*, ce traité des devoirs qui confine au christianisme et qui ne l'atteint pas, faire rouler dans son oreille ce flot mélodieux et abondant, de mots, d'images, de sonorités, d'aimables et même grandes pensées, satisfaire aux désirs et aux voluptés supérieures de l'artiste, de l'orateur et du rhéteur; il le pouvait en ouvrant un des volumes écrits, il y a dix-neuf siècles et..... par ce roi des gens de lettres et des rhéteurs. Dans cette région mon père trouvait le calme et la lumière. Jamais on n'a mieux su le latin. Il faisait, je l'ai dit, des vers dans cette langue comme le père Commire ou Vaniere. Son goût pour l'antiquité s'arrêtait au seuil du Latium, et ne pénétrait pas jusqu'à la Grèce; Rome, le Sénat, Tite-Live, Cicéron, les Gracques, voilà son rêve. Il était Romain né cent ans avant Jésus-Christ. Autre dissonance qui m'étonnait. Autre déchirement bizarre dont je ne me rendais pas compte. Aimer et servir l'humanité, c'est l'aider à marcher vers l'avenir; et cette religion des anciens rites, cette superstition pour le monde des esclaves, à quoi arrivent-elles, à quoi tendent-elles? A rejeter le monde dans le passé. J'avais trop appris de l'Angleterre pour ne pas savoir où était l'avenir. O pauvre âme de mon père, partagée comme un corps de supplicié entre les quatre chevaux qui en tiraillent les fragments ensanglantés; victime de votre temps, toujours chrétienne, toujours païenne, maudissant le Christ et amoureuse du Christ; cramponnée au passé, aspirant aux temps futurs; douloureuse âme qui ne fûtes ni cupide, ni sanguinaire, ni vile, mais qui pénétrée des flammes contradictoires de votre époque y avez vécu comme dans l'enfer; vous qui n'avez pas laissé après vous un souvenir qui vous comprit, un esprit qui ne vous calomniât ou ne vous détestât; vous, un des instruments sacrifiés pour les desseins de Dieu sur le monde, soyez-moi témoin que dans la solitude profonde où j'écris je ne veux que restituer le vrai, honorer la justice et vos souffrances, et vous rendre ce qui vous est dû!

Mais ma mère... Sujet sacré dont je reparlerai. J'avais vingt-huit années révolues. Instruit jusqu'à l'érudition psychologique la plus profonde de la Révolution et de la France, de ce qu'il y a de plus dramatique et de plus tragique au fond du cœur humain, je ne savais rien du mouvement quotidien social. J'étais comme un algébriste et un astronome qui ne comprendraient pas leur langue maternelle. Je ne me rendais chez mon père que rarement pour voir et embrasser ma mère et admirer son courage. Le côté révolutionnaire de la France se montrait à moi terrible chez mon père. Le parti libéral, qui n'était autre chose que la révolution italienne et mitigée, m'avait apparu méprisable chez Jouy, dont j'avais été le commensal. Je ne croyais pas à la République romaine en France; je n'estimais pas beaucoup Étienne, Béranger; Cauchois-Lemaire, Laffitte, et tous ces valets de la popularité, que j'avais vus, plongés dans l'intrigue, vénaux, envieux, débauchés comme des abbés de l'ancien régime. Je n'avais aucune foi dans le retour ou l'avénement de l'aristocratie détruite en 1789 par une vengeance trop méritée. Je n'apercevais que rancunes, haines, complots, intérêts personnels servis sous tous les masques. Me renfermer dans la profonde solitude, étudier, et passer ainsi ma vie, voilà les bornes de mes espoirs. Peu m'importait la fortune. Mon idéal était dans cette double consécration de ma vie, brûlée comme un encens, par le travail d'une pensée qui s'éclaire, par le labeur d'une âme qui se dévoue.

Je ne disais à personne ces secrets, que ma mère devinait seule. Les femmes ont le sens de ces mystères, soit pour s'en servir à leur usage, soit pour y porter un saint remède. Ma manière d'être était une maladie réelle, une excroissance baroque dans le monde parisien. Avant toute chose je cachais aux gens qui m'approchaient ce bizarre arrangement de mon existence, cette plaie d'une sensibilité à part ; ils n'y auraient pas cru, ou mon idiotisme romanesque les aurait fait fuir. C'étaient précisément les plus éloignés de mes habitudes ou de mes idées, les roués nouveaux, les aspirants talons-rouges, la jeune armée du marquis renouvelée : la race la plus frivole, la plus superficielle et la plus factice que la Révolution eût enfantée. Je ne la rencontrais pas dans les salons français que depuis mon départ de Londres je n'avais pas visités, et qui n'auraient pas eu de

pitié ou d'indulgence pour un fils de conventionnel.
Mais quand dix heures de travail, la lecture des historiens anciens, mes notes, mes rêveries avaient épuisé mon cerveau, je me dirigeais le soir vers l'Opéra, dont le foyer les réunissait et que M. Sosthènes de Larochefoucauld régissait alors. Depuis que M. Jouy avait eu l'idée de faire écrire ses drames lyriques par ma plume, j'avais reçu de lui et de ses amis le droit d'entrée dans ce magnifique et ridicule théâtre; assemblage absurde, éclatant, complexe, confus, de tous les arts qui se nuisent mutuellement et se détruisent à l'envi au lieu de se servir; — invention de vieux peuples, symbole, ressource et mauvais lieu artistique des civilisations blasées.

Nazère le Béarnais, Véron le docteur, Malitourne l'impuissant homme d'esprit, Romieu qui devint préfet, le baron d'Eckstein, savant Danois payé par le Saint-Siége, Capefigue l'historien, Latour Mézeray, plus original qu'eux tous, se trouvaient souvent à l'Opéra. J'avais remporté deux prix d'académie. Mes manières étaient celles d'un solitaire.

C'est ici que le roman intime, ou plutôt l'intime et bizarre souffrance de ma vie, prend un tour particulier; étrange et paradoxale, elle ne mériterait pas d'être écrite si elle ne se rapportait à la grande vie sociale du pays et ne l'expliquait. A plus forte raison ne parlerais-je sous aucun prétexte de mon intérieur domestique, de mes affections, de mon existence de cœur. C'est surtout dans les rapports des sexes et de la famille que se trahissent les vrais et profonds caractères d'un temps et d'un peuple.

La femme, la famille! Les deux bases! Où se trouveront, où se réfugieront la foi, la vérité, l'enthousiasme, si ces choses sacrées disparaissent des régions même de la volupté, de l'amour et du choix des âmes, de l'attrait moral ou physique? J'effleurerai ou je tairai (avec cette réserve que les Anglais m'ont apprise) ce qui, dans ce genre, ne sera pas une indispensable lumière. Créer une galerie de tableaux libertins dont on est le héros comme Casanova, ou sacrifier une bienfaitrice à son orgueil, comme Jean-Jacques; ou poser en fat, aimé de cent femmes comme Byron — cela appartient au xviiie siècle pourri, vermoulu, arriéré et faux. Faire entrer le public dans l'arrière-cuisine de ses amours comme Mme D..., Mme d'A... et Mme G. S... l'ont osé tout récemment; leur montrer le *detritus* de la passion, le dégoût de ce qui a été adoré, le dédain après l'estime, et prétendre se grandir ainsi par l'audace à traîner aux gémonies ce que l'on a aimé, cela n'appartient qu'au xixe siècle dégénéré, appauvri et hideux; la queue immonde du xixe! Des femmes pouvaient seules l'oser. Que ne font-elles quand elles s'y mettent!

Mme de Solms a publié la correspondance secrète de Ponsard;

Mme la vicomtesse d'A..., l'impuissance de Listz;

Mme G. S..., les vices d'Alfred de Musset.

On verra peu de femmes jouer un rôle dans ce récit d'une vie où cependant l'amour dans la jeunesse a tenu toute la place. Je ne ferai voir que peu d'entre elles, les révélatrices. Je passerai sur l'inutile.

Cette rigueur et cet ascétisme très-sincère passèrent pour ridicules. Comment *déniaiser* ce petit drôle? Chesterfield avait sur son fils, le Hollandais chaste, exactement les mêmes idées. «Madame, écrivait-il à une marquise, il faut me *décrotter* ce jeune homme! »

Le jeune homme résista et protesta. Je ne résistai pas. J'avais une parente philosophe, mariée à un joueur du grand monde, laquelle sans amants elle-même, païenne très-excellente, et pratiquant, en dilettante, la corruption des autres. Un soir chez elle, à la campagne, elle introduisit le démon, sous une forme agréable; ce *Démon-Décrotteur* était fort beau, ou plutôt fort belle.

On s'étonne de trouver quelquefois chez Béranger, le poëte admirable, des touches cyniques trop sensuelles quant à l'amour, des teintes d'une grossière nuance et des passages qui révoltent les goûts délicats. C'est une explication difficile à donner, mais instructive. Béranger vivait de rien, buvait peu, était réellement sobre et ne fréquentait guère les mauvais lieux. S'est-il fait « grivois » sans l'être? Pour séduire? La vieille humeur non voluptueuse, mais lascive et salée des Gaules, vivait encore au *fond* de la race qu'on n'aurait remuée ni au nom de la famille, ni pour le *Heim* et le *Home*, sacré aux Allemands, ni pour une dynastie, ni pour un principe. Margot et Margoton après Lisette et Suzon avaient succédé à Philis et à Chloé qui avaient remplacé Bélise et Araminte. Les mœurs militaires avaient consacré cette Suzonnerie et cette Margotonnerie qui, en avilissant la femelle, livrait le mâle tout entier à la guerre, à son fourniment et à son fusil. Béranger, qui n'a été qu'un moteur des masses et un Camille Desmoulins en chansons, ne pouvait pas négliger ce moyen ; il s'est donc attribué un faux vice. Il s'est donné une Lisette, une bouteille et un mirliton ; cela faisait partie de son équipage et de son arsenal de conspirateur. Il eut l'air de se griser. Il fit semblant d'aimer la fille. Il chanta le grenier dans l'érotisme ; il aiguisa, polit, compassa et lima avec une recherche et un bonheur digne d'Horace son épicuréisme bourgeois et de commande. Ce fut son triomphe ; car il plut à tout le monde. L'universitaire fut enchanté comme le révolutionnaire ; le commis-voyageur se mira dans cette glace pure et antique, et Louis XVIII lui-même, imbu d'Horace, put comparer les formes sveltes et les rapides strophes du nouveau français à la belle facture de l'ancien. Le sel érotique assaisonnait merveilleusement le tout. On avait pardonné ce vice à Voltaire, on l'avait admiré chez vingt autres. La Guerre des dieux de Parny, une chaude obscénité de créole, pleine d'une verve tapageuse et de la plus impudente impudicité, avait orné toutes les tables des femmes les mieux élevées ; et la famille était si bien détruite que sur les théâtres on avait applaudi pendant dix ans la sainte maternité des jeunes vierges, représentées par *Fanchon-la-Vielleuse*, Madeleine adorée, Savoyarde très-touchante dans cet état. La noblesse qui, sous la Régence et sous Louis XV, avait paré son orgie aimable de bel esprit et de beaux costumes, avait ouvert cette voie à la bourgeoisie qui tombait de Parabère à Suzon, et cela devenait intolérable de saleté et de crudité. Lorsque, dans un beau salon, un père académicien disait devant sa fille, mariée et mère de deux enfants, qu'il ne voyait pas trop pourquoi l'on défendait et punissait l'inceste, je ne comprenais pas un peuple qui tolérait de pareils instructeurs.

Je me rappelai la bonne et chaste maison de la maman Rolls, les parties de bateau sur la Tamise, les nobles plaisirs d'un théâtre voué à Shakespeare et à l'étude de l'homme, et j'avais la plus profonde horreur des petits érotismes, le plus amer dégoût de cet abaissement sensuel et de cet avilissement ignoble. Ce qui m'étonnait le plus, c'est que l'on osât bâtir avec cela une espèce de moralité et une espèce de société. Il était tacitement convenu que, de la vingtième à la trentième année, tout homme commençait à poser en Cupidon, à faire la guerre amoureuse; on prenait l'arc et le carquois; on abattait le plus de cœurs que l'on pouvait; c'était aux maris et aux pères à se défendre. Comme la société française reposait sur la guerre et l'art militaire, cette stratégie contre la femme semblait naturelle. A cinquante ans, Cupidon avait la permission de *faire une fin*. C'était le mot. Il allait se marier convenablement à un sac d'écus. Scribe devint l'apôtre dramatique de ces mariages, qu'il appelait « de convenance »; car il y a des mots excellents pour tout. C'était un Faublas qui calculait, ou un bon type de commis, de chef de bureau ou de marchand de second ordre. Le poil est brossé, le menton ras, l'habit brossé. Cet esprit s'est évidemment bien ordonné, réglé, arrangé lui-même. Le front fuit et manque d'élévation, la bouche quoique sensuelle est honnête et s'arme d'un sourire qui a de la grâce et de la finesse. Il y a là de la bienveillance qui calcule, de la probité qui spécule, de l'ébéniste qui polit, du financier qui suppute et aussi du philanthrope qui songe aux autres. Ce n'est pas égoïste, ce n'est pas grand. La qualité la plus rare en France, l'élévation, manque; mais absolument. Le visage de Marivaux avait des méplats plus ronds, plus doux, plus voluptueux. Ceci est un Marivaux épicier géométrique, tartiné.

Ah! comme nos petits neveux riront de ce grand et splendide succès, où il n'entre ni style, ni poésie, ni profondeur; seulement une habileté de main, une dextérité technique, une ruse, une finesse, un tact de ressources, une science de zigzags, une supériorité d'agencement; tout ce qu'il y a de plus contraire au génie et au vrai.

« La ruse est le premier pas des sauvages: elle signale le berceau des races. »

« La ruse est le dernier pas des raffinés; elle annonce la tombe et elle y mène. »

Mon commerçant Scribe me plaît. C'est un galant homme; je l'aurais préféré douanier, prestidigitateur, pharmacien; mais puisqu'il a fait boutique dans la littérature, c'est bien, c'est un signe du temps; et je suis bien aise qu'il ait gagné trois maisons et une maison de campagne. Hélas! le temps viendra où la littérature, même boutiquière, ne gagnera plus rien ; où l'esprit, même en se soumettant au négoce, débitera de petites pièces comme on débite du poivre. Scribe m'a reçu aimable et riant dans sa bibliothèque. Il gardait une certaine distance; il ne se livrait pas trop; il se tenait sur la défensive. Tout chez lui sent l'économie honnête; pas de cigares, pas de gravures. « Le *Cossu* d'un avoué regardant. » Il a écouté les deux premiers actes de la pièce que je lui apportais, avec une très-grande et très-gracieuse attention; au troisième il s'est levé, s'est promené dans la chambre, et, en se frappant le front : « *J'ai en train une pièce sur le même sujet; oui, tout à fait le même sujet !!!* » En effet, *ma pièce* a été jouée deux mois après : c'était le *Verre d'eau*.

A PROPOS DE FAUBLAS.

Je n'ai jamais pu retrouver une édition de Faublas, livre de ce polisson révolutionnaire, Louvet, le Crébillon fils des perruquiers, édition pour laquelle la librairie Tenré m'avait demandé une préface. J'y exprimais dans les termes les plus farouches l'horreur que m'inspirait depuis mon arrivée en France cette libertine et prurigineuse doctrine de commis-voyageur à talon rouge cherchant les femmes. Ignoble de tout point, cette frivolité, qui fait du vice en ayant l'air d'être au-dessus du vice, et cette religion du Phallus prêchée par des Républicains, m'apparaissaient odieuses. Cela n'admettait ni passion, ni volupté, ni sentiment. C'était brute et frivole; admis comme religion, au nom de la philosophie des sens; c'était à la fois bête et vicieux. Au nom de l'esprit, il fallait avoir des maîtresses; au nom de la société, il fallait s'en jouer; au nom de la vertu, il fallait les mépriser. Mon dithyrambe contre tout cela devait être aussi comique

que possible; jamais calviniste n'a tonné contre les impudicités avec une conviction aussi fervente, c'est qu'elles se présentaient à moi, à la façon gauloise, nues, cyniques, sans mélange de poésie élevée ou de touchante et noble sympathie.

MORT DE MA MÈRE

(1828).

— Je sens encore, comme dans les moments de ma vie les plus cruels, le besoin de causer avec moi et de me rendre compte de mon âme. Elle est flétrie. J'ai perdu ma mère ; ma dernière espérance, sur le bonheur de laquelle se concentrait toute la perspective de mon bonheur. Je suis comme un arbre déraciné. Je n'ai plus de foi, d'espérance, ni d'amour. Ma sœur est une enfant. Mon frère est léger. Sentiments profonds, mœurs élégantes, nobles pensées ! Où donc ? La vie se creuse, et se creuse.... et rien. Je suis profondément malheureux, et le mal n'est pas à la surface, mais dans les profondeurs de l'âme.

— Concentrez-vous par vous ; ramenez vos lignes vers le centre ; secret de talent et de bonheur. Mais l'égoïsme est là.

— Un peu de nature dans les arts; un peu de naïveté dans l'esprit: charme suprême.

— Je suis fatigué d'étudier les hommes, d'observer les hommes; fatigué de souffrir; fatigué de jouir; fatigué de combattre.

— Regret de ma mère. Ah! ne jamais la voir. Jamais! Trois nuits passées près d'elle, morte. L'aspect de la mort, arrivant, croissant, achevant son horrible possession. Ma mère fut malheureuse toute sa vie; elle m'aima; elle vécut en moi; elle vécut pour moi. Au moment où je m'élançais vers son bonheur, je la perds. Ah! la vie!

— Les efforts sur moi-même me rendront-ils du bonheur? Essayons. Les petits succès ont été sans résultat pour le bonheur; les jouissances également vaines. Hélas! non, il n'y a que des plaisirs possibles; pas de bonheur. Mais il y a l'amitié qui subsiste.

Samuel Jousse, Eugène Delacroix, Philarète Chasles, trois amis de collége; l'un Juif, l'autre fils de ministre, le troisième fils de révolutionnaire: l'un, philosophe, devient protestant; le second, homme d'esprit, fonde une école de peinture; le troisième, rêveur, gagne des prix d'Académie française. Le premier semblait fait pour les conjurations, le second pour le bel esprit, le troisième pour une philosophie sombre. Le premier a vécu obscur, parmi les réformés du Midi; le second, hardi, parmi les peintres qui ont voulu détrôner David, ou plutôt à leur tête; le troisième, connu dans le tourbillon des gens de lettres, des passions et des plaisirs. Que de contradictions entre les motifs et le but, entre les promesses et l'accomplissement! Nul de ces hommes n'a tenu ce qu'il promettait. Tous trois ont menti à leurs premiers moments. Tous trois bizarres et originaux.

— Mes jours sont si ternes! je n'espère plus rien que de la ponctualité envers moi et de l'exactitude dans l'accomplissement des devoirs.

On vit triste et on vit. On sent que rien n'est pour soi un soutien, un motif de vivre. Et cependant on vit, on respire, on avance; cela fait mépriser soi et cette existence et tout ce qui la partage.

Voici un plan de vie auquel je devrai peut-être, sinon du bonheur, au moins du repos.

Avec les 5,000 francs de revenu de notre patrimoine, je payerai mes dettes.

Je travaillerai de manière à produire 900 francs par mois.

Je payerai 300 francs ma pension.

Je m'entretiendrai avec 100 francs.

Je donnerai à ma sœur 50 francs.

Il me restera 450 francs par an.

Du mois de novembre 1828 au mois d'août 1829, dix mois font dix fois 450 = ou 4,500 francs.

Avec cette réserve de 4,500 francs j'irai passer trois mois à Rome, du mois d'août au mois d'octobre.

MA VIE

(1829).

Le baron d'Eckstein m'arrache de ma mélancolie.
Le baron d'Eckstein, par la solidité, l'étendue, le compact et la lourdeur de l'érudition, ressemblait à un gros cheval du Mecklembourg. Haut en couleur, les pommettes rouges, les épaules larges, osseux, puissant, chargé de bagues, capable d'un labeur énorme et d'une activité soutenue, entraîné vers le catholicisme par le courant universel de ce nord scientifique, ennuyé de son ancien protestantisme, il manquait de toutes les qualités légères, vives, fines, de toute l'élasticité brillante de notre France. C'était ce qui le faisait réussir, au premier abord du moins. Son entrée lui fut assurée dans tous les salons et les boudoirs de la Restauration. Le ministère des affaires étrangères le soldait comme champion des dogmes catholiques; la Daterie romaine correspondait avec lui; et, par un mélange extraordinaire

d'érudition lointaine, de prosélytisme ardent, et de familiarité avec un certain grand monde, il se trouvait armé de puissance et de crédit. Au XVIII° siècle, Fréret, Voltaire, Dupuy, avaient employé l'érudition à détruire la Bible, par la Bible la monarchie, par la monarchie le vieil État de l'Europe. Le déclamateur Volney avait écrit les Ruines. Le sec et ridicule Dulaure avait battu en brèche l'ancien régime à coups de dissertations; le *Citateur* de Pigault-Lebrun n'était qu'un essai de destruction érudite. Voici une nouvelle armée d'érudits qui veulent reconstruire par les mêmes moyens ce que Voltaire et Raqual ont fait tomber. Le déluge d'Ogygès prouvera l'excellence de la légitimité. Des recherches bien portées sur les Vedas et sur Zoroastre établiront l'autorité du Pape. C'est à ce bizarre dessein que toute la vie du baron d'Eckstein fut consacrée. Étrange et honorable personnage, naïf, savant, intrigant, doué d'un mouvement d'esprit qui faisait rouler dans son cerveau enflammé toutes les idées des autres, honorable à bien des égards, aux pieds des belles, leur adressant des déclarations au nom de l'essence incréée et bâtissant pour elles de très-lourds madrigaux qui les comparaient à la Trinité. Quand ces grandes dames l'avaient écouté patiemment, les amours vénales ne lui déplaisaient pas et lui servaient de compensation et de contre-poids. Un jour, je ne sais quelle Vénus encore jeune, exposée à la vente ou au prêt, stipendiée de ses charmes dans une des foires publiques, une des boutiques de ce triste commerce qui joue à Paris, lui plut si vivement qu'il l'emmena, lui donna un asile poétique dans un château loué près de Paris, prodigua pendant six mois sa science et sa fortune pour la fixer et la convertir et revint un certain soir au logis qu'il trouva dévasté, désert, privé de ses meubles et veuf de la divinité folâtre dont il avait tenté l'éducation impossible. Cela fit rire Malitourne et Véron. Ils valaient moins que cet ingénu, chargé de sanskrit et de grec.

On avait tourné en ridicule la tudesque éloquence du baron, qui, dans ses essais de journalisme, avait obtenu peu de succès. La forme et la grâce manquaient à son style. Quel écrivain, jeune encore et sans prétention, pourrait jeter le levain français dans cette pâte allemande? Je ne savais pas l'allemand; et quand mes amis de l'Opéra vinrent de la part du baron m'offrir cette collaboration et cette tâche, je reculai d'abord. Pourquoi le baron ne me donnerait-il pas son style en mauvais français, sauf à moi de blanchir, polir, orner, passer au crible et au tamis ses impuretés et ses fautes? Ainsi nous commençâmes ensemble; puis je me mis à apprendre l'allemand; et, par degrés, ce fut sur le texte du baron que je rédigeai les vingt volumes du *Catholique*; réservoir confus, bourbeux, mais vaste et puissant, de toute l'érudition allemande.

Tout isolé, n'ayant ni fonctions, ni place, ni rang, je demeurais exposé à toute l'artillerie en jeu des ennemis divers. Les défenses extérieures me manquaient. Pourtant l'état social du temps les fournit.

Et comme ma nature personnelle ne me portait à dérober rien aux autres, à supplanter, à perdre, à ruiner ou abîmer aucun rival, on me prit bientôt pour un innocent peu dangereux, vivant dans la solitude, ne manquant pas d'ailleurs de talent ; et tout cela me servit. Je me trouvai, par innocuité, jouer le rôle que jouent les plus malins. On me laissa faire. On n'eut pas peur de moi. On me permit de travailler. Le public acheva mon succès, et je fus maître sans coup férir de plusieurs positions, je vis s'élever derrière moi plusieurs fortifications derrière lesquelles je m'abritai. Le salon de Jouy où se brassait l'épigramme, où se fabriquait la poudre à canon contre Louis XVIII, m'avait ouvert cet étrange monde français qui — le plus sympathique et le plus social à ce qu'il prétend — est le plus farci de rivalités, pétri de poison et lardé de haines, qui existe. Mais je n'en avais pas profité ; cela me faisait horreur.

De ce salon, je passai bientôt au *Journal des Débats*, à la *Revue britannique*, à la *Revue des Deux Mondes*, et de tous les côtés je rencontrai les mêmes guerres, les mêmes intrigues, les mêmes ruses odieuses, la même vénalité. Je me refusais à partager ces façons d'être. Comment me serais-je maintenu ?

Je passai pour un phénomène ridicule. J'avais loué, rue des Martyrs, en remontant vers Montmartre, un petit rez-de-chaussée de deux ou trois pièces, tout entouré de lilas fleuris, où je travaillais obscurément, sans aucun désir de gloire, sans aucun désir d'argent, heureux de lire Calderon, de lire Gœthe et de me promener à la campagne, de respirer l'air des bois et d'entendre la plus belle musique et le plus souvent et la plus exquise qui se pût trouver. Je buvais de l'eau. La plus grande sobriété présidait à ma vie. Les fonds que mon père et ma mère possédaient ne me regardaient pas.

Ces solitudes furent fréquentes dans ma vie. Je cherche la retraite après avoir fréquenté le monde et je comprends mieux les hommes. Par là, j'ai perdu beaucoup de forces sociales et gagné beaucoup de clartés intellectuelles. J'y voyais mieux. Il n'y a pas de prophète qui puisse voir clair dans la mêlée du combat. Par là j'ai senti de bonne heure le faux de chaque chose, la pente de mon temps et la profonde instabilité de la vie française : sable, atomes, poussière en littérature, en politique et en fait d'arts. J'avais vu en 1820 la stupide tragédie française, *Germanicus*, deux rhétoriciens et deux confidents armés d'hexamètres sonores, comme les soldats s'arment de leurs cartouches, défiler gravement devant un public hébété, le saluer d'un feu de file de sentences et être applaudis. Je voyais en 1829 le tapage coloré de la nouvelle école, le néant et l'éclat emphatique de Victor Hugo remplacer cet engouement classique. Les oracles de ma retraite solitaire me disaient que de tout cela rien n'était durable et valable. Je n'aimais pas davantage la façon dont on s'enrégimente en France pour faire de la littérature. Il semble que dans ce pays tout soit soldat. Marmontel est colonel sous Voltaire et Ronsard généralissime commande à Baïf, Jodelle et C¹ᵉ. Liberté de l'intelligence, vous en êtes l'essence même et la vie ! Et quel grade allez-vous donner à Michel Montaigne ou à Bossuet ! à Cervantes, à Shakespeare ! Cette fondamentale erreur a gâté jusqu'à notre Balzac, le romancier, qui se croyait maréchal littéraire. Ainsi la femme Russe veut porter l'étiquette sociale de son mari et se dit colonelle, générale et caporale. Mais l'Esprit !... le libre Esprit !... « *Liber Spiritus* ». Il n'a point de livrée, d'uniforme et de sac à traîner. Il est ennemi du rang, du pas et de l'exercice. La charge à deux temps et le pas accéléré ne lui vont guère. O libre et sainte intelligence, que j'ai toujours adorée, après l'amour ! Tu es libre comme lui, et les peuples qui veulent enchaîner ou réglementer à jamais l'un et l'autre te répudient. Puissance sacrée ! Ils répudient aussi l'amour et ils meurent ; car ils ne peuvent te faire passer dans leurs actes, pas plus que l'amour, et ces deux étincelles éteintes, la mort vient, et les époques byzantines finissent ainsi.

C'étaient des pensées que je me gardais de communiquer à aucun lorsque je venais à Paris ; elles se reflétaient dans mes pages ; elles plaisaient fort à Bertin l'aîné, misanthrope généreux ; je ne les présentais que d'une façon oblique et comme par un rayon brisé, qui me faisait regarder comme un misanthrope arriéré ; un enfant malade ou un maniéré de mélancolie. Surtout je les cachais à mes roués de l'Opéra, au docteur Véron, au camarade

Malitourne, au bouffon sec Romieu, à Roqueplan le prétentieux, l'homme que je rencontrais le premier au foyer des théâtres, au Café de Paris, quand j'y dînais (événement rare), ou chez Tortoni, glacier qui voyait affluer chez lui la jeunesse brillante, ou chez une ou deux actrices ou candidates au métier d'actrice dont je ne convoitais ni le cœur ni les charmes, mais dont ma curieuse indifférence s'amusait.

Je viens de nommer Véron. Ce personnage, triste héros de ce temps, était haut en couleur, figure mafflée, à peine un nez, écrouelleux, le col enfoncé dans les replis d'une étoffe qui protégeait sa maladie et la cachait, le ventre arrondi et pointu de bonne heure ; l'œil rond, brillant, scintillant et avide ; la bouche riante, la lèvre grosse, le cheveu rare, le sourcil absent, une tenue de petit laquais singeant son maître et se donnant des afféteries et des minauderies de salon. Quelque chose aussi de l'abbé jeune qui se fera gras par trop manger ; la parole haute, élevée, pointue, hardie, sifflante, prédominante ; souple ici, impertinent là-bas, se dandinant pour avoir l'air léger ; avenant, prévenant, souriant, bas et plat quand il le fallait ; la tête renversée, les joues gonflées, la face arrogante dès qu'il n'y avait rien à gagner, ou à craindre ; Scapin, Frontin et Turcaret, en y joignant le glouton, le spéculateur et le faux marquis ; Mercadet et Tuffières et même un peu du bourgeois gentilhomme ; voilà Véron. Il n'était pas méchant, pervers, ni sans intelligence. Il était sans principes. Il était sensuel, égoïste, doué d'un flair que je n'ai vu qu'à lui.

Il sentait l'à-propos, il en usait. Il savait toujours ce qui occupait les hommes et les intéressait. Par ce côté Véron n'est point méprisable. Personne dans notre époque, et après M. de Talleyrand ou Beaumarchais vers 1750, n'a eu comme Véron le nez au vent pour découvrir le profit, et la rapide course du lévrier pour l'atteindre.

Il devina que la littérature allait devenir industrielle. Il eut le vague instinct de la bêtise démocratique, ne sachant que faire, ayant besoin d'annonces, comme un aveugle de bâton. Véron précéda dans cette voie Émile de Girardin, autre aventurier supérieur, et généreux, trempé de philosophie, de politique et d'affaires. Mais, avant Girardin, Véron avait le premier compris que la société se défaisait, se décousait, s'en allait en charpie, et que bientôt une nouvelle Révolution succéderait à 1783. Au groupe de Jouy, groupe du Directoire, puant le musc, le vice et la prétention dans le vice, succéda sous mes yeux le groupe des *Débats*, non moins élastique, mais plus savant, plus initié dans l'avenir, fondu et mêlé dans les événements et les intérêts de la vie sérieuse, quoique cuistre. Il ressemblait assez, mais plus pédant, à l'autre groupe directorial des Michaud, que je venais de traverser et qui aussi datait de la phase de Barras. Michaud représentait une bourgeoisie différente de celle de Jouy — une autre fraction, la partie royaliste qui n'aurait pas repoussé une constitution, pourvu que le clergé et le roi y eussent gardé l'autorité dominante. Ainsi le pays, se fractionnant en petits bataillons d'intérêts subdivisés, marchait à la ruine de la discipline comme de la liberté ; sur tous ces drapeaux secondaires flottait écrite la devise : *discipline*, et l'autre devise : *liberté* ; ici, *autorité* ; là, *indépendance*. Comme chaque bataillon prétendait rester seul maître et écraser tous les autres, ce champ de bataille devenait une mêlée de calomnies et d'infamies où la discipline était anéantie comme la liberté.

Les échelons de ces petits partis, les uns descendant à la pure, plate et sombre monarchie, les autres s'élevant du bleu-utopie au pourpre sanglant des fanatiques insanités d'une Humanité déesse, étaient en nombre presque infini. Ils se battaient tous, se mêlaient, se détruisaient et de temps en temps se rapprochaient. Quand un groupe faible s'associait à un autre groupe faible, cette coalition qui attirait à elle d'autres faiblesses formait avec un noyau nouveau, passagèrement solide, bientôt fort, porté par le rumb de l'opinion, puis favorisé par les événements et qui, chargé d'électricité, allait heurter le pouvoir et le détruisait. Ainsi ont eu lieu toutes les catastrophes ; des procédés presque identiques et physiques les ont produites ; on s'est ligué contre Louis XVI, contre Robespierre, contre Barras, contre Bonaparte, contre Charles X, contre Louis-Philippe, et si Louis-Napoléon n'avait pas finement et sournoisement brisé la nouvelle ligue contre lui, il était perdu. Par son dernier coup d'adresse de 1869, en prorogeant une Chambre législative où toutes les lâchetés combinées accouraient, où elles allaient créer un tonnerre destructeur, ce nouveau maître s'est sauvegardé.

Les orages politiques que j'ai vus successivement se former et éclater m'étaient étrangers. Il n'y en a qu'un où je me sois trouvé en jeu : moi, imperceptible élément, mais apportant quelques éclairs.

Cet orage est celui qui a foudroyé Charles X.

Je n'agissais pas contrairement à ma conviction et à ma pensée. Je n'étais ni noble, ni engagé dans l'armée noble. J'avais appris en Angleterre à détester toutes les oppressions ; quant aux idées spartiates, aux fantaisies aristidiennes et à la Brutus de mon pauvre père, elles ne me souriaient aucunement. Je fus du groupe bourgeois. Dans l'*Opinion*, le *Miroir* et l'*Incorruptible*, je fis aux ennemis la guerre d'escarmouche la plus vive. Sans scrupule et sans avoir rien à me reprocher, j'attaquai le camp des royalistes et des dévots.

Ces troupes légères, dont je faisais partie, abîmaient cruellement les bastions que l'on élevait sans cesse pour défendre le trône vieilli et l'autel cacochyme. Mais je ne détestais que les idées mauvaises. J'étais sans fiel. Je ne détestais que les servitudes ; pour les hommes, je les aimais. Je ne personnalisais pas l'épigramme et ne brutalisais pas la satire. Aussi ne pouvais-je guère prétendre qu'à une place secondaire, à un rang tout philosophique parmi les tirailleurs. Le feu était dirigé et nourri par *Paul-Louis Courier* et *Béranger*, deux curieuses têtes, très-puissantes.

Cela ne m'épargnait point les visites des attaqués.

Un jour que le fantôme de Grimm m'avait obsédé plus que de coutume, je vis tout à coup paraître chez moi M. de Pradt en personne, qui avait *daigné* monter quatre étages et qui venait me donner une leçon dans mon réduit plus que modeste. La leçon fut longue, elle fut sévère ; mais cependant elle commença par une exposition pleine de modération et même de douceur. Plusieurs fois je voulus placer quelques mots dans les courts intervalles de l'homélie ; mais d'un léger signe de la main, M. de Pradt me forçait au silence ; et ce signe était encore si paternel, que je crus recevoir la bénédiction. Le texte du sermon fut l'énumération des injures que M. de Pradt prétendait avoir reçues de la *Quotidienne* et du *Journal des Débats*. Il me nomma tous les coupables ; il m'assura qu'il les avait tancés d'importance, qu'il les avait fait rougir, et qu'il en avait obtenu d'étranges aveux. Jusqu'ici rien ne me concernait ; mais mon tour vint enfin, et l'homélie se changea bientôt en déclamation virulente.

A la véhémence de ce discours, au déluge d'épithètes polies qu'il faisait pleuvoir sur moi pour me forcer à la politesse, je crus avoir commis une grande faute soit en supposant des intentions que l'auteur n'avait pas eues, soit en citant d'une manière inexacte, soit en faisant un reproche immérité. Quel fut mon étonnement quand l'auteur irrité m'eut fait connaître la nature de mes torts ! M. de Pradt m'abandonnait son ouvrage, il me laissait la liberté d'en dire tout le mal que je voudrais, mais il était courroucé de la *familiarité* de ma critique et de la *grossièreté* de mes expressions. A cela près, il me permettait la censure aussi amplement qu'un autre archevêque l'avait permise à Gil-Blas.

Je demandai humblement en quoi consistaient la familiarité et la grossièreté qui lui avaient tant déplu. M. de Pradt *daigna* s'expliquer et me dit : « Vous vous êtes mis en scène avec moi, vous m'avez reproché des absurdités, des contradictions, vous m'avez appelé *Monsieur l'abbé!* Pensez-vous qu'en livrant mes écrits au public j'aie abdiqué le rang que j'occupe dans la Société ? Savez-vous que je tiens à ce qu'il y a de plus grand en France ? Parleriez-vous ainsi d'un Montmorency ? » Ah! me dis-je tout bas, voilà mon baron! libéral et philosophe quand il plaide pour les rebelles d'Amérique, archevêque et ambassadeur quand on critique ses ouvrages. M. de Pradt fit une longue harangue sur le thème que je viens d'écrire, et la termina par cette phrase remarquable : « *Vous m'avez traité comme un prestolet, un procureur ou un journaliste.* » Je sentis vivement cette gradation descendante : mais je me disais encore tout bas : Ah! si j'avais loué l'ouvrage, je n'aurais peut-être pas été placé avant le prestolet, mais j'aurais certainement obtenu le pas sur le procureur.

Après avoir écouté plus d'une heure, il m'arriva malheureusement de répondre que j'étais encore plus libéral que M. de Pradt, que le rang et le nom d'un auteur m'étaient fort indifférents quand j'examinais son livre, et que le plus grand seigneur perdait ses droits à mon respect, si, dans un écrit public, il avançait des propositions, il professait des principes et il débitait des maximes contraires à l'ordre établi, à l'autorité légitime, et favorable à la rébellion. Ici M. de Pradt s'écria : *Vous avez tort!* Douze fois au moins il répéta ces mots, élevant la voix à chaque exclamation, de sorte que le dernier *Vous avez tort* était de six octaves plus haut que le premier. Il sortit enfin, en m'intimant l'ordre d'être plus circonspect à l'avenir ; mais quand il vit que je le conduisais jusque sur l'escalier, il s'écria de nouveau : « Politesse tardive ! politesse tardive ! rentrez, monsieur, » et j'obéis.

Les hommes du monde latin ne se consultent jamais eux-mêmes ; ils ne se confessent qu'aux autres, tant ils sont sociables. Ils se confessent : 1° au prêtre pour leur âme ; 2° au commissaire de police pour leurs actes; 3° au voisin et à la voisine pour leurs mœurs. La première de ces confessions sociales produit l'idolâtrie ; la deuxième, la servilité, la troisième les cancans et les manœuvres. Toutes les trois rétrécissent l'intelligence, abaissent le sens moral et faussent la vie sociale. Un commérage éternel remue et transforme la Société ; une délation constante devient le grand ressort de la politique, et le confessionnal du prêtre, couronnant cet édifice, consomme l'universelle dégradation.

ÉCOUEN

(1831).

Vous connaissez la petite ville d'Écouen ; elle est environnée d'un paysage si gracieux, si frais, la vie y est si paisible, la Seine qui la baigne arrose des bords si verdoyants ! Il y a encore là une de ces belles cathédrales qui nous parle de tout le passé, des cathédrales qui écrasent la ville, qui avec leurs vieilles tours et leurs vieux saints ont survécu aux rois, aux princes, aux générations.

En octobre 1831 j'allai chercher quelques jours de paix dans cette ville.

Écouen et Chantilly sont d'intéressants villages historiques. Je vous recommande surtout Écouen, sa solitude profonde, son parc silencieux, son esplanade tranquille, sa vieille église et sa célèbre aubergiste. Vous emporterez, s'il vous plaît, une brillante et spirituelle histoire du château par le Marseillais

Gozlan et les heures passeront vite. Je le peins aussi, mais plus tard, ce curieux ouvrier arabe.

Que cette architecture de la Renaissance est fine et délicate ! Que d'invention dans cette imitation ! Quel heureux agencement du génie italien et des nécessités françaises ! Une élégance qui n'est pas stérile, une symétrie qui n'est pas prude, un caprice plein de verve et se modérant à force de goût ! L'art méridional voguait vers nous à pleines voiles et venait aborder nos rives bourgeoises, gauloises, gothiques. Nos mœurs étaient très-arriérées, quand le connétable Anne fit bâtir ce palais ou château, cette grande et belle inutilité, qui n'a presque jamais servi à sa famille, et dont la pierre est encore blanche, comme si les ouvriers l'avaient quittée hier. Car c'est quelque chose de féerique et d'extraordinaire que toute cette richesse d'ornements dans un désert; cette grande œuvre de luxe au sein du profond silence, la richesse de l'Italie telle qu'elle était du temps de l'Arioste ; et pas un être humain sous ces voûtes, pas un promeneur dans ce vieux parc aux grandes allées ! Le soir, une petite lumière unique, là-bas sous ce pont-levis, bien loin; c'est le logis du concierge, seigneur et maître de la demeure. Ne craignez pas les fantômes ; rien pour la terreur ; le plus superstitieux et le plus poltron égaré dans le château d'Écouen, la nuit, au fond du corridor le plus obscur, s'il s'endormait sous ce portique, ne rêverait que douceurs. Alcine lui enverrait ses serviteurs, il aurait un rêve de l'Arioste-

Je me logeai avec le rapin Bichebois, mon secrétaire, chez une vieille femme, Mme Du Tocq, aubergiste, savante et babillarde, antique et juvénile, qui parlait toujours et ne perdait pas un mot, hors de ses intérêts, savait le nom de toutes les pierres et de tous les monuments du canton, s'humiliait jusqu'à terre et gardait sa dignité, la dignité du lieu, du château et des souvenirs ; complaisante, infatigable, redoutable aux bourses ; sans yeux quand il le fallait, argus quand il y avait péril pour la caisse ; figure virile à nez de Bourbons ; un Louis XIV en cornette avec ses soixante-dix ans, commandant à l'huissier, à l'avoué, à l'antiquaire ; toujours bien avec le brigadier, habile à donner à son unique vin de Beaune tous les baptêmes de fantaisie ; le type de l'aubergiste. Une fois ce personnage peint, que vous dirai-je des autres ? Elle seule existe dans le village historique. Elle est l'histoire du canton. Elle absorbe tout.

Ce fut là que je dictai mon œuvre nouvelle au singulier rapin, mon secrétaire, au jeune Bichebois. Il errait, lui, six heures par jour à la recherche des beautés de village. Moi, j'étudiais et je rêvais. Heureuses journées de solitude ! Quel bonheur de se sentir vivre ! d'errer sous ces charmilles ! Point de vices, de folies, de maîtresses ; aucun plaisir. Mais aussi point d'intrigue, de bassesse ; aucune envie. Des études assidues : Calderon, Goethe étudiés à fond ; cela me suffisait.

Je ne recevais aucune visite ; les parisiens n'ont garde de se rendre à Écouen ! c'est un des endroits les moins visités et les moins connus des environs de Paris. Versailles est plus fréquenté. J'allais quelquefois à Versailles, ville rectiligne, dont le peuple de marbre et le peuple de bronze semblent autant d'esclaves en présence d'un éternel despote; Versailles où l'alignement a détruit la beauté, où la majesté est si équilatérale que l'on a envie de pleurer devant ces eaux prisonnières. On plaint cette ardente séve des arbres, que le ciseau a mis à l'ordre et au régime! Cependant, même avant les chemins de fer, Versailles était familier à la foule parisienne. Elle aime l'esclavage ; tous ses jardins se peuplaient; le mirliton de Saint-Cloud vous pinçait l'oreille. Au milieu de ces massifs si tristes et si funèbres s'élève le palais, vraie geôle royale, on n'a guère osé le dire, architecture d'une stérilité de lignes et de plan, d'une monotonie de conception qui paralyse la pensée. Je revenais ensuite à Écouen, plus ennemi que jamais de cette servitude, et je causais avec l'aubergiste du village historique. Elle avait vu Mirabeau, Helvétius ; sa mère avait connu le Régent. J'écoutais ses bonnes histoires sur les guides de la garde impériale qui habitèrent le château et sur les jeunes filles de Mme Campan, j'admirais comment l'esprit monarchique et le cube de la convenance avaient pénétré même les couches inférieures de notre société française.

Délicieux moments, écoulés dans la solitude du village historique. Walter Scott n'est parfaitement concevable que dans de telles localités et dans ces temps-ci, lorsque la société antique nous fait ses adieux, sans que nous ayons encore eu le bonheur de saluer la société nouvelle sa fille, et de savoir qui est celle-ci peut-être. Entre ces linceuls et ces langes, ce tombeau et ce berceau, ce néant qu'on appelle *autrefois* et ce néant qu'on appelle *plus tard*, je rêvais le monde des jours futurs et, de mon dedans, j'observais tout.

Où est le progrès? Où est-il, me demandais-je, ce berceau d'or? et cette noble puberté du génie français qui devait renaître? Est-ce la troupe des roués et des brutaux? Est-ce Véron, Romieu ou Buloz qui l'annoncent? Et je me repliais dans ma solitude et m'y enfonçais, heureux, rêvant, étudiant et méditant toujours. J'oubliais Paris, l'âpreté des disputes, la complication des intrigues. Mon âme se rassérénait. Entre la vie active de la nature et le souvenir des arts et des hommes d'autrefois, je vivais double.

SUR LE STYLE.

Peu à peu s'est étendue, sur le style académique, une nuée grise et lourde ; aucune naïveté ; pas de saillie ; pas de liberté ; une chape de plomb. L'École normale y a beaucoup contribué : Nisard prêchant le bon sens ; l'idiot et madré S... ont eu leur temps contraire de triomphe. Cette gloire des Maintenons littéraires ne pouvait durer ; l'autre style, fou, furieux, tout par saccades, reprit son orgie. Les phrases insensées, évaporées, furieuses, sans queue ni tête, battirent l'estrade. Michelet lui-même — génie — une étincelle hystérique dans un érudit, cédait à la contagion, et tombait par horreur du *Mignétisme* cadencé de l'Isocrate et de l'Isias dans l'*hypnotisme* lyrique, dans l'épilepsie, dans la fureur magnétique, mêlée d'acier, d'héroïsme imbécile. Les plus spirituels alors, les jeunes, forcés au mépris par le dégoût de ces deux littératures, l'une de rabâchage élégant, et l'autre de soubresauts ivres, inventèrent un autre mode, d'accord avec les goûts du temps. Ce fut la blague.

On adorait alors le cancan. On voulait lire vite, oublier vite et passer à autre chose. L'idée de la mobilité dominait tout. Les Chroniqueurs, lingers au petit crochet de la littérature, ramassèrent partout leurs chiffons de médisance et leurs loques d'anecdotes. L'esprit public s'en accommodait et les gens du pouvoir en étaient heureux. La *petite presse* servie et exploitée par les financiers s'est établie alors.

Triste et même affreux résultat. J'avais dans ma jeunesse pris rang parmi les sagittaires de la littérature et même les plus légers et les plus lestes. Mais alors il s'agissait d'une puissance à détruire, d'une forteresse attaquée; il y avait même péril pour nous. Cette guerre durait depuis le commencement de la Révolution française; les *Actes des Apôtres*, puis le *Cousin Jacques*; et ensuite le *Nain jaune*, le *Corsaire*, le *Miroir*, l'*Opinion*, s'étaient signalés comme belliqueux. Les uns, troupe d'avant-garde, les autres harcelant l'ennemi sur ses flancs et pillant ses bagages. Jouy, en souvenir d'Addison qu'il avait lu autrefois dans l'Hindoustan avec les officiers anglais et leurs bayadères, avait donné à la *petite presse* de Paris (attaquant Louis XVIII) une impulsion addisonienne très-vive : Étienne son ami, dans son *Nain jaune*, avait hasardé des escarmouches encore plus vives. C'était la guerre. Quiconque recueillerait ces épigrammes en un faisceau en composerait une histoire satirique admirablement piquante. Beaucoup de talent et de verve chez ces uhlans littéraires. Les premiers en date, les Champfort, les

Rivarol et les Champcenetz ont dépassé en malice tous leurs successeurs. Les *Actes des Apôtres* leur appartiennent; cette parodie excellente dirigée contre les Évangélistes révolutionnaires. Par degrés, de cette hauteur on est descendu jusqu'à la plaisanterie de l'idiot, jusqu'à l'ironie sans but, née du cerveau vide et de l'âme creuse; on a créé des instruments sur lesquels retentit l'écho burlesque de la nullité personnelle. De quoi se moque-t-on? De rien. De quoi ne se moque-t-on pas? De tout. Cette ironie générale qui rit d'elle-même ressemble au rictus du crâne d'Yorick. Il n'y a rien dans la cervelle; et le cœur n'est plus. Mais la bouche du vieux mort reste entrebaillée et semble rire. Ainsi rient le *Charivari* et le *Grelot* depuis que toute idée sérieuse est morte en France. Le mercure n'est pas une panacée, c'est un corrosif!

Un anglais, critiquant sans amertume mais sincèrement 1830, et, pour rendre compte de ses impressions, il critique les livres de Sainte-Beuve et de Cousin, sur *les Femmes* du dix-septième et du dix-huitième siècle, et avoue qu'il ne comprend pas l vie de ces personnes. Quand donc, demande-t-il, tra vaillent-elles? Elles ne doivent pas travailler, Monsieur l'anglais, parce qu'elles sont nobles. C'est l'esclave seul qui travaille. Vous ne voyez donc pas que notre monde à nous gallo-romains est aristocrate! L'aristocratie latine fait du labeur une tâche et par conséquent de la femme noble une oisive. Cela a été inventé en Provence après la féodalité. Les maris couraient le monde; leurs femmes qui restaient au logis étaient entourées de servantes et de petits serviteurs qui leur chantaient des rondeaux avec la mandoline ou la cithare. Le monde latino-chrétien a inventé les cocus-bénévoles, les libertins-platoniques, les catins sanctifiées et les ménagères paresseuses. Heureusement le nord a gardé ses femmes du ménage actif et de la fidélité élégante; il nous les donne encore pour modèles.

Nous avons aimé ce qui plaisait à Paris, aux salons de Paris, aux duchesses des salons de Paris, aux cardinaux directeurs des duchesses, aux marquis, amants des duchesses; aux orthodoxes en toute chose; aux adeptes du style pur, de la révérence exacte et du formulaire accompli. Lire Jansénius ou Milton, vivre seul, arborer son propre drapeau; choquer en quoi que ce soit l'évangile de la moutonnerie, c'était se bannir.

Cependant le fonds royaliste des Débats, ayant chassé Charles X, fut contraint d'accepter ensuite pour maître un demi-régicide, roi fils de républicain. Force avait été aux Débats de s'accommoder de Louis-Philippe, dont le père avait tué Louis XVI. Il fallait bien aussi s'accommoder de moi, fils de mon père; j'étais une pomme véreuse de même espèce; et Bertin aîné, étant un prêtre défroqué, comme mon père, m'accueillit sans peine. Il savait l'anglais et beaucoup de nos goûts coïncidaient. Féletz, de race noble, charmant esprit, qui avait été aussi dans les ordres et qui menait la vie libre du monde, m'accueillit. Mais S..., le cuistre juif, qui jouait le rigide, Jules Janin, le pion frivole, qui jouait le bonhomme, ne purent me tolérer. J'étais pour eux anglais et allemand. Ils se mirent à me faire la guerre, une guerre sourde de sacristie et d'antichambre, puant le bénitier, la loge de portier, la souquenille sale et l'écritoire : guerre de valets consistant en rapports mensongers, récits scandaleux, basses anecdotes, dires, facéties, cancans et grimaces, mêlés de méchancetés taquines et de gueuseries envenimées.

Ce fut d'ailleurs, comme d'un laboratoire infect, que se répandirent les vapeurs qui me tuèrent dans leur monde.

Pendant ces cabales et ces mystères, je vivais seul relégué dans une petite chambre, souvent à Bellevue, Arcueil, Saint-Denis ou Enghien, et le pauvre *Student* travaillait. Mes orgies d'études et de solitaires promenades s'abreuvaient d'eau et de lait. Comme tous les vrais studieux, je jouissais de mon ascétisme ; j'ignorais les faits et gestes de ce monde et je me trouvais anéanti sans le savoir. Dans toute autre société on aurait été au fond des choses. Ici la légèreté gausseuse, narquoise et méchante s'armait de mon absence et de ma rêverie, et m'écrasait.

Comme les Byzantins, ils vivaient dans une buée de petits mensonges, de sobriquets ridicules, de parlages empoisonnés, dans un brouillard et une brume de récits sur le tiers et le quart, qui désennuyaient leur paresse et servaient leurs haines. On n'aurait pu dissiper ces vapeurs qu'en donnant la liberté à la France ; mais la France en était incapable précisément parce que la puérilité de ses haines et ses passions misérables s'exhalaient en cancans mêlés d'intrigues.

PORTRAITS CONTEMPORAINS.

Le roi Louis-Philippe. — Boufflers. — Théophile Gautier. Balzac. — Marquis de Custine. — Marquis de Foudras.

I

LE ROI LOUIS-PHILIPPE.

Les hommes qui, sous les titres divers et inutiles de roi ou d'empereur, ont successivement pris le gouvernement de la France qui ne les appelait pas, et qui n'a su ni les nommer, ni les choisir, ni les renverser, ni les modifier, ni les améliorer, ni les conserver, étant dans sa masse dénuée de sens politique, et dans ses individus de force morale, elle les a subis tous ; — ces hommes n'étaient ni des vices énormes ni de vraies vertus. Ils affectèrent chacun un mode différent de langage et d'attitude, soit pour se détacher de leur prédécesseur immédiat, soit pour le critiquer tacitement par la violence de l'antithèse. Charle X était aussi dévotement, froidement hautain que Louis XVIII le païen, citant Horace à tout propos, était familier, épigrammatique et pédant. Napoléon Ier, le plus grand très-certainement, mais d'une grandeur dangereuse, puisée aux sources du moyen âge italien; — inique, rusé, personnel, menteur, sans âme pour les délicatesses, sans pitié pour les faibles, sans probité dans le succès, sans arrêt dans le triomphe, sans magnanimité dans l'infortune, avait inventé au service de son rôle une brusquerie incisive de ton et un mélange de familiarité guerrière et d'altière concision, calculées pour frapper, dominer et admirablement mener les hommes. C'était l'autorité, exprimée d'une voix de hautbois qui crie ou de clairon qui tonne. Louis-Philippe n'en avait pas. Sa parole coulait comme une nappe d'eau sur une pente, ne rayonnait, ni ne s'arrêtait, ni ne vous intéressait, ni ne vous imposait. Une fois le ressort détendu et l'écluse lâchée, tout partait. Rien que l'on retînt, rien d'excellent, rien qui restât ou qui se gravât. J'ai eu occasion de l'entendre pendant une heure entière, ainsi que Louis-Napoléon qui, après lui, escamota la noix muscade de ce triste pouvoir. Tous deux aventuriers, tous deux ayant vu le monde, préparé leur tour de force par de longs voyages, fait leur éducation à l'étranger et pris leurs inscriptions royale, impériale, à l'école du malheur.

L'un et l'autre savaient les affaires; l'un était précepteur, l'autre ingénieur. L'un était d'avance en harmonie avec une époque qui cherchait des doctrines; l'autre avec l'époque suivante qui réalisa des machines. Pas plus que Bonaparte, Louis XVIII ou Charles X, ils n'avaient cette largeur de cœur de Henri IV, ou cette active clarté des vues généreuses de Charlemagne, ou cette charitable tendresse de Trajan, ou cette lumineuse ardeur du bien moral, comme Marc-Aurèle. Par la profondeur secrète et les lentes combinaisons, Louis-Napoléon l'emportait sur eux tous, comme Louis-Philippe par les qualités du père de famille. Il aurait été fort bon greffier, huissier au canton de Lucerne ou de Fribourg. Il ne se connaissait pas en hommes; et tout en les trompant il les subissait. Sa conversation même était une sorte de fraude. J'obtins une audience en partant pour l'Angleterre avec l'ambassade de Soult; je désirais utiliser ce pompeux emploi d'attaché d'ambassade et obtenir l'accès alors difficile des archives de Londres, pour mettre la dernière main à mon livre commencé par les dernières années de Louis XIV et sa lutte avec Guillaume III. Je fus reçu aussitôt; mon audience dura une heure. Je vois encore Louis-Philippe, dans une encoignure des Tuileries, le chapeau à plumes sur les genoux, et parlant. Il me disait ses voyages. J'écoutais. Il posait et parlait. Naples où il avait vécu, sa femme, ses enfants étaient passés en revue. L'attitude était celle d'un bonhomme, le discours était insignifiant, intarissable, sans trait, comme le résultat d'un jet machinal provoqué par un moteur matériel. J'écoutais. Le chapeau tomba. Je le ramassai respectueusement. L'ambassadeur de Hanovre fut annoncé. Je me levai. « Restez, M. Chasles, me dit-il, j'aurai bientôt fait. » Puis il revint et recommença. Pas un intervalle libre pour placer ma requête. Enfin, quand il se leva, je me levai et j'osai parler; je fis ma demande. « Adressez-vous à Molé, me dit-il. — Sire, répliquai-je, le bon Dieu est au-dessus des saints. — C'est moi, dit-il avec esprit, qui suis le Saint. Ils sont les dieux. — Oserai-je solliciter de Votre Majesté la faveur d'être recommandé par elle à ses ministres? » Et son œil s'illuminant tout à coup d'une clarté caustique : « Recommandez-moi à mes ministres! » Et il me congédia.

Le passé écrase, étouffe et ensevelit les peuples latins. Ils ne peuvent se débarrasser de leurs habitudes de centralisation monarchique. Quand ils essayent la république, la monarchie perce sous leurs formes républicaines. Marat est un inquisiteur. Le bonnet rouge n'est qu'une calotte sacerdotale. Fouché est un Torquemada; le régime cellulaire remplace la torture. Pas de liberté. Les procès de presse abondent, la pensée est moins libre que jamais. Avec des débris Louis-quatorziens, des ruines voltairiennes, des importations anglaises et un badigeon impérial par-dessus, on continuera la monarchie. On se haïra, on se nuira, on se tuera. Les conseils municipaux, par tous les moyens, tâcheront de vexer le maire; les conseils généraux se mettront en sourde insurrection contre le préfet; les chambres taquineront le roi, la presse harcellera le pouvoir, les écoliers leur professeur, l'administration tout le monde. Régime de haine. On gardera le Code civil, œuvre de centralisation. Et, sans respect pour l'homme, pour la conscience, pour l'âme, la loi ne veut pas que le père de famille soit libre en matière de testament. Elle est communiste; elle fait un délit du vagabondage; elle est *régimentale*. Elle ne veut pas que le soldat coure les champs. Sommes-nous des soldats?

Au lieu de placer le levier dans l'homme, dans le centre de la vie même, on l'a rejeté au dehors; si bien que l'État a serré dans son étau toute la vie. Il a chargé l'Église, puis l'armée, enfin l'Université, de serrer dans trois étaux intérieurs la pauvre humanité esclave; trois corps, l'un armé, l'autre goupillonné, le troisième enférulé. L'individualité a péri. De là la toute-puissance des colonels, celle des proviseurs et celle des directeurs et confesseurs.

II

BOUFFLERS.

Boufflers, pauvre, dans sa vieillesse encore riante et joufflue, avec son nez rond et ses cheveux blancs à l'oiseau royal, était venu percher, comme bibliothécaire, dans ces solitudes de pierre grise, sans arbre et sans gazon. En 1793, le berger jacobin, Sylvain Maréchal, un des érotiques doux qui, au dix-huitième siècle, partageaient avec Saint-Lambert, Dorat et Colardeau la palme de la philosophie amoureuse et de la moralité assaisonnée de lubriques axiomes, fut aussi bibliothécaire du même amas de livres anciens. C'était, aussi bien que celle de Boufflers, une baroque situation pour des gens que le madrigal licencieux et les annales de Paphos avaient occupés, et qui avaient plus de cent mille tomes de théologie et d'ascétisme à garder; un vieux fonds que le madré Naudé, secrétaire de Mazarin, avait réuni pour son madré maître; que les recteurs du collége avaient accru, et où, au moment de la Révolution, les bibliothèques des monastères s'étaient déversées et désemplies. Avec cette étourderie qui renverse et brouille tout, on avait, la monarchie une fois abolie, empilé dans les caves de ce collége et dans ses souterrains une multitude d'écrivains inconnus, bizarres, les uns doubles, les autres triples, beaucoup dépareillés, quelques-uns très-précieux. Les uns venaient de Saint-Germain l'Auxerrois, les autres des diverses abbayes. Vous pensez bien que ni l'auteur du *Cœur*, le galant chevalier de Boufflers, ni le Sylvain, auteur du *Dictionnaire des amants*, ne se mêlèrent de cataloguer tout cela. Parmi ces volumes il y en avait d'obscènes; le fameux *Mersius*, qui, sous le nom d'*Amœnitates latini sermonis*, dissimula ses *Priapées romaines;* beaucoup d'exemplaires des *Dialogues de l'homme d'Arezzo* et une collection de saletés savantes. Robespierre, ami de Sylvain, et qui l'avait placé là, prêchait et pratiquait la chaste pudeur qui lui semblait prouver son républicanisme antimonarchique. Que fit notre Sylvain, qui redoutait l'effet actuel de sa vie passée et de son *Dictionnaire des amants?* Il rassembla les indécents volumes qui souillaient la bibliothèque, entassa les malheureux dans la petite cour qui aboutit aujourd'hui au quai, convoqua quelques représentants du peuple, et, faisant exécuter des cantiques en l'honneur de la vertu, brûla solennellement les coupables.

Ce bûcher orthodoxe permit à Sylvain de vivre et de faire encore d'exécrables hymnes en l'honneur de la République. L'ordre ne se rétablit pas davantage dans l'autre république des volumes mazarinéens; le vieux catalogue continua de servir aux rares lecteurs qui s'y rendaient. C'était là une coutume antique. L'Italien Mazarin, à l'imitation de son pays, avait ordonné par testament que le public serait admis, à certaines heures, en entrant par une certaine petite porte qui donnait sur la rue de Seine, non loin du théâtre de Molière. D'ailleurs, l'architecture intérieure était digne de celui qui l'avait créée. Point de mauvais goût. Point d'arabesque, ni or ni argent. Le bois sculpté des colonnes, la disposition et la distribution de l'ensemble, les vastes fenêtres ouvrant sur la rivière, les balustrades et les galeries, d'une sobre ornementation, répondent on ne peut mieux à la destination et à l'emploi de l'édifice. C'est un modèle accompli dans son genre. Malheureusement les modernes ont gâté tout cela par des additions de menuiserie grossière et l'établissement d'une absurde barricade en bois blanc, derrière laquelle se place à contre-jour le pauvre savant, quelquefois ignorant, nommé conservateur, et auquel le public demande les livres qu'il désire.

III

THÉOPHILE GAUTIER.

Le Danton de la révolte littéraire, Théophile Gautier, homme du Midi, comme Thiers ; Gautier, ancien rapin d'atelier tombé dans la littérature, admirablement doué par la perception du son, de la couleur, de l'apparence et du contraste, repoussant par naturel tout idéal, par système toute philosophie, par intérêt d'école toute forme classique et réduite à la ligne, trôna comme le teinturier et le coloriste dans cette cohorte dont Hugo était l'ouvrier verrier, fondant ses cristaux et les transformant à volonté. Tous ces gens avaient du talent. Tous étaient affectés. Manquant de spontané, ayant plus de volonté que d'abandon, étant moins inspirés qu'ambitieux, moins avides de créer que de succès, ils obtenaient le succès et le payaient d'une portion notable de leur talent. En perdant la liberté et *s'esclavant* à leur triomphe, comme dit Montaigne, en s'attelant à un système comme Taine, à un parti comme Guizot, à une spéculation comme Girardin, à un directeur de revue, Buloz ou Bertin, tous s'amoindrissaient, oubliant que Dante, et Shakespeare, et Rabelais ont joui de leur génie en lui donnant sa liberté.

Voilà donc Théophile le Méridional posé, reconnu, classé, étiqueté, homme de la couleur et de l'effet, symbole de l'antipalladianisme, le champion de la draperie et de l'apparence, le Paul Véronèse de la plume. Nul n'illuminait plus vivement. Aucun n'invoquait de plus flamboyante épithète. Pas de phrase aussi transparente de beau coloris et d'ardeur matérielle. Assurément il serait entré à l'Académie au moment où son parti de coloriste aurait triomphé, car le billard de l'Académie est un tapis orné de blouses, dans lesquelles on entre, quand la bille est bien dirigée vers sa blouse. Veuillot y entrera quand Rome papale l'emportera; et Littré y a fait son entrée au moment où l'athéisme et la Commune s'élevaient au pouvoir. Ponsard et les pseudo-classiques ayant remplacé, vers 1840, les pseudo-romantiques, le pauvre Gautier disparut du nombre des éligibles possibles. Il avait mille fois plus de talent que Legouvé, de génie que Vitet, d'esprit et de savoir que le pauvre Ancelot, d'habileté à versifier que Campenon. Mais ces hommes médiocres avaient tous trouvé le point, le joint et le moment.

C'était d'ailleurs un gros homme fort beau, qui ressemblait à Neptune ou à un Triton, et dont la physionomie orientale, demi-sensuelle, bienveillante et fleurie, n'excluait pas le rayon d'intelligence pénétrante et l'éclair de compréhension relative aux arts. Il n'avait point le musculeux, le résolu, le tendu et l'excessif des Hugo et des Féval. Il ne se dissolvait pas, comme Lamartine, dans l'incertain féminin et le fluide éternellement ondoyant pour s'exhaler en vapeur. Expression très-chaude de l'idée moderne, quant à l'art, il fallait le voir dans une stalle des Italiens, quelquefois assis par terre sur les dalles de l'Opéra-Comique. Quand il faisait chaud, tranquille, plein d'indifférence sensuelle, les pieds sous ses cuisses repliées, et s'éventant paisiblement, ses beaux grands cheveux bouclés flottant sur ses épaules. Il ne lui manquait qu'un chibouk et des babouches. La grosse princesse Mathilde, qui peignait bien et avait les mêmes goûts, l'avait prise à gré ; elle en avait fait son bibliothécaire pour rire, et son commensal pour de bon. Il a écrit de bons vers, égaux de ceux de Saint-Amand et de son homonyme Théophile. Honnête garçon d'ailleurs, sans envie, sans méchanceté, et très-inquiet des diverses familles auxquelles, dans son humeur orientale, il avait donné naissance ou appui.

La couleur n'étant que l'apparence des choses, Théophile, pleinement matérialiste et coloriste, ne croyait pas à la vérité. Aussi riait-il à pleine gorge des puritains, des protestants, des chercheurs et des philosophes. Mon commentaire sur Molière lui était odieux. A son sens, Molière, fantaisiste pur, n'avait rêvé rien de plus beau que les *seringues de Pourceaugnac* et les *selles de Purgon*. Il était donc au pôle opposé de l'idée raisonnable, ou philosophique, ou profonde, ou sentimentale, ou religieuse. Quand il avait de la couleur à mettre sur un personnage ou un pays, dans *le Capitaine Fracasse* ou dans ses *Voyages*, il était magnifique. Par ce matérialisme, qui lui enlevait tout l'avenir, il séduisait la jeunesse de son époque, charmée de son talent et qui pensait comme lui.

IV

BALZAC.

Je le voyais souvent chez la duchesse de Castries, où il allait beaucoup, ainsi que chez la vieille Mme Gay. Ces deux femmes, dont l'une était très-étourdie et coquette, l'autre très-corrompue, représentaient : celle-ci l'esprit et le vice du Directoire; l'autre la tradition échevelée et pimpante de 1815, l'essai rapide, séduisant et fou de la régence française, renouvelée par quelques femmes nobles sous la restauration de 1815. Balzac se trouvait chez ces deux femmes initié aux deux genres de monde qui lui étaient le plus étrangers ; à la directoriale régence, libertine et dissolue, qui avait servi de pont entre la république de 93 et l'empire de 1800, et à cette autre zone des étourdis royalistes qui continuaient de terminer, en 1815, la monarchie des Pompadour et des Lauzun. Balzac, allant chez l'une et l'autre femme, acquérait ainsi une teinture seulement (mais c'était quelque chose) de ces deux sphères étranges, et s'en servait pour ses romans.

Rien de plus étonnant dans notre siècle, et de plus charmant, après tout, que de voir le soir, dans un petit salon des plus simples, meublé à l'antique, avec les tables volantes et les guéridons, les coussins de vieux velours et les écrans du dix-huitième siècle, cette femme malade, aux reins brisés, étendue sur sa chaise longue, languissamment, mais sans afféterie, la figure noble et chevaleresque. Le profil plus romain que grec, les cheveux rouges sur un front très-élevé et très-blanc, et représentant exactement ce qu'avait pu ou dû être Mme de Parabère dans sa vieillesse ; c'était la duchesse de Castries, née de Maillé, parente des Fitz-James, des Montmorency, de tout le faubourg le plus blanc. Liée par-devant Cupidon avec le jeune Metternich et le suivant à la chasse, elle s'était accrochée à une branche d'arbre, était tombée sur les reins et s'était brisé l'épine dorsale. Un demi-cadavre élégant, voilà ce qu'était devenue cette belle, si éclatante de fraîcheur, qu'au moment où elle mettait le pied dans un salon, à vingt ans, sa robe nacarat tombant sur ses épaules dignes du Titien, elle effaçait littéralement l'éclat des bougies.

Un homme a eu le sentiment secret, sourd et lourd, mais réel, de cette grande comédie de notre siècle ; c'était Honoré de Balzac. Comme Dante, il a compris le drame puissant, immense, que Dieu se donne à lui-même, et essayé d'en caractériser les acteurs. Mais, comme tous les gens de notre temps, péchant essentiellement par la morale. Le fonds de Dante est la distinction du bien et du mal. Le fonds de Balzac est la confusion du bien et du mal. Ainsi, et par là, périra sa comédie monstrueuse; car le monde, la société et les œuvres du génie ne peuvent subsister que par la reconnaissance du bien moral et du bien physique, par le perfectionnement qui s'en suit, et par le progrès de l'humanité améliorant la matière et le monde.

C'était ce que l'on peut concevoir de plus grossier dans le subtil; de plus raffiné dans le matérialisme. C'était Rabelais dans Marivaux. Pour fonds de doctrine il avait le panthéisme, et pour expression du panthéisme sa propre pensée, c'est-à-dire lui-même et son génie. Du génie, il en avait, du plus robuste, et beaucoup; il était vraiment créateur. Des éléments qui l'intéressaient dans la vie il disposait à son gré pour les changer en types nouveaux qu'il n'avait jamais vus ou entrevus, mais auxquels tout le monde allait croire bientôt, tant son alchimie les transformait, les fabriquait avec vigueur et finesse. Il n'observait pas. Le siècle et ses mœurs ne déteignaient pas sur lui. C'est Balzac qui a déteint prodigieusement sur son siècle; il a créé la femme sensible de quarante ans, l'usurier sentimental, le goguenard doctoral, la chlorotique mystique, l'escroc de bonne société. C'étaient des exceptions incomplètes. Il en a fait des personnages complets,

26.

types absolus, généraux, séduisants, contagieux, modèles qui ont produit des milliers de *fac-simile* médiocres. Le demi-poëte, l'incompris, l'érotique de cinquante ans se sont accomplis et formulés sous son pinceau avec une précision, un éclat et une variété de nuances qui ont forcé l'admiration et l'imitation. Ils étaient éclos seulement dans la chambre obscure de son cerveau, armé de puissants objectifs et de verres colorés; il les avait vus, mais ils étaient faux, déformés. C'était un *voyant*, non un observateur.

La confusion même de notre époque le servait; il pêchait dans cette eau trouble où tous les atomes nageaient, où toutes les couleurs se mêlaient, où le diapré et le chatoyant, le miroitant et l'incertain étaient la règle, où l'archevêque était voltairien, le jésuite janséniste, le militaire diplomate, la femme pédant, et l'universitaire fat; où chaque individu était une arabesque portant une tête de républicain sur un torse de dévot ou une cuirasse de guerrier sur une âme de courtisan. Précisément ce mélange et ce flot de vapeurs lui permettaient de grouper ses éléments et de réaliser ses types; il y avait de la magie dans l'œuvre de cet halluciné que j'ai beaucoup connu et qui a porté dans ses actions l'hallucination de sa pensée. Il était, comme son œuvre, blagueur et positif, de bon et de mauvais monde, croyant aux chimères et ne croyant à rien, avec une intuition puissante et une faculté incomparable de se tromper et de tromper. Les méplats de sa grosse figure, les éclairs pétillants de ses petits yeux fauves, la mobilité inouïe de ses muscles faciaux, les mille anfractuosités délicates de sa face intelligente et fulgurante, contrastaient avec l'épaisseur sanguine de ses lèvres, leur fissure médiane, leur rictus bachique; avec les carnosités de ses joues bronzées et les rugueuses anfractuosités de son front, où se hérissait une chevelure double, épaisse et droite sur le crâne, non moins drue, mais onduleuse sur les joues. Le reste de l'organisme à l'avenant. Il y avait de la femme et de l'enfant chez ce gros moine pansu et bouffi ; le contraste allait jusqu'au paradoxe. Cynique et se gaudissant dans les physiologiques et grasses inventions, comme le prouvent ses *Contes drôlatiques*, il n'a jamais eu de maîtresse et personne ne lui a connu d'enfant. Ayant remplacé les plaisirs et les voluptés communes par certaines inventions à la Tibère, qui d'ailleurs n'étaient qu'un intermède léger dans sa vie, il a réalisé dans un ou deux ouvrages les types les plus mystiques que Swedenborg ait pu rêver ; fils de roturier (son père, médecin à Vendôme, originaire du Dauphiné, s'appelait Balzac), il a imaginé qu'il était un d'Entraigues, et il a répandu et soutenu ce blason rêveur. C'était bien l'homme qui se baignait dans un récipient de marbre, n'ayant pas de chaises pour s'asseoir et asseoir ses amis, et qui construisait à Meudon une fort belle maison sans escaliers.

Ce génie extraordinaire, aspirant à toutes les jouissances, convoitant toutes forces, est réellement le plus grand facteur et le véritable exposant de cette époque française qu'il a précipitée, tout en l'écoutant et l'absorbant, dans sa route d'avortements gigantesques.

V

MARQUIS DE CUSTINE.

Chez la comtesse Merlin, je vis entrer un jour, annoncé comme marquis par le laquais, sans que je saisisse parfaitement son nom, un homme assez gros et assez fort, convenablement vêtu, sans recherche, qui s'assit après avoir serré la main de la comtesse, dans son joli boudoir de soie jaune; petit salon de causerie annexé au grand salon de musique. C'est là que Rossini, de Girardin, Mamiani, Martinez de la Roza et les belles de cette société, en y comprenant non les vénales, mais les galantes et les fières, se réunissaient tour à tour le matin, c'est-à-dire vers dix heures et montraient leurs toilettes. On brodait sur le public et l'on dégustait les anecdotes, un peu moins sournoisement et un peu moins méchamment qu'ailleurs. Le ton était excellent. Point de jacasserie froide ou venimeuse, ni mécanismes de massacre social organisé contre celui-ci ou celui-là. La plupart des ambassadeurs étrangers passaient par ce salon et causaient dans ce boudoir orné de fleurs, où la plus aimable facilité de langage se joignait à beaucoup de lumières, de science, de grâce et d'amour des arts. Ce n'était pas gaulois ni parisien, mais méridional, et des zones les plus douces, penchant vers le soleil et les parfums, vers la musique et l'élégante vie ; la causerie était piquante, suave, indulgente ; cela sentait les aromes de l'extrême sud, vers le Pérou et les rives éclatantes et odorantes des Amazones et du Chili.

La comtesse avait retiré promptement, mais non vivement sa main, sans presser celle du marquis. La nuance était légère ; car dans les mouvements des personnes bien élevées de ces régions il n'y a jamais une brusquerie anguleuse ou une véhémence trop accentuée. Elle se rejeta dans sa grande ottomane et le laissa causer, soutenant seulement la conversation par des mots légers, souffles qui poussaient la voile mollement sans beaucoup avancer. Lui, m'étonnait par son discours voilé, ses traits d'esprit timides, son bon ton admirable, son aptitude à tout faire comprendre, qui décelait le vrai gentilhomme, sa malice enveloppée de soie et de coton, ses douceurs du grand monde qui semblaient à peine viriles, une timidité bizarre et comme un sentiment personnel d'abaissement et de mortification peu d'accord avec les éclairs vifs et les lueurs philosophiques, les observations hardies, jaillissant de cet épais mélange de modestie douloureuse et de mélancolie, de mysticisme et de sensualité basse. On ne peut mieux conter ni mieux dire. Pas de lourdeur ni de pétulance. Une heure se passa comme une minute ; et il prit congé sans bruit, comme les gens du dix-huitième siècle.

La comtesse regardait sa petite main et la secouait légèrement. « Ce pauvre marquis, me dit-elle, il est charmant. Mais je ne peux pas le toucher, sa main me répugne. — Pourquoi? — Elle ne serre pas, elle colle. — Il cause admirablement. C'est un feu d'artifice que sa parole. — Tiré sur l'eau, reprit-elle. Il y a un fonds si triste! Des profondeurs si noires! C'est Custine! — Ah! lui dis-je. » Cette exclamation la fit sourire. Je n'ai connu que depuis lors la véritable vie de cet être extraordinaire et malheureux, problème et type, phénomène et paradoxe, que le vice le plus odieux à mon tempérament chevauchait, domptait, opprimait et ravalait; qui, au vu et au su de toute la société française, y pataugeait, y vivait comme Fiévée avec son ami Théodore Leclerc, qui subissait, tête basse, le mépris public; et qui d'autre côté était, sans se racheter, loyal, généreux, honnête, charitable, éloquent, spirituel, presque philosophe, — distingué, presque poëte. Ces mélanges d'éléments compliqués et contradictoires, fondus dans un même type unique sont fréquents aujourd'hui. Mais jamais je n'ai rien vu de tel que Custine. Mon irrépressible curiosité me poussa donc à connaître ce caractère unique. Mon herbier de cryptogames, ma collection de phénomènes sociaux, mon répertoire de nosologie monstrueuse, n'auraient pas été complets, si ce catholique fervent, ce sensuel mystique, ce talent subtil, poétique, élevé, — perdu dans un vice, — cette conscience austère pliant sous le fardeau de sa honte; cette maladie et cette misère du paria social, tout en pleurs, devant une société qui valait peut-être moins que lui, — avait manqué à mon grand musée d'originaux. Je l'étudiai donc très-attentivement ; je le plaignis beaucoup ; et je rêvai souvent avec tristesse sur les effets que les vieilles civilisations produisent, sur ce gentilhomme déchu, et sur certains organismes exténués et avachis qui se développent comme les lichens chez les peuples qui finissent.

L'ami et commensal du marquis de Custine, d'ailleurs son héritier universel, était

VI

LE MARQUIS DE FOUDRAS.

Le Bussy-Rabutin de notre temps, ce romancier fécond, Foudras, était d'une bonne noblesse de Bourgogne, vrai gentilhomme, grand chasseur, buveur solide, beau joueur, et qui aurait fait un colonel de cuirassiers magnifique. Il contait bien, buvait ferme, ne se battait pas mal, mais c'était un drôle. Il lui manquait d'être né aux temps féodaux, où ses vertus auraient brillé, où ses vices auraient passé pour qualités. Assez spirituel et d'assez bonne grâce pour briller dans un salon, tout à fait sans scrupules et aimant la bonne vie d'Épicure, il commença par manger son patrimoine, s'épuisa en constructions, donna de grandes fêtes, reçut la fleur du faubourg Saint-Germain et de la province, se ruina, et quand tout fut fondu, s'adressa à ses amis pour avoir de l'argent. La foule des vieux convives, bien entendu, se dispersa aussitôt. Timon-Foudras resta donc seul ; il avait une femme élégante et distinguée, de moindre noblesse et des environs de Moulins, qui lui avait pardonné ses maîtresses et passé ses extravagances. Chose plus rare et plus charmante chez une femme, elle lui pardonna sa nouvelle pauvreté. Il s'était trop mêlé, et trop de plein pied, aux intrigues, cancans, discours et médisances des salons nobles, pour ne pas se trouver au courant de toutes les anecdotes surtout féminines, murmurées, publiées ou insinuées dans ces régions pleines de commérages. Je crois qu'il était apparenté aux F.... J...., dont un fils, le marquis, avait épousé M...., belle nymphe, grande, superbe, une blonde aristocratique, dont la fierté de sang avait quelquefois dédaigné de cacher ses caprices, comme, en général, elle dédaignait de cacher ses beaux membres en public.

Voilà mon Foudras qui a besoin de quelques écus, les demande aux F.... J...., est éconduit, se fâche, couve sa colère et se venge, en écrivant, comme jadis Bussy-Rabutin, l'histoire galante de sa cousine. Elle était longue l'histoire. Il la conta terriblement, avec mille réticences, ornements et fleurs du faubourg. C'est un art de méchanceté qui appartient aux vieilles races. Puis, notre bandit du vieux monde alla hardiment chez les F.... J.... et leur dit, montrant le livre imprimé : « Rachetez les trois mille exemplaires, ou je publie. » Et on racheta !

LES FEMMES.

Le travail, le travail ! Toute femme qui ne travaille pas est exposée et à demi vaincue. La reine des salons ne peut pas travailler. Pas de maison à tenir. La ménagère est teutonique. La dame des cours d'amour est latine. Le ménage et le travail sont la réalité que le Nord aime. Le salon et l'apparence sont le simulacre que le Midi aime. Le Midi aspire à jouir par le dehors qui est l'apparence; le Nord par l'intimité qui est le fond et l'essence. Or nous sommes quelque chose, bien plus par ce que nous désirons et voulons que par ce que nous accomplissons.

Dans ce monde il n'y a de fort que le désir, l'aspiration; c'est la respiration de l'âme. Demandez-vous donc à vous-mêmes, ô femmes, ce que vous désirez. Est-ce la famille, le travail, son bonheur, sa joie? Est-ce la négation du travail et l'indolence? Tout est là. C'est la question. Reine du ménage ou reine du boudoir? Il est vrai qu'il faut tenir compte de l'élément démoniaque de la femme, qui est aussi un élément angélique et de grandeur incomparable et presque divine, est diversement traité par les peuples. Les uns l'épurent, les autres l'étouffent. Ceux-ci en lui donnant la conscience, qu'il n'a pas naturellement, en font une force morale d'une puissance inouïe. Ceux-là, ne voulant que l'employer à leurs voluptés, le dépravent. Les plus habiles et les plus moraux sont ceux qui le placent au centre de la famille, foyer de charité, de chaleur, de tendresse et d'ordre. Les plus folles races sont celles qui l'avilissent par l'esclavage, pour subir ensuite sa loi, comme si c'était un maître. En France, le traitement auquel on avait soumis les femmes, et la manière dont on les avait placées dans le monde social était d'une déraison sans égale, puisqu'on avait détruit la famille dans les classes supérieures, brutalement relégué dans l'ignorance et la nullité la femme des régions bourgeoises, et renvoyé la femme du paysan et du prolétaire dans l'étable, au rang des vaches et des pourceaux.

J'aborde ici, avec une certaine peine et une répugnance marquée, le chapitre des femmes et de leur influence sur ma vie. C'est une partie nécessaire de cette histoire de nos mœurs dans les derniers temps, histoire à laquelle mes propres mœurs appartiennent nécessairement, soit par l'éclosion, par le développement et le fonds, soit par l'opposition et le contraste. Né dans le dix-huitième siècle, au moment même où Masséna et Soult brûlaient et massacraient, pillaient et violaient, au nom d'une république de tyrans, les habitants et les villages innocents d'Altdorf et de Sarnen, républiques réelles ; — né au moment où se publiaient à Paris, sans que le gouvernement ou le public s'en formalisassent, les livres et les gravures où le gentilhomme du Midi, de Sade, un tigre en rut, exposait qu'il faut tuer la femme et la mettre en lambeaux sanglants pour en jouir ; — né au moment ignoble où Joséphine, maîtresse créole de Barras, se laissait livrer par son amant au petit ambitieux soldat Italien, qui en faisait l'échelon de sa fortune ; — né au moment où la France, échappée des mains insensées de Marat qui avait voulu l'étrangler pour l'épurer, se ruait, pour se consoler, en débauches de toutes sortes ; — je n'avais pas reçu, à ma naissance, l'impulsion et l'impression directoriales, mais l'impulsion contraire ; j'étais fils de montagnard. Un puritanisme enthousiaste m'avait bercé ; enthousiasme un peu déclamateur mais très-sincère. L'exemple de ma mère, et ses douces mœurs, attestaient la chasteté la plus riante et la résignation féminine la plus touchante dans un mariage inégal. Tout enfant, je vécus très-pur ; adolescent, aussi. Au lieu de traîner ma pensée sur des images lascives, je rêvai de chasteté. J'avais peine à regarder mon propre corps. J'étais pudique comme un Germain. Au lieu de rabaisser la femme dans mon esprit, je l'exaltai donc de très-bonne heure. Nous vivions très-solitairement à Paris ; le jardin et le parc, avec leurs oiseaux, étaient mon cabinet d'études ; là, je bâtissais avec ardeur, dès la onzième année, mes édifices platoniques dont *Clarisse Harlowe* et *Virginie* faisaient les frais; anges féminins qui ornaient mes péristyles. Un idéal féminin adorable, d'une beauté absolue, d'une moralité ravissante, se forma donc de ces beaux visages. Gessner et Lavater, suisses sentimentaux, y concoururent. Goldsmith et Richardson, anglais sévères, couronnèrent le monument. De même que le troupier, livré aux tavernes et à leurs liaisons, s'habitue à considérer la femme comme une nécessité grossière, un élément vil de sa vie aventureuse; — comme un réceptacle impur, fragile, dangereux, qu'il va rejeter et briser pour l'enfouir dans un coin d'ordures; — je m'habituai, dans ma solitude ombragée, entre ma dixième et ma trentième année, à concentrer tout ce que l'homme désire et imagine de beau dans une seule image. C'était la femme symbolique, sublime, placée sur un autel ; la beauté était la femme, la femme était la vertu. Ce phénomène n'était pas nouveau. La religion catholique du moyen âge l'avait réalisé pour des contemporains de Pétrarque et de Dante ; la philosophie moderne le réalisait pour moi. Plus la maison de mon père m'enseignait la pureté, plus ce divin fantôme, que j'ai gardé et qui m'a gardé si longtemps, avait de puissance sur moi. Il m'enveloppait de ses ailes de nacre. Il me berçait d'une musique céleste ; et je grandissais dans le rêve sacré qui fit Laure et Béatrice. Bien tard, je retombai de cette cime, de ce songe, de cette chimère, comme de la roche tarpéienne.

QUELQUES PORTRAITS DE FEMMES.

Les *Mémoires* que Mme Lenormant a griffonnés, grossoyés et minutés par Mme Récamier, donnent bien l'idée de toute cette société de 1820, à laquelle Sainte-Beuve a emprunté son papotage, sa miévrerie, son verbiage, sa myopie, son grossissement des petites choses, son faux qui n'est pas tout à fait mensonge, ses demi-vérités qui ne sont pas tout à fait effacées, son nuage de mystère social, ses vertus de convention, ses vices de débilité, tout ce qui constitue un énervement définitif, paré de mille sophismes, enveloppé de mille voiles, et incapable d'aucune constance, d'aucune force, d'aucune grandeur. Dans ces *Souvenirs* comme dans ces salons, dans ces *Mémoires* comme dans ces relations, tout était artificiel, la gaze des pastels d'Isabey planait sur tout. J'ai connu Mme Lenormant et un peu Mme Récamier; je les ai vues. Assommants étaient leurs salons; à force de coquetterie et de fadeur concertée, ils tombaient dans la platitude. Celui de Mme Récamier valait beaucoup mieux que le second. L'afféterie monarchique, religieuse et élégamment pincée qui y régnait et que dominait l'ombre majestueuse de Châteaubriand, idole vivante, reléguée dans un coin, sur un autel, était un peu corrigée par certaines lueurs de naturel, de passion et d'énergie, que le Directoire et l'Empire avaient laissées après eux, surtout par le caractère simple de la maîtresse. N'ayant point de passions, et n'en étant pas même susceptible par son organisation physique, elle n'aimait qu'à plaire et elle y arrivait merveilleusement, en écoutant toujours, ne posant jamais, s'oubliant toujours, ne mentant jamais, et ne connaissant ni envie, ni jalousie, ni ambition, ni haine. C'était une vraie rose blanche, avec un peu d'incarnat doux et une faible nuance d'affectueuse tendresse au fond de la corolle; grande, bien faite, toujours en blanc, l'œil fin et doux, pas de gestes et pas de gros langage; elle exhalait comme un parfum moral de délicate simplicité qui faisait son charme. L'âme était douce, l'esprit fin, le corps admirable et toujours virginal, par un défaut ou un don de la nature. Autour d'elle mille intrigues. Toutes les âmes d'alentour hurlaient, se contournaient, brûlaient et s'agitaient comme des damnés. La sienne, calme, compatissait. Toutes les vanités se torturaient et se démenaient dans la rage, le regret ou la haine. Elle mettait la sienne à les consoler, même les plus âpres, comme Châteaubriand; même les plus hargneux, comme Laharpe. Elle était supérieure par cette divine absence des vices généraux et des violences, comme la colombe blanche est la première parce qu'elle est sans couleur. Mme Récamier était femme, très-femme. Étourdie, coquette dans ses parures, légère dans ses goûts, incapable de sérieux, de véhémence et même d'application, elle était vraie dans son étourderie, vraie dans ses futilités, agréable toujours, touchante surtout dans son intérêt pour les autres. Le soir où M. de Châteaubriand, vieux et sourd, m'introduisit chez elle, je vis une personne grande qui évidemment n'avait pas emprisonné son buste souple dans un corset, et dont l'esprit n'en avait pas davantage. L'absence de prétention la caractérisait. A côté d'elle, enseveli dans un fauteuil et muet, le lyonnais Ballanche, affreux à voir, la bouche déformée par une excroissance intérieure ; et l'autre lyonnais, Ampère, sec et sautillant, tous deux amoureux, bien entendu repoussés. La femme physique n'existait point chez cette créature étrange ; et la femme intelligente n'en avait que plus de nuances fines ; la femme morale qui n'avait ni matériel, ni famille aimée, ni enfants, ni frères, dirigeait sur d'autres points ses maternités inemployées et ses tendresses disponibles. On peut dire que le vieux Ballanche fut son fils moral et Ampère aussi. De Châteaubriand invalide elle fit son père ; des deux Montmorency ses frères bien-aimés, et de Mme de Staël sa mère adorée. Une société parvenue aux dernières limites de l'artificiel pouvait seule réaliser ce prodige multiple, auquel servait de centre une créature excellente, incapable d'enfanter ni d'aimer d'amour.

Le nom *Delphine*, nom de Mme de Girardin, née Gay, date et caractérise cette femme un moment célèbre et rappelle le roman de Mme de Staël, *Delphine*. Le baptême de nos femmes dépend toujours de la mode. Les *Mathilde* ont été baptisées quand Mme Cottin et Malek-Adel étaient lus. L'héroïne de Bernardin de Saint-Pierre, Virginie, a créé une multitude de *Virginie;* toutes les *Louise* et *Marie* de nos temps sont écloses sous la Restauration ; comme les *Tullie*, les *Sempronie* et les *Césarine* datent de la Révolution. De 1793 à 1809, les gens très-fins appelaient leurs fils *Romain*, pour avoir l'air d'être à la mode ; et leurs filles *Irma*, pour déguiser l'anagramme catholique de *Marie*.

Ma sœur fut donc nommée par mon père (tout républicain et tout Romain), *Stephanilla-Laurentia*; et Mme Gay, ayant lu le nouveau roman de Mme de Staël, *Delphine*, nomma sa fille aussi « Delphine ». La mère Gay, essentiellement femme d'intrigue et de salons, vivait dans les salons où ce livre faisait un bruit prodigieux. Mme de Staël y sonnait le premier clairon de l'émancipation féminine, comme Jean-Jacques, son maître, avait battu le tambour moral de la révolte des prolétaires. Mais Jean-Jacques soutenait une thèse possible, dangereuse sans doute, reposant sur des bases fausses, néanmoins d'accord avec les aspirations secrètes de l'humanité. La thèse de Delphine, confusion des devoirs de l'homme et de ceux de la femme, insulte l'humanité et Dieu. Mme de Staël, encore timide, se contente de proteste avec chagrrin contre la position sociale de la femme, contre les convenances et les bienséances qui l'enchaînent, contre sa subordination légale. C'est de Delphine, de ce roman, que date la prétention des émancipées, prétention artificielle, fausse et ridicule qui a taché, sinon souillé, quelquefois flétri, toujours rendu ridicules presque toutes les femmes de mon temps. Ce faux, cet artifice, ce mensonge, cette exagération des forces ont marqué toute la vie et tout le talent de Delphine Gay, devenue Mme de Girardin; large beauté blonde à la passion brune et ardente; fortes épaules qui ont simulé la délicatesse; esprit fin et facile qui a cherché le spontané; versificatrice aux tresses blondes et aux rimes douces, qui a cherché les essors violents. Tout cela d'ailleurs bien imité, apparent, vraisemblable, à l'effet. Il reste à peine un vers de ce poëte en chrysocale, à peine un paragraphe de ce moraliste en filigrane.

Mais le faux de cette existence de poëte sans poésie, de romancière sans passion et de philosophe sans morale, allait si bien à l'époque, que tout le monde s'en éprit, comme on aime les fleurs factices et chauffées au salpêtre, les moutons obèses que la science a déformés, et les chevaux de courses qui ne ressemblent plus, grâce aux éleveurs et aux grooms, qu'à des sauterelles colossales. Delphine Gay passa grand homme.

RÉSUMÉ LITTÉRAIRE.

(DE 1832 A 1835.)

La littérature se tournait en boutique, le divin en matière brute, l'art de Voltaire en gros écus. Comme on raffolait de style, et que la fièvre littéraire était partout, les exploiteurs accoururent. Le premier alors, Véron le docteur, est devenu le courtier de commerce de cette maladie, le maquignon des plaisirs bruts se mêlant à ceux de l'esprit, le Mercure d'un matérialisme intellectuel. Ni écrivain, ni homme de génie, ni de talent, ni de salon, ni même d'observation quant aux hommes, dont il ne faisait aucun cas; sale dans ses mœurs; jouant le vicomte, puis le bourgeois; usant de finesses qui frisaient l'escroquerie, mais n'y tombant pas; ce gros Véron, retors comme un avoué ou comme trois avoués, d'ailleurs aimant les filles, les tableaux, les gens de lettres, a joué un rôle de fermier-général. Il comprenait la nouvelle importance des gens de lettres;

il les courtisait. Lui-même il l'était devenu un peu ; il allait le soir chez Michaud, fréquentait les bureaux de la *Quotidienne*, journal royaliste, et prêchait la morale du haut de la chaire des *Bonnes Lettres*, comme le singulier *Malitourne*, son ami, qui, lui, exploitait la politique. Les roués professeurs de morale. Quel jeu ! Quelle plaisanterie ! On croyait avoir besoin de cette comédie. Personne ne croyait plus au roi ni à la royauté ; mais on jouait à la monarchie.

Une fois la Révolution faite en 1790 et les majorats détruits, noblesse et trône avaient disparu ensemble. La Restauration n'avait pu élever qu'une décoration d'opéra. Cette décoration devait avoir ses comparses ; il s'en présenta de jeunes, de vieux, de naïfs, d'intéressés ; ce fut une armée. Véron, Malitourne, Mazèves firent partie de ces troupes. Le trône avait besoin de moraliser son peuple, comme Sganarelle sa jeune femme. On paya donc des moralistes. Comme depuis, sous l'empire de 1852, on a payé des régularisateurs. Mais en fait de femmes, d'art, de poésie, de morale, de politique sociale et de vérité, tout ce qui est vénal ne vaut pas la peine qu'on l'achète. On n'achetait donc rien, tout en payant fort cher.

Cependant, la semence de la Révolution et du dix-huitième siècle, toujours étouffée en vain, germait toujours de nouveau. Béranger chantait, et son sifflet terrible de merle gaulois trouvait des échos partout. La bourgeoisie riait, gaussait, se moquait et se donnait une contenance héroïque en endossant l'habit de garde national. Les penseurs et les écrivains sonnaient la charge contre le trône ; l'Académie et les libéraux ne voulaient pas marcher avec lui.

Que faire? On enrégimenta des gens d'esprit pour combattre les opposants libéraux. Michaud, l'aimable vieillard, mari d'une jeune et belle femme, ayant le beau Poujoulat pour commensal et l'abbé Cœur pour ami, guidait la partie de la bande la plus lettrée; Martainnlu en guidait une autre. Une tribune dorée s'éleva. Le mot *Bonnes lettres* servit d'écriteau ; contre les *Mauvaises lettres* marchèrent ces soldats du catholicisme fardé, de la moralité vénale et de contrebande.

Véron, le gros roué, fut un des lieutenants de la cohorte. Prédicateur moraliste et royaliste, il profita de la situation. Le premier il rendit le métier des lettres tributaire de la boutique ; le premier il usa de la pensée comme d'un agiot. Écrivain et politique, il se méprisa comme écrivain, et se railla comme politique. C'est le précurseur de Villemessant, Buloz et autres. Buloz a été bien plus loin, Buloz a été l'Héliogabale de ce Trimalcion. Tous deux devaient faire fortune et l'ont faite. Villemessant aussi.

En France, tout ce qui n'est pas de guerre sociale n'existe pas. Il faut donc avant tout se constituer une vie de relation qui vous protège et vous fasse fort. Dans ce pays social, on n'a pas d'autre valeur que celle que les autres vous attribuent. Les apparences, autrui et le jugement extérieur, la passion d'autrui sur votre compte deviennent donc votre propre existence, et se substituent à votre propre valeur. En France, il n'y a pas de *self* qui soit debout; les *égoïstes* se groupent pour se défendre. Ma vie de relation était mauvaise; dès le berceau elle était gâtée; puisque sur ce berceau, il y avait inscrits les mots : *République*, 1793, et *Louis XVI condamné*. Dans le premier âge, j'ai aimé les arbres, la nature et les livres. Cela n'a établi aucune relation utile entre moi et les hommes. Les idées furent mes seuls camarades. Dans la jeunesse, hors de France, une belle vie de relation m'a rattaché aux libres et fortes mœurs du Nord; me faisant comprendre la noblesse, la dignité de l'homme; combien il est ridicule à l'homme d'annuler sa valeur propre, et de ne prendre son point d'appui que chez les autres. Aussi n'ai-je été rien en France, où l'on ne peut être que par les autres, et où les autres sont irréfléchis. Là, il faut être conquérant ou conquis; passif ou actif. La France dédaigne celui qui « acquiert » une valeur personnelle; elle le hait. « Il ne se bat pas et ne tue personne. » Elle estime celui qui « conquiert » une valeur en rossant les autres? Elle dit : Voilà le maître. Me rencontrant un soir, le joueur Malitourne, qui avait bu trop de vin, et me voyait entouré de Véron, Romieu et autres étoiles, s'alla jeter dans un fauteuil, et s'écria : « *Chasles n'est rien.* » Ce qui signifiait : « *Il ne cherche pas à être ministre. Il ne tue personne et ne vole personne.* »

Ce besoin de guerre, cultivé et croissant pendant des siècles, est arrivé en France à un degré de férocité polie impossible à dépasser. Les arts eux-mêmes en sont empreints. Comme femme de théâtre, Rachel en a été la dernière expression. Ce petit tigre bohémien, juive lascive, vaste front planté sur des épaules de hyène et sur un torse charmant de Ménade, sublime d'intelligence, et plus rapproché par l'âme des carnivores que des hommes, a séduit tous ses contemporains dignes d'elle, et que sa grande qualité, la férocité, a enivrés. Véron le gros en a raffolé. Ricort se serait pendu pour elle. Les archevêques l'ont bénie. La France l'a pleurée. Autrefois, petite gueuse en chemise, qui, la sébille à la main, ramassait des sous dans la fange des estaminets; toute rompue depuis dix ans au trois-six, au vice, aux planches, aux quinquets gras, aimant le ragoût du vice, mais encore plus le ragoût de l'argent, elle représentait la sauvagerie des Parias, celle des Juifs, celle des Bohèmes, résumée, concentrée et raffinée par la sauvagerie des rues de Paris. Un gamin jouant Andromaque, Bérénice, Didon, Hermione et Phèdre! Quel festin! quelle joie! Les blasés ne se contenaient pas. Le fade de Racine était corrigé; le régulier devenait naturel; l'hémistiche hurlait; la rime plate bondissait; l'alexandrin sur ses douze pieds se tordait; elle rejetait (la sublime sauvage) Racine dans le moule de Shakespeare. Pas un accent tendre, doux, consolant, céleste. Mais pas un cri faux, exagéré, excessif ou détonnant. Phèdre amoureuse ressemblait à une panthère, folle de désirs; Hermione à une Juive de la Bible allant tuer Holopherne; Monime à une religieuse fouettée par le confesseur. Matérialiste sans le savoir, démocrate involontaire, la hyène sublime était d'accord avec son temps.

Les points sur lesquels les Français s'entendent entre eux et secrètement, par une communauté d'éducation et de tradition, sont ceux à propos desquels je diffère; ils me repoussent et je ne peux les souffrir. Le premier point est capital. C'est cette maxime secrète et qui est la religion française : « Suivez le courant. — Je réponds que ce courant est servile. Ils répliquent que cela est « humain ». — Je réplique que c'est sauvage; ils disent que c'est social. — Mais cette société change. — Il faut changer. — Mais ce n'est pas viril. » — Là-dessus on se sépare. La sociabilité française suit son cours, et moi le mien.

« Jouissons, ne prenons la vie que comme le jeu rapide et la lutte fatale de forces matérielles. Tâchons de dominer pour jouir davantage. Si nous parvenons à obtenir la victoire, nous aurons plus d'or, et avec cela plus de plaisir. La vie, guerre à mort de l'homme contre l'homme, de la plante contre la plante et des forces contre les forces, ne peut admettre ni justice, ni morale, ni charité. » D'après ces principes, qui étaient ceux de Mérimée, de Véron et de presque tous mes contemporains célèbres, mais que la masse, sans les avouer et les professer, suivait comme règle, les uns couraient furieusement après un peu d'argent; les autres après un peu de plaisir et de renommée; les moins ignobles après un peu de pouvoir; enfin les plus innocents étaient les artistes, ceux qui admiraient avec naïveté la couleur, la forme et l'extérieur, l'enveloppe éclatante de la vie, et qui en faisaient leur religion sincère.

Un jeune homme, fin d'esprit, dégoûté à force de délicatesse native, plus nerveux qu'une femme malade, plus subtil qu'un diplomate blasé, doué d'une merveilleuse aptitude à percevoir la couleur et le son ; très-sceptique, et de l'école de Stendhal, sans aucun goût pour la politique grossière ou les intrigues vénales ; du meilleur monde et en ayant toutes les petites ruses sociales, même celles de la mise en scène ; ne cherchant que l'émotion dans l'art, et méprisant la symétrie voulue ; faisant de la violence un principe et de la passion une base, se mit volontairement à la tête de cette cohorte d'artistes. La religion de l'*art* pour l'*art* naquit ; expression baroque. Elle indiquait l'absence de toute idée ou sociale, ou humaine, ou philosophique, et la résolution d'enfermer la peinture dans les séductions du pinceau, la musique dans la combinaison agréable des sons, et de bannir des sphères artistiques toute idée supérieure aux sens. Pour atteindre ce résultat, il fallait que le compositeur musical détruisît le rhythme qui est la ligne et la règle ; c'est ce qu'a fait Wagner sans succès. Il fallait, d'un autre côté, que le peintre ensevelît sous l'éclat de la couleur la sévérité de la forme et la précision des contours ; c'est ce que Delacroix a tenté et souvent accompli avec une puissance subtile, ardente et incontestable. J'étais au lycée avec ce garçon, olivâtre de front, à l'œil qui fulgurait, à la face mobile, aux joues creusées de bonne heure et à la bouche délicatement moqueuse. Il était mince, élégant de taille, et ses cheveux noirs, abondants et crépus, trahissaient une éclosion méridionale. Il était né à Constantinople d'un de ces hommes ingénieux et honnêtes qui, à la fin des troubles révolutionnaires de la France, ont essayé d'établir un peu d'ordre et d'introduire un peu de lumière dans l'orage furieux où Marat et Danton s'étaient démenés. Si la France, au lieu d'avoir subi les longues et lâches influences monarchiques, avait pu, comme l'ancienne Venise républicaine, mettre en œuvre cette race particulière de talents politiques, elle aurait pu vivre libre. Delacroix, comme presque tous les fils de conventionnels, eut de bonne heure l'instinct du néant politique de son pays. Au lycée, où nous étions ensemble, et où Jousse, le juif, faisait des conspirations et des plans utopistes pour les îles Maldives, Eugène Delacroix couvrait ses cahiers de dessins et de bonshommes. Le vrai talent est chose tellement innée et spontanée, que, dès sa huitième et neuvième année, cet artiste merveilleux reproduisait les attitudes, inventait les raccourcis, dessinait et variait tous les contours, poursuivant, torturant, multipliant la forme sous tous les aspects, avec une obstination semblable à de la fureur.

Tout était véhément chez Delacroix, même son amitié, qu'il m'a conservée jusqu'à sa mort. Il était incapable de comprendre l'admirable génie maladif d'Alfred de Musset. Il ne l'aimait pas ! C'est un poëte qui n'a pas de couleur, me dit-il un jour ! il manie sa plume comme un burin ; avec elle, il fait des entailles dans le cœur de l'homme et le tue en y faisant couler le corrosif de son âme empoisonnée. « Moi j'aime mieux les plaies béantes et la couleur vive du sang. »

Lorsque Musset se présenta à l'Académie française, Eugène s'imagina de me faire passer avant Musset. Il s'adressa à son ami Sainte-Beuve qui lui répondit par une lettre machiavélique. Eugène Delacroix, tout consterné par l'habile et fine duplicité du futur sénateur de Napoléon III, m'adressa l'épître qui suit :

« Cher ami, j'ai hésité à t'envoyer cette lettre, mais toute réflexion faite, il faut peut-être que tu la voies (*mais tu la remettras sous enveloppe et me la renverras, je tiens à l'autographe*). Je t'ai dit que j'avais vu Sainte-Beuve et que je l'avais trouvé on ne peut mieux disposé : il y a de cela six semaines environ. Dans ce moment Musset était tout à fait dans une pénombre où il semblait se tenir volontairement. Depuis j'appris par Mérimée qu'il devenait redoutable, et il y a tout à l'heure un mois que j'écrivis à Sainte-Beuve une lettre pressante à ce sujet. La réponse vient d'arriver seulement avant-hier. Je suppose que les événements politiques ayant sans doute ajourné les élections de l'Académie, le retard de Sainte-Beuve est plus excusable. Je suis chagrin de la tournure que prend cette affaire qui s'annonçait mieux, mais il faut toujours espérer.

« Je t'embrasse,

« Eug. Delacroix.

« Renvoie-moi l'autographe. »

LE PSEUDO-CHRIST

Il y a eu aussi, de mon temps, plusieurs Pseudo-Christ. Ces faux Jésus n'étaient pas tous malhonnêtes ; l'un deux, que j'ai beaucoup connu, se nommait Tourreil. Il était, je crois, parent de Tourreil le traducteur de grec, et vivait dans la pauvreté avec un petit ménage et une petite femme qu'il menait très-doucement. Théâtral néamoins, il avait la barbe de trois couleurs étagées ; blonde, brune, rouge ; ce qui marquait la trinité ou la Trimourti ; et cette Trimourti était teinte. Il pratiquait le *fusionisme*, c'est-à-dire la religion de la fusion universelle, un spinozisme imbibé de charité chrétienne avec des nuances pythagoriciennes et des reflets bouddhiques. J'écoutais avec un étonnement stupéfait et candide les enthousiasmes divagateurs de ce pauvre garçon, qui, en effet, avait rêvé un communisme humain fondé sur l'unité de substance que les spinozistes regardent comme le fond des doctrines et la solution de l'énigme sociale. Il avait une grande tête longue, une figure ovale qu'il arrangeait à la Jésus-Christ ; il parlait onctueusement, doucement, avec une chatterie presque larmoyante et sincère ; car les apôtres qui ne gagnent rien à leur apostolat sont vrais. Cette société mélangée et troublée qui renfermait tant d'éléments dans ses eaux fangeuses, emmiellées, empoisonnées, avec des flots salubres, des épanchements étrangers et des jaillissements bizarres, nourrissait à la fois Guizot, l'ambitieux protestant penchant au catholicisme, le catholique Lacordaire, essayant de faire entrer l'analyse protestante dans le dogme de Bossuet, George Sand, le philosophe pénétré de sensualisme panthéiste, Veuillot, le Rabelais du goupillon, Jean Journet, le barnum des apôtres, et Tourreil, un bouddhiste du faubourg Saint-Jacques. étrange ! étrange !

La religion de Tourreil, le *fusionisme*, aboutissait à l'indulgence qui permettait toutes choses et à la parfaite liberté qui détruisait tous les vices en les admettant tous. Il ne gardait du Christ que la charité, des saintes que la Madeleine. Il réunissait de temps à autre dans son grenier quelques ouvriers auxquels il distribuait un peu d'argent ; et connaissait ainsi Galibert, ancien ouvrier, teneur de livres, puis correcteur d'imprimerie ; il toucha par ce côté à la *Revue britannique* où Galibert était devenu caissier. La trempe des Méridionaux froids est des plus dangereuses et des plus bizarres ; c'était celle du Montpellerien Galibert, homme d'hypocrisie et de vertu simulée, mais bien jouée ; corrompu et jouant la chasteté, homme d'ordre qui devait finir par la banqueroute frauduleuse et curieux surtout par son habileté à se mêler de tout, à se glisser dans les fentes, à se fourrer dans les crevasses. Je ne sais comment il me mena dans le taudis qui lui servait d'église et où une quarantaine d'hommes et de femmes, prenant la parole tour à tour, à la façon des quakers, disaient toutes les sottises possibles ; qu'il n'y avait pas d'inceste, qu'il fallait épouser sa sœur, se marier tous les jours par charité, se démarier de même, emprunter à tout le monde, prêter également et détruire la particularité par l'union universelle. Tourreil, derrière une table, avec deux chandelles de suif et sa barbe triple, expliqua la chose dans un sermon d'une heure écouté avec componction, puis suivi d'un excellent épilogue. De l'argent fut distribué aux plus pauvres. Comique et touchante, la représentation dura trois heures. Tourreil n'y gagnait pas un sou, mais le caissier de la *Revue* trouva moyen de recruter quelques abonnés.

Le sentiment du juste est dans le christianisme.

Le sentiment de la charité est plus que le sentiment du juste.

Le *moi*, la personnalité, sont aptes à se tromper sur le juste.

LA MORALE

Pour décider de l'éducation future, il faut savoir d'abord où la société va ! Va-t-elle à Louis XIV ? où à l'Amérique ?

I

C'est la grande question de la morale, de l'intérêt et du bien-être.
Elle annonce la fin d'une civilisation. — Vues sur l'avenir.

Quelque chose m'étonnait profondément, c'est que la France imputât à ses chefs les torts ou les vices de ses propres doctrines, qui avaient porté ces chefs au pouvoir. En 1830, après avoir renoncé successivement à l'idéal d'une monarchie légitime et constitutionnelle, à celui d'une omnipotence guerrière, à celui d'une oligarchie voluptueuse et au terrible essai d'une démocratie spartiate, la France fatiguée voulut inaugurer enfin une république monarchique du bien-être; le roi d'Yvetot était devenu l'idéal universel. Béranger l'avait chanté ; Courier avait consacré au bonnet de coton de ce monarque pacifique ses pages les plus goguenardes et les plus charmantes. Jouir, railler, médire ; s'enrichir, s'amuser, cultiver et agrandir tous les domaines de l'industrie et du commerce, ne rien négliger de ce qui rapporte un bénéfice ou un plaisir matériel, ne songer à rien de ce qui impose un sacrifice ou un dévouement ; la France, par une série de degrés naturels et logiques et sans rien perdre de sa verve, de son esprit, de son éloquence, de son courage même, était arrivée à cet idéal.

La diffusion du bien a toujours été le résultat du progrès, ou, si l'on veut, de la vieillesse des sociétés. Rome, jeune et active, avait tout sacrifié à ses efforts héroïques et à son avenir; elle se battait alors, rendait les nations esclaves et professait le stoïcisme de l'action. Devenue vieille, elle donna droit de bourgeoisie et assura une certaine dose de bien-être aux Germains, aux Ibères, aux Gaulois, aux Carthaginois, aux Parthes et aux Gétules. En même temps la passion héroïque, le goût du sacrifice, le dévouement de l'individu à la communauté s'affaissèrent, et la société elle-même se mourut. Ce fut pour remplacer cette destruction, que Dieu envoya une autre théorie, une autre société, qui s'appelait la société chrétienne, et qui, reconstituant le sacrifice, divinisant le dévouement, attaqua le bien-être, et des cendres de la vie antique, fit jaillir l'étincelle de la vie moderne. Pendant dix-huit siècles, la communauté chrétienne a fait de très-nobles et de très-grandes choses, et la civilisation est arrivée par elle à ce point, que le bien-être est redevenu, dans des proportions bien plus vastes, la préoccupation universelle de cette même communauté. Cette tendance au développement de la vie matérielle n'est donc qu'un phénomène prévu, nécessaire, historique, résultant de la marche normale des sociétés.

Il est impossible d'arrêter ce progrès. Les sociétés usent leurs formes comme nous dépensons nos facultés; elles vieillissent aussi bien que nous; la discipline qui les a maintenues pendant quelques siècles, a besoin de se renouveler et de se transformer. Malheureusement à la religion du bien-être se joint toujours la destruction de la morale. La société s'en va, quand chacun se fait une morale à sa guise. Il n'y a plus que des individus; ces fragments du faisceau rompu manquent de force. Un bon administrateur comme Vespasien, une tête puissante comme Marc-Aurèle peuvent seulement les maîtriser, les resserrer enfin, suspendre la décadence; c'est tout ce que l'on doit espérer du plus habile ou du plus vertueux des hommes qui gouvernent alors.

Cependant le monde ne périt pas. Les destinées humaines suivent leurs cours et obéissent à leur progrès. Lorsque Rome dort dans sa léthargie, Byzance essaye de vivre un peu; lorsque Byzance achève de s'éteindre, les tribus du nord acceptent le christianisme et commencent la chevalerie : lorsque l'Allemagne végète dans la confusion de ses guerres féodales, les républiques italiennes étincellent. La civilisation est une flamme errante qui ne s'efface jamais partout, et qui ne brille jamais sur toutes les zones. La Chine et l'Inde connaissaient l'astronomie, l'architecture, la sculpture, peut-être l'imprimerie, quand nous étions des barbares couverts de peaux et semblables aux nomades de la Polynésie actuelle. Peu à peu les hommes de l'Orient se sont affaissés, et nous avons grandi, nous hommes de l'Occident, instruits par eux, éclairés par l'anneau lumineux que la Grèce suspendit entre les deux mondes ; nous reportons maintenant du côté de l'Asie notre expérience et nos lumières. Une fois cette communication achevée et ce magnétisme exercé, je ne sais si les Européens ne verront pas leur étoile pâlir et leur rôle s'effacer. Après avoir joué tant de comédies et de drames, pourquoi ne rentreraient-ils pas enfin dans la coulisse ? Cela est arrivé aux Grecs, civilisateurs qui nous valent bien, et qui, après l'avénement de Rome au trône du monde, n'ont plus paru sur la scène du monde qu'à titre de comparses. Il y a là-bas, du côté de l'Amérique, et vers les limites asiatiques de l'Europe, des personnages tout prêts à entrer sur le théâtre ; ils ont la fougue et la volonté de jeunes acteurs ; ils ont débuté brillamment, ils demandent à grands cris des succès. Quand les États-Unis seront peuplés, quand la Crimée et la Sibérie regorgeront d'hommes, il se passera d'étranges choses dans ces régions : il leur faudra des Thucydides et des Joinvilles ; j'ai peur que les vieux peuples d'Europe n'aient alors besoin que d'un Procope ou d'un Jornandès.

L'Europe, dites-vous, gardera son industrie ; l'industrie est-elle la civilisation ? Quelle industrie ne possédaient pas les Chinois lorsque leurs conquérants les accablèrent ! Il y avait à Constantinople des buffets d'orgues, des horloges à eau, des lits de nacre et d'or sous le règne des eunuques. Byzance mourant faisait un bien plus grand commerce que Rome ou la Grèce dans leur beau temps. La force morale d'une nation, sa discipline forte et reconnue, la sympathique énergie qui la fait marcher comme un seul homme ; voilà la vraie civilisation. Cette activité réglée qui domine et dompte les vices humains, cette servitude des volontés de chacun à la gloire et au bien-être de tous, valent mieux que le *sauve qui peut* des égoïsmes, seule liberté des temps anarchiques et incertains.

« Prenez garde, disait en 1833 un philosophe modeste ; si vous laissez les hommes courir à la recherche des jouissances, vous verrez le groupe de la société se détruire ; quelques riches, beaucoup de pauvres ; tous les pauvres animés de colère contre les riches ; tous les riches resserrant leurs bourses et tendant leurs verres ; par intervalles des coups de fusil tirés par les ambitions souffrantes ou les douleurs affamées ; l'indifférence pour la société dominant la société ; la force brutale tranchant les questions, enfin un triste retour à l'état sauvage, par la voie d'une civilisation excessive, qui, ayant usé sa vieille discipline, ne sait comment s'y prendre pour s'en faire une nouvelle [1]. »

« En ralentissant, à force de soins et de labeur, ce délâbrement fatal, on peut avoir encore quelques bons siècles devant soi. Il faudrait laisser la Russie et l'Angleterre se disputer l'Asie ; perfectionner ses ressources acquises ; prendre l'habitude d'une liberté réglée ; perdre celle de l'éternelle négation et de la destruction systématique ; penser aux provinces écrasées, dont l'éducation morale et politique est fort inégale, et aux prolétaires, qui s'arment chaque jour d'une instruction sans moralité, arme dangereuse qui tue son maître et qui blesse les autres. Il faudrait pour cela, non-seulement le repos matériel, mais le repos moral, surtout l'état normal e religieux des intelligences et des âmes. »

Celui qui parlait ainsi immédiatement après l'établissement de Juillet (le plus répandu des journaux français [2], osait imprimer ces paroles mêmes), ne trouvait dans cette franchise ni honneur, ni profit ; ses amis contrariés dans leurs doctrines ne l'en aimaient pas davantage ; il recueillait les seuls résultats naturels de cette lutte naïve contre le courant des idées générales, un grand tourment d'esprit et peu de sympathies.

La question entre lui et la société du xix⁰ siècle était celle-ci : — « L'intérêt de tous et de chacun, cultivé religieusement par l'individu, peut-il con-

---

1. Écrit en 1833.
2. Le Journal des Débats, 10 décembre 1840.

duire la société au bonheur et à la prospérité? Sans le sentiment religieux, sans le dévouement, sans la souffrance acceptée et bénie, y a-t-il une force sociale possible ? »

« La souffrance est sainte, dit l'Évangile », et l'Évangile a raison. Relisez donc l'histoire. Elle vous montre une foule de bourreaux qui jouissent de tout, et de victimes qui pleurent. C'est une mystification ridicule de nous entretenir des remords d'Ali-Pacha, qui vivait fort heureux ; des chagrins de Séjan ou de Tristan-l'Ermite, qui n'étaient pas de bonnes gens et qui n'auraient pas troqué leur condition contre celle d'un mendiant homme d'honneur. Admettons donc ce que le simple bon sens nous crie, c'est-à-dire, que le devoir impose la souffrance, à des degrés divers ; que le roi qui veut gouverner doit souffrir, et que le père de famille dévoué aux siens, paysan ou riche, rencontre ou plutôt affronte mille douleurs poignantes; qu'il faut nommer toute chose par son nom, et que la morale de l'intérêt est un leurre ou une chimère, inventés par les tartufes modernes et par les géomètres rêveurs d'un monde impossible.

Vouloir argumenter comme les philosophes du xviiie siècle, et prétendre que le dévouement et la souffrance constituent une sorte de bien-être,— c'est chose absurde. Rien de plus puéril que cette morale de l'utilité. Il n'est pas vrai que nous soyons heureux matériellement de nous priver de nos ressources pour nos semblables, et de sacrifier notre personnalité à autrui. Quiconque a voulu raconter ces folies aux hommes et les nourrir de ces billevesées les a pris pour des sots ou des hypocrites. Il est très-vrai, au contraire (et toute l'histoire est là pour le prouver), que l'exercice des vertus les plus sublimes et l'emploi des plus grands talents font peu de chose pour le bien-être actuel de la vie ; que ce bien-être dépend de l'adresse, du hasard, souvent de la ruse et de la violence ; qu'il faut se résigner à voir des hommes qui *fruuntur diis iratis*, comme disaient les anciens, et dont le succès est une insulte à la Providence ; que les remords du coupable et les consolations de la conscience ne sont pas des faits généraux, mais un lieu commun inventé précisément comme consolation et explication de ce triomphe insolent des mauvaises qualités sur la terre ; que la conscience s'endort souvent, et que chaque coupable se fait une conscience personnelle d'une élasticité très-complaisante ; — enfin les philosophes, au lieu de parler systématiquement du vice et de la vertu, devraient aller visiter l'un dans les bagnes, quand il est maladroit, l'autre dans les greniers, lorsqu'elle est malheureuse. L'humanité est chose si légère et si vaine que, selon ses besoins ou ses caprices, elle excuse tout, même le vol et le meurtre. Dans les classes supérieures nous voyons les devoirs interprétés si diversement, les règles tellement souples, la morale si fractionnée et si incertaine, qu'il n'y a pas de lien dont une conscience expérimentée ne sache se défaire. On a écrit des codes qui effacent tour à tour et à l'envi toutes les restrictions, et justifient, qui le meurtre, qui l'injustice, celui-ci le vol, celui-là le parjure, cet autre l'adultère.

Où donc est le devoir? Comment le comprendre et l'interpréter dans ces temps de sophisme universel?

Les âmes les mieux faites pour embrasser le culte se sont égarées. Fatiguées de l'ancienne règle, elles ont créé pour leur usage des formules romanesques et trompeuses. On a inventé de faux devoirs, en dehors des devoirs naturels. Rousseau, Mme de Staël, Gœthe, Byron, sans compter leurs pâles imitateurs, sans compter les talents qui voulaient briller, Kotzebue, Diderot et mille autres, ont multiplié à l'infini les nuances des faux devoirs. C'est un *devoir* de placer son fils en apprentissage chez un menuisier; de se tuer comme Werther, faute d'occupation; d'être ridiculement empathique comme Corinne ou impérieuse et insupportable comme Delphine; un devoir d'adopter l'enfant adultérin de sa femme, comme dans *Misanthropie et Repentir*, ou de bénir les deux amants, comme ce bon mari qui se nomme Jacques; un devoir de se conformer aux mœurs d'Otahiti selon Diderot, ou de se moquer du monde en le maudissant, comme Byron. Le Code de moralité que l'on pourrait extraire des œuvres de ces hommes de génie ou d'esprit renfermerait tous les vices, tous les ridicules et toutes les sottises.

L'exaltation du sentiment du *moi*, l'adoration de nos propres penchants, l'enthousiasme même pour la nature considérée comme l'instrument et l'esclave de nos plaisirs, ont développé ce sentiment effroyable que la langue moderne a cru digne d'un mot sauvage, *l'individualisme*. Ce n'est pas autre chose que la société brisée. Tandis que nos ancêtres prenaient tant de peine pour relier les intérêts et unir les hommes, nous faisons de l'énergie individuelle et de son développement libre une espèce de théorie, voulant créer par la destruction, disséminer ce que nous prétendons consolider, et grouper ce que nous fractionnons. Ce contre-sens est absurde. Les forces éparses qui se détruisent par leur combat ne sont plus des forces; rien ne résulte d'une série de négations, et vous multiplieriez les zéros, vous en couvririez des pages, sans exprimer aucune valeur.

« Mais, me disaient mes amis, vous professez une misanthropie ridicule et inutile. »

Je me contente d'observer. Regardez donc autour de vous. Voyez ce que produisent tous ces petits codes de morale isolée, dont chacun de nous suit la loi commode, et qui flattent l'orgueilleuse faiblesse des amours-propres. Dans les livres, les arts, la politique, le langage, la société, devant les Cours d'assises, à la Chambre des députés, partout apparaît le dogme réel de l'ère où nous vivons, religion secrète et fatale; — c'est que chacun est son propre juge et que, de notre individualité personnelle rayonne sur le monde une lumière, émanée de notre volonté.

« Pourquoi commettez-vous ce crime, demandez-vous au criminel; cette action coupable et étrange, qui paraît née d'une âme morte et d'un cerveau malade? — Pourquoi? Je l'ai voulu; mon jugement diffère du vôtre; nos codes individuels n'ont pas d'analogie; je vois le monde autrement que vous; vous me condamnez, je vous récuse; vous me blâmez, je vous condamne. » — Le pinceau de l'artiste n'a plus d'école; la plume du poëte n'a plus de loi; le discours de l'orateur n'a plus de modèle. On entend dans le Sénat tous les dialectes qui passent pour éloquence, depuis le limousin jusqu'au basque; et dans les livres, tous les solécismes appuyés d'une théorie. Chacun justifie par sa volonté personnelle son mode d'écrire, de juger, de parler, de penser; c'est le nivellement de tous les caprices et le tumulte produit par une multitude de fractions équivalentes qui refusent de se soumettre à un dénominateur commun. Chacun place sa volonté au centre d'un Panthéon et la multiplie pour en faire ses dieux. Il arrive que ces divinités se battent à force d'être libres et que l'anarchie ne se contente pas d'opposer les groupes aux groupes, les hommes aux hommes, mais nous oppose à nous-mêmes. La volonté déifiée par chacun devient indécise et partagée.

C'est là le plus étrange phénomène du temps actuel. L'esprit de chacun contient deux ou trois théories qui se battent. Tel veut la liberté, qui voudrait aussi le despotisme; tel désire la guerre, qui voudrait aussi la paix; tel professe les opinions religieuses, qui en détruit les derniers vestiges; et il y a des hommes d'esprit, même des hommes de caractère, qui soutenant le pouvoir d'une main, l'attaquant de l'autre, vivent dans la profonde ignorance de cette contradiction illogique et perpétuelle qui les secoue et les annule.

L'époque n'est que critique, c'est-à-dire destructive. Tous les talents sont descendus dans le cirque bruyant du journal, et tous oublient qu'ils sont journalistes ; ils dénigrent les juges du camp, comme si eux-mêmes ne s'étaient pas placés vingt fois sur ces mêmes siéges. Leurs systèmes critiques bâtissent un trône en l'air, d'où ils se moquent de tous les autres systèmes également critiques ; se sont les Nuées d'Aristophane. Chaque nuage brillant est une chaire de morale, de poésie et de politique qui fait un peu de bruit et qui crève ensuite. Ce grand Aristophane avait deviné comment s'en vont tous les peuples qui ont de l'esprit, de la vigueur et une séve puissante à dépenser.

« Tout cela, dira-t-on, est bien austère ; vous revenez donc à la morale chrétienne qui est si triste et si contraire à la poésie ? Renoncez à cette sévérité cruelle ; nous voulons, nous, une morale riante et poétique. »

Le mot *poésie*, transporté de la littérature dans la morale, a des inconvénients graves : cette qualification singulière ne remonte pas au delà de notre siècle. On a vanté la *poésie* « de *l'amour*, du *paysage*, de la *peinture*, de la *musique*, de la *religion* et même celle de la *réalité* ». Que veut-on dire ? qu'il y a sans doute, dans tous les objets qui exercent l'esprit de l'homme, une partie supérieure et idéale, inaccessible aux sens, divine pour ainsi dire, s'élevant vers le ciel et prête à tomber en rosée poétique si le génie veut s'en emparer et la transformer en beaux vers. Cette portion idéale et vaporeuse, sublime et colorée, ne touche pas la terre. Elle émane de la passion de l'amour, et elle n'est pas l'amour ; elle s'exhale comme un parfum léger de la peinture et de la musique, elle n'est pas l'une ou l'autre ; on ne peut lui demander ni règles, ni principes, ni exemples ; elle ne sait que plaire et émouvoir. Laissez-lui ses attributions ; qu'elle plane sur nos têtes, comme un voile de vapeurs odorantes. Mais la morale, règle de la vie, la pratique des devoirs pénibles ; l'accomplissement du dévouement et du sacrifice, la force de l'homme contre la dure adversité, — ont besoin d'un appui plus solide. La grande majorité des hommes ne connaît de ce mot « poésie » que la portion la plus grossière et la plus sensuelle ; c'est la danse du dimanche pour le paysan, le son des cloches pour le pâtre, un jour de repos pour le marchant, une chanson de table pour l'ouvrier ; dans un ordre plus relevé, le sourire de l'enfant pour la mère pauvre, peut-être une harmonie de Beethoven pour l'administrateur préoccupé. Hélas! la vie a trop de chaînes qu'il faut traîner, même dans la jeunesse, et ces chaînes pèsent trop, pour que les émotions poétiques doivent usurper un grand espace dans nos destinées. J'ajoute qu'il y aurait danger. L'action s'affaisserait sous la rêverie et l'habitude d'une jouissance idéale énerverait la mâle énergie que réclame le combat éternel auquel nous sommes condamnés. Le petit nombre d'intelligences privilégiées que Dieu a choisies comme interprètes du sentiment poétique, saura bien trouver sa voie et embrasser le culte de la Muse : pour la plupart, c'est une source de faiblesse et d'oisive douleur que la recherche voluptueuse de ce que le monde intellectuel a de plus subtil et de plus vague.

N'appliquons donc pas la poésie à la morale, ce serait donner à cette dernière une base de nuages. Dans le conflit des intérêts humains, tous armés et vigilants ; au milieu des exemples de l'histoire qui décourage et parmi le chaos des doctrines qui s'entre-détruisent, la morale ne peut avoir qu'un principe, le principe religieux. Elle ne peut reposer que sur un fondement, celui du devoir imposé par Dieu dans les épreuves d'une vie passagère. Elle ne peut promettre sans mensonge le bien-être terrestre, à ceux qui veulent l'écouter ; elle ne doit pas les séduire par cette autre fiction d'une poésie morale, dont le prestige s'évanouirait bientôt. Ni la morale de l'intérêt, ni la poésie de la morale ne suffisent à l'humanité ; l'une conduit à l'égoïsme, l'autre engage à rêver ceux qui doivent agir. Tout homme qui veut mal faire répondra aux moralistes : « Je suis insensible à ce que vous me dites ; mon intérêt, à moi, c'est de vaincre, de dominer et de me satisfaire. Si je suis adroit je jouirai de ma conquête. Ma poésie saura bien trouver ses plaisirs, quand la richesse que je veux me couronnera et quand les hommes plieront sous moi. J'aurai alors la poésie du luxe, celle des sens, celle de l'orgueil heureux, celle d'une civilisation admirable et toute à mon service. Je laisse à qui voudra la prendre la poésie du dévouement en haillons et de la sublime misère. Allez, moraliste : si vous vous conduisez d'après vos maximes, vingt ans ne se passeront pas avant que votre poésie du devoir demande l'aumône à ma poésie du succès. »

Ces réflexions furent jugées bien arriérées par mes contemporains ; elles ne pouvaient convenir ni aux esprits jeunes qui essayaient de s'élancer vers je ne sais quel monde de poésie inconnue, ni aux fils légitimes du dix-huitième siècle attachés aux intérêts positifs, aux réalités palpables, à la morale de l'intérêt.

II

Vices sociaux et erreurs des doctrines. — Impuissance des chartes et des constitutions. — De l'organisme social opposé au mécanisme social. — De la politique d'expédients et de la nécessité de former en France des hommes politiques.

Les esprits positifs, c'est-à-dire sceptiques ou matérialistes, portaient nécessairement dans leurs théories de gouvernement leurs idées fondamentales. Ils croyaient aux Chartes, c'est-à-dire à l'efficacité de certaines lois qui devaient à elles seules et par leur action matérielle transformer les mœurs, métamorphoser les esprits, conduire le genre humain à la perfection définitive ; c'était l'erreur de 1789, c'était celle de 1793 et de 1815. En vain toutes les Constitutions avaient croulé sur leurs bases, personne n'était encore détrompé.

Je ne pouvais m'empêcher d'être d'un avis différent. Je ne voyais aucune force intime dans chacun de ces documents proclamés à si grand bruit et nés de certaines théories problématiques. Toute Constitution, me disais-je, fabriquée pour les besoins du moment et arrangée *à priori* d'après certaines données, tout effort pour soumettre les hommes à une loi *mécanique*, sont condamnés comme n'ayant pas les conditions de la durée et ne répondant pas aux nécessités de la nation et de l'époque. J'admettais au contraire comme bonnes les Constitutions spontanées, nées d'elles-mêmes, créées par la puissance de la nécessité, non par la prétention scientifique des hommes ; les défauts que l'on y découvre, défauts apparents plutôt que réels, sont destinés à sauver des inconvénients bien plus graves, et le despotisme même de l'Orient a sa raison dans les caractères, les mœurs et les habitudes de ceux qu'il domine.

Ici l'on peut soulever cette objection, que les pires gouvernements auront aussi leur excuse. Voici la réponse : « les pires gouvernements, les pires États, sont ceux sous la loi desquels l'humanité est souverainement malheureuse, et elle ne l'est jamais autant que lorsqu'elle se trouve sans lien naturel, sans communauté de sentiment et de pensée, sans unité, par conséquent sans pouvoir ; lorsque chacun ne voit autour de lui que des ennemis, lorsque la force centrale d'une sympathie universelle ne lie et ne domine pas tous les éléments politiques. Dans le lien des hommes, dans leur sympathie active, et là seulement, se trouvent la vie des peuples et comme le sang de leurs veines. Ce qui constitue cette vie, ce ne sont ni les citadelles, ni l'océan, ni les armées, ni même la richesse ; on se trompe quand on se fie à toutes les puissances qui sont *mécaniques*, elles se brisent bientôt d'elles-mêmes si elles ne sont soutenues par le *dynamisme* intérieur. »

La communauté ne doit pas subsister comme une machine composée de ressorts qui peuvent se détraquer ou s'altérer, mais comme un arbre dont quelques branches périssent, qui a ses maladies et nourrit des insectes dangereux, sans que le principe de la vie soit atteint, sans que la séve vivifiante et fécondante cesse de circuler des racines au tronc et du tronc dans les rameaux. L'*organisme* est le seul état social durable et réel. Le *mécanisme* n'est qu'une situation factice et mauvaise qui ne peut durer ; périlleuse expérience, tentative éphémère et artificielle.

Les Constitutions théoriques et les lois qui, privées de rapport intime avec les populations qu'elles régissent, n'émanent pas de leurs vœux, de leurs passions, de leurs souvenirs, de leurs besoins, ne durent donc jamais. Les révolutions nées de théories sont fécondes. La situation réelle des sociétés n'est pas la *révolution*, c'est-à-dire la ruine ; c'est l'*évolution*, c'est-à-dire le développement de leurs principes, la mise dehors de ce qu'elles portent dans leur sein. On ne guérit rien par la destruction. Pour résister à des forces désorganisatrices, il faut qu'une société possède la vie morale, le feu central ; ce feu détruit, elle sera bientôt vaincue. Douée du feu central vital, elle opposera aux efforts extérieurs et aux influences destructives des efforts et des influences intimes qui ne manqueront pas de triompher. Ne croyez pas qu'une succession perpétuelle de révolutions puisse réformer la société ; des séries de destructions ne reconstruisent rien ; une sage évolution conserve en accroissant.

On court grand risque aussi toutes les fois que l'on néglige ce qui est intérieur et réel pour ce qui est extérieur et apparent.

Le philosophe n'est donc ni monarchique ni républicain. Il n'a point de théorie spéciale sur le mode de gouvernement qui approche le plus de la perfection. Il pense que chaque groupe d'hommes réunis en corps de peuple possède sa formule de gouvernement nécessaire, particulièrement appropriée à ses besoins ; mais là où les individualités règnent seules, où tous les intérêts s'isolent pour se combattre ou s'observer, où nulle formule n'est unanimement et généralement adoptée et reconnue comme bonne, il ne veut pas convenir qu'une société subsiste. Il nie cette société comme sans lien, manquant de centre, de base et de force.

Alors les fonctions du gouvernement se multiplient à l'infini, le gouvernement n'ayant plus affaire qu'à des individus et non à des corps. Chaque individu isolé espère que le gouvernement se chargera de lui et lui donnera le bien-être. Comme cette espérance est une illusion, le mécontentement devient immense. Le gouvernement sur lequel tout le monde compte ne peut satisfaire personne, et il est obligé de se défendre contre tout le monde. Il perd même dans ce cas la grande ressource du crédit ; car on sent qu'il est peu stable ; et le crédit s'attache aux corps stables, non aux individus mobiles. Dès que l'État ne possède que des atomes flottants, au lieu de centres énergiques et fixes, il perd tout mouvement vital et utile ; il ne peut s'occuper avec zèle et avec succès du bonheur individuel. Il ne peut même faire profiter l'argent qui se trouve entre ses mains ; il inspire trop peu de confiance. La division de la propriété morcelée à l'infini achève de le ruiner. C'est une erreur grave en effet de croire que cent louis, dans les mains de cent personnes, soient équivalents à cent louis dans les mains d'une seule personne.

Cette erreur consiste à prendre le métal mort et insensible qui représente la richesse, pour la puissance vitale qui produit la richesse ; il faudrait se rappeler que les pouvoirs de production lorsqu'ils s'unissent, ne se combinent pas, par la simple addition, comme des éléments morts, mais par multiplication, comme c'est la nécessité pour les éléments vivants et sympathiques. Isolés, ils n'ont qu'une valeur d'addition ; combinés, ils prennent un pouvoir de multiplication. Ainsi le produit de 2, multiplié quatre fois par lui-même, est de 32, tandis que le produit de ces mêmes valeurs additionnées n'est que 8. En les séparant vous leur avez fait perdre 24.

C'est la différence d'une société *mécanique* à une

société *organique*. La première additionne ses forces ; la seconde les multiplie l'une par l'autre.

Mes contemporains ne pouvaient pas plus que moi fermer les yeux sur les défauts d'une société toute mécanique, régie par une Constitution de fabrique récente; mais ils espéraient se tirer de tous les dangers et de tous les embarras à force de finesse et d'expédients. C'est ainsi que l'on avait vécu depuis 1815 et l'on ne concevait pas d'autre politique. Une très-fausse idée, résultat de nos derniers troubles, avait fait regarder la politique comme un jeu d'adresse, un déploiement de ressources, l'emploi d'une dextérité évasive, l'exercice journalier de la finesse mise au service de la force. Je n'admettais point ces idées, nées du Directoire et de ses corruptions.

— « Non, disais-je, je ne crois pas que les destinées des nations se corrigent ou s'exploitent par un peu de ruse seulement et d'à-propos ; on ne se tire pas d'affaire toutes circonstances données ; il y a autre chose à savoir que l'art de duper les oreilles et de tourner les événements. Cela peut servir un jour ; ce qu'il faut craindre, dans l'histoire privée comme dans l'histoire publique, ce n'est pas le jour, c'est le lendemain.

« Toutes les professions humaines, ajoutais-je [1], demandent un apprentissage ; parmi nous il est étrange que l'on ait oublié l'art politique. Vous ne serez pas instructeur primaire si vous manquez de

---

1. Journal des Débats, 25 novembre 1842.

certaines conditions indispensables; vous serez homme politique et ministre tout à l'heure, pour peu qu'il convienne à trois hommes d'État de vous agréer. Le bois dont se fait l'homme politique pousse de lui-même dans tous les terrains ; étonnez-vous si les masses le voyant si commun le traitent avec peu de respect. Dans les pays septentrionaux (je parle seulement de l'Allemagne et de l'Angleterre) vers lesquels la civilisation du monde moderne incline tout entière, on pense avec raison que la vie politique mérite et exige une éducation spéciale, et la plus élevée de toutes les éducations. La Prusse et l'Autriche ont sous ce rapport d'excellents principes, et personne ne peut douter que M. de Metternich et M. de Gentz, par exemple, ne comptassent parmi les hommes les plus réellement instruits de leur époque et de leur nation. Il y a dans les deux pays que je cite un certain cours d'épreuves à subir, une certaine route à suivre, avant d'obtenir ces situations qui assurent l'influence politique; le droit des nations, leurs constitutions, leur histoire diplomatique, leurs relations mutuelles, les évolutions et les variations de leur commerce sont mieux connus des aspirants aux faveurs administratives, dans ces pays despotiques, qu'ils ne le sont en France de presque tous nos honorables députés. Quant à l'Angleterre, personne n'ignore ses habitudes; l'éducation politique y commence sur les bancs du collège ; un *debater* fait ses premières armes à Oxford; il continue dans les clubs ; il étudie les rapports parlementaires; s'il a du talent, il écrit pour l'*Edimburgh Review* ou le *Quarterly* ces articles qui sont des livres, qui soulèvent toutes les questions difficiles, et qui font la renommée d'un homme. Cela nuit-il, je vous prie, au talent des affaires, à la promptitude du coup d'œil, à la résolution, à l'éloquence, à la dextérité? Tout au contraire ; depuis le premier Chatham jusqu'à M. Canning, les hommes d'État de Westminster ne furent pas si malhabiles, et ce n'étaient pas des pédants ridicules, quoiqu'ils citassent Homère un peu souvent.

« Il serait oiseux de faire remarquer l'utilité ou plutôt la nécessité de cette connaissance approfondie des intérêts de tous les peuples, de leur situation, de leurs forces, non pas statistiques, mais morales, non pas seulement financières, mais commerciales et guerrières. C'est assurément une très-grande étude ; elle n'est pas fixée dans quelques livres et rudiments dont tout le monde peut faire usage ; elle change perpétuellement; elle flotte, elle se modifie ; il faut la saisir, dispersée dans les rapports des voyageurs et dans les documents officiels ou parlementaires de chaque pays. Tous les jours plus essentielle et plus vaste à mesure que les rapports des peuples entre eux se multiplient, elle demande une sagacité infinie, une patience et une lecture immenses. — Allons donc, diront les gens frivoles? tant d'érudition pour un homme d'État ! vous vous moquez ! » — C'est vous qui vous moquez, d'espérer mener le monde, sans savoir où en est le monde. Sachez que cette érudition qui vous effraye, au lieu d'écraser l'esprit, le soutient. Elle ne compromet que les esprits débiles. C'est un aliment fait pour les estomacs vigoureux, un poison qui ne tue que les gens morts d'avance. Richelieu, Napoléon et Chatham étaient des érudits de cette espèce.

« Les hommes qui ont tenu ou qui tiennent, depuis quelque vingt années, ce triste et brûlant levier de nos destinées politiques, comptent dans leurs rangs des noms remarquables par l'étendue et la variété des connaissances ; mais je m'occupe de l'avenir, je demande ce qui a été fait pour organiser et développer cette éducation politique devenue nécessaire ; où est la pépinière des hommes d'État qui succéderont aux conducteurs de notre monde ; comment on s'y prend pour les nourrir des connaissances rares et spéciales dont j'ai parlé ; où se recruteront les maîtres de l'avenir, et comment se formeront ces habitudes de vie politique qui nous manquent tout à fait. Imagine-t-on qu'il suffira des cours de l'École de droit, quelque bons qu'ils puissent être, et de l'Université, avec ou sans études allemandes ou britanniques ? Pense-t-on enfin que la France ne soit pas intéressée à voir ses gens d'État si instruits ? On se tromperait fort. D'une part l'activité croissante des affaires et l'incertitude des conditions s'augmentant chaque jour par le morcellement de la fortune et la destruction des grandes familles, ne permettront plus à personne de sacrifier son temps à des études improductives ; d'une autre, à mesure que les effets de la fusion actuelle des peuples se feront sentir davantage, les intérêts de la patrie se trouveront mêlés à des intérêts beaucoup plus lointains et plus complexes. Il n'y a plus de pays éloignés ; toutes les nations sont limitrophes ; la prise d'une bicoque indo-chinoise est un événement pour la Suède et le Danemark. Les Pyrénées ne se sont pas abaissées, comme l'espérait Louis XIV ; mais tous les océans sont franchissables et toutes les distances sont impuissantes. Nous dépendons aujourd'hui de la Syrie. Demain le pouvoir ou le néant de la Grande-Bretagne peuvent dépendre du roi de Népaul et du successeur de Runjet-Sing.

« Cette connexité gigantesque d'intérêts qui, sous nos yeux, finit par amalgamer dans un phénomène d'expérimentation si étrange l'Orient et le Nord, l'Asie et l'Europe, exige que les hommes qui se mêlent de politique n'ignorent aujourd'hui rien des choses, lointaines en apparence, voisines en réalité, qui exercent sur nous une action si vive. Sans une véritable école d'hommes politiques, et le mot école doit être accepté dans le sens le plus large, je ne sais comment on s'y prendra. Dès que les portes du pouvoir s'ouvrent à une capacité ou à une ambition, la lutte contre les résistances intérieures absorbe toute leur énergie ; le mouvement constitutionnel le veut ainsi.

« Ce n'est donc pas trop, c'est à peine assez d'une longue préparation ; et cette préparation, je la cherche. L'aristocratie, vouée dans d'autres pays à ces travaux de son loisir et de son orgueil, n'existe plus pour nous que comme une ombre. Notre nouvelle aristocratie industrielle, financière et législative, perpétuellement éveillée et excitée pour ses propres combats, se groupant autour de tel chef ou de tel autre, s'embarrasse médiocrement de ce qui se passe entre la Chine et Pundjab, ou entre la Perse et le Caucase. Voyez cependant à quel résultat bizarre les cours des affaires humaines nous a conduits. L'événement le plus grave, le plus européen et le plus menaçant de tout un demi-siècle, ce n'est plus la bataille de Waterloo, c'est le débarquement d'un ou deux vaisseaux anglais sur une plage à peine habitée de la Syrie. Un fait qui peut changer la face de l'Europe, ce n'est plus la prise d'Alger, c'est le changement de je ne sais quelle dynastie indo-chinoise, les Baroukzyes par exemple, succédant aux Souddozies, dans les principautés inconnues d'Ava ou du Kandahar. On se bat en Circassie sans que l'Europe s'en mêle; et les résultats de ce combat nous importent; car ils reculeront ou avanceront de quelques siècles la grandeur de la Russie. Tous les bons esprits ont vu que le problème du monde actuel n'est plus ici, dans cette vieille sphère épuisée, mais là-bas, au pied de l'Himalaya, du Caucase et des montagnes Rocheuses. Ainsi la science politique sera devenue colossale au moment même où le temps de l'apprendre manquera aux hommes politiques, et où, entraînés dans la mêlée des petits intérêts quotidiens et urgents, ils se verront forcés d'abandonner au philosophe sans action, à l'observateur oisif, une tâche malheureusement inféconde entre les mains de ces derniers. »

III

La France devenue industrielle en 1825. — Esprit des affaires. — Venise et la Hollande. — L'Angleterre. — La France était-elle préparée à son nouveau rôle?

Ce fut par un concours de doctrines, d'antécédents et d'habitudes que je viens de décrire, mais non, comme on l'a dit, par la volonté de quelques hommes, que la France fut amenée, en 1830, à devenir exclusivement industrielle. Elle continuait ainsi ses expériences politiques, après avoir négligé son éducation politique. Était-elle dans les conditions nécessaires pour devenir une grande puissance industrielle? Non, certes.

Tout ce qu'on aurait pu lui dire à ce sujet eût été inutile. L'homme du Bas-Empire eût été mal reçu, s'il eût montré à ses contemporains la certitude de l'avenir dans les enseignements du passé; une société vieillie a des susceptibilités étranges. Allaitez d'espérance ces esprits crédules, c'est le seul moyen de leur plaire. Ouvrez-leur la perspective d'une jeunesse éternelle qui va naître après une adolescence disparue; telles sont les séductions qui flattent les peuples, accessibles à la flatterie comme les rois.

Pour plaire à la France du xix° siècle, il fallait lui répéter que son avenir était assuré, que rien ne lui manquait, qu'elle marchait fière dans une voie de progrès incontestable; — il fallait surtout affirmer qu'elle entendait les affaires, qu'elle était devenue industrieuse, commerçante et habile. Je ne sais quelle femme d'esprit me disait : « de toutes les flatteries, les plus menteuses sont les meilleures. » Ne louez donc de la France, ni son audace, ni son génie militaire, ni ses œuvres d'art; attribuez-lui les vertus d'organisation, de stabilité et d'industrie.

Depuis longtemps l'esprit de sociabilité vit en France; génie qui groupe et réunit les hommes pour leur commun plaisir, non pour leur utilité commune, et qui fait naître une sorte de démocratie de l'amusement. Quiconque vous plaît est votre égal. La sociabilité mêle toutes les classes, caresse les vanités, polit les intelligences, fait rouler doucement sur leurs gonds la conversation, l'intrigue et le monde.

Le génie des affaires n'est pas cela. Il donne la richesse, étend les vues, multiplie les énergies sociales; il fait converger vers un centre tous les efforts et toutes les puissances ; il crée l'esprit d'association ; il a des audaces calculées et irrésistibles; il néglige l'amour-propre, méprise les petitesses, écrase la vanité; il a un grand but; et ce but absorbe tout ; il n'est pas vertu, il s'accommode de l'égoïsme, mais jamais de la sottise et de la légèreté.

Le génie des affaires s'est développé à Venise, à Gênes et en Hollande. Appliqué jadis à la conquête par Rome, il a soumis le monde entier. Le génie des affaires a créé l'Angleterre ; les États-Unis n'auraient pas vécu trois années s'ils ne l'avaient hérité de leur mère.

Ce génie ne sait pas détruire, mais fonder ; sa mission est vitale et organisatrice ; essentiellement producteur, sa fécondité jette au loin et même sur des ruines les rameaux vigoureux d'une prospérité nouvelle ; il aime la propriété et l'acquisition, veut la puissance et réclame l'unité. Génie d'avenir et non d'improvisation, d'ordre, non de trouble, il procède par créations, non par ébranlements fortuits. C'est un génie positif, et qui s'inquiète peu d'abstractions. Examinez Venise pendant les dix premiers siècles de son existence, la Hollande depuis les premiers stathouders jusqu'à la ligue anséatique, l'Angleterre sous le règne de la dynastie hanovrienne ; ces États développent l'énergie individuelle par l'esprit des affaires et relient la communauté en une masse triomphante qui marche de prodiges en prodiges.

Le génie des affaires possède Venise ; travail, persévérance, économie, patience ; des vices, mais qui ne tuent pas. Le pouvoir est brutal ; la nation se maintient grande.

Un autre génie, celui de la conquête s'est emparé de l'Espagne. Là, esprit d'aventures, enthousiasme, héroïsme. L'Espagne meurt en un siècle et demi. La petite aristocratie vénitienne, si pauvre de ressources, vit six siècles ; la grande monarchie des Philippes marche en deux pas du berceau à la tombe. L'esprit d'association, père du patriotisme, soutient Venise ; les croisés qui arrivent au bord de la mer, couverts d'airain et avides de conquêtes, ont besoin de vaisseaux ; les Vénitiens frètent leurs navires qui s'élancent sur l'Orient et l'Europe entière est forcée de compter avec les marchands négociateurs. Depuis l'an 446 jusqu'en 1499, le progrès est incessant, la splendeur toujours croissante. Venise prend la Dalmatie, fait flotter sur la moitié de Constantinople l'oriflamme du Lion de Saint-Marc, s'empare de la Morée et de l'île de Négrepont : de toutes les parties du globe ses navires lui rapportent d'immenses trésors ; les principales villes d'Italie lui payent tribut et ses marchands gagnent quarante millions par année, somme énorme pour l'époque. Est-ce l'esprit républicain qui la fait grande? on sait que le mot république donné à Venise est une raillerie. Sous le joug d'airain de quelques nobles, le groupe social demeurait puissant et compact, les citoyens étaient unis dans un même esprit ; la même âme enveloppait tous les rangs : une discipline forte les soumettait à l'obéissance ; — belle existence de peuple, guerrier et savant, poëte et artiste, commerçant et navigateur.

Pour abaisser une poignée d'hommes, à peine trois millions, il a fallu que les musulmans se jetassent sur les possessions du Levant, que les Portugais détruisissent par leurs découvertes le commerce de l'Inde par la Méditerranée, la mer Rouge et l'Euxin ; que Colomb transformât le commerce du monde ; — il a fallu le prodigieux accroissement des forces militaires de toute l'Europe et les guerres d'invasion en Italie, enfin la ligue de toutes les puissances contre Venise par le traité de Cambrai. Pendant dix siècles le même esprit a soutenu cette machine dont le monde respecte les débris.

L'Espagne et le Portugal, au contraire, sont maîtres, au quinzième siècle, du Mexique, du Pérou, du Brésil, de Ceylan, d'Ormuz, de Goa, de Malacca; quel Empire, si ses conquérants eussent possédé le génie de conservation ! Ils savaient vaincre et non maintenir. C'est un éclair que ce pavillon glorieux du Portugal et de l'Espagne, brillant depuis le cap Vert jusqu'à la Chine, en Afrique et en Asie; un éclair dans l'histoire, car il expire après cent cinquante années; — l'Espagne meurt, Philippe II emprunte à des orfèvres, le tombeau de la monarchie espagnole s'ouvre, les galions du Mexique ne la sauvent pas.

Un petit pays est situé dans des marécages et des sables stériles; tous les fleuves dont l'embouchure se déverse dans la mer du Nord, la Meuse, le Rhin, l'Escaut, l'Yssel le submergent tour à tour; il n'a pour espoir que ce génie social dont ses ancêtres lui ont laissé la tradition et l'héritage; — là chacun se respecte comme homme libre, et se soumet volontairement à la loi suprême de l'État. Voici la mer à combattre, la pauvreté à vaincre, l'indigence du sol à corriger. La nécessité du commerce, celle de l'économie et de la bonne foi se font sentir. Les gouvernements le favorisent, car ils suivent toujours la route que les peuples leur indiquent. A Middlebourg, en 1222, Guillaume Ier, comte de Hollande, accorde des franchises et des libertés aux commerçants. En 1241, la ligue anséatique est fondée ; Amsterdam, Brême, Bruges, Hambourg, nourrissent dans leurs murailles une bourgeoisie habile à maintenir ses libertés. Attaquée tour à tour par Philippe II, le duc d'Albe et Louis XIV, luttant contre la tyrannie de l'Océan et celle du grand roi, forcée de faire reculer la mer et de se battre contre le monde, cette petite aristocratie bourgeoise qui s'est intitulée république chasse les Portugais d'une partie de leurs domaines, disperse au quinzième siècle les flottes espagnoles et anglaises, plus tard les flottes françaises; fonde les colonies les plus belles et les plus solides; place un de ses stathouders sur le trône d'Angleterre; — enfin demeure encore après mille pertes compacte et puissante. Au dix-neuvième siècle, lorsqu'une convulsion universelle a tout ébranlé, elle conserve Java avec neuf millions d'habitants.

Tel est cet esprit de production et de puissance que, faute d'un mot parfaitement exact, j'ai nommé *esprit des affaires*, qui peut remplacer toutes les qualités et que nulle ne remplace. Pour durer, il demande la sainteté du serment, c'est-à-dire l'esprit religieux; l'ordre, la bonne foi, la patience, la fermeté, les affections de famille, les principes fixes, les vertus privées. Il change en qualité les défauts inhérents à notre espèce, fond les intérêts privés dans un centre commun, remplit les ports de navires et les manufactures d'ouvriers laborieux et établit la richesse de l'État sur le bien-être du citoyen.

Quant à la France, le premier germe de son

existence n'est pas l'esprit des affaires, c'est la gloire; vous n'entendez parler des Keltes dans l'ancien monde, que comme d'aventuriers brillants. Leur glaive qu'ils agitent avec une redoutable ardeur brille partout et les fait apparaître en Orient et en Occident, comme le plus remuant et le plus étourdiment brave des peuples. Tel est le caractère gaulois. Le Gallo-Romain à peine modifié par vingt siècles va sous Bonaparte aiguiser son sabre à la base des Pyramides; ce fils des soldats de Brennus fait trembler le Capitole et ne le fait trembler qu'un moment. Facilité, rapidité d'esprit, promptitude de courage, ardeur d'imitation, le ressort le plus élastique et le plus puissant à se redresser après le malheur, ce sont des caractères qui n'ont pas faibli dans la Gaule. Malgré les affiliations des diverses Gaules du Nord et du Midi qui sont venues se grouper par la conquête autour du pays central, n'est-ce pas le même pays? Aller en troupe, vivre avec les autres et pour les autres, être plus sensible à l'honneur qu'à la fortune, plus sensible à la vanité qu'au pouvoir; — ce sont encore là des éléments ineffaçables. Nous sommes devenus Romains, comme les Russes sont devenus Français. Orateurs romains, poëtes romains, ce que nous empruntons avant tout à nos maîtres, ce n'est pas leur discipline, mais leur élégance, leur obéissance, leur éloquence et leur poésie. Le christianisme amène ensuite parmi nous les douces charités; le charme de la vie sociale augmente. Enfin, l'irruption germanique place sur le pavois la puissance de l'épée. Ainsi croît une sociabilité guerrière, facile et gaie, dont les premiers efforts se révèlent dans la causerie de nos chroniques et dans l'ironie de nos fabliaux. Nulle place pour l'esprit des affaires.

La chevalerie, sérieuse ailleurs, devient pour nous une parade charmante et délicieuse; dès l'époque des croisades, nos seigneurs mettent leurs châteaux en gage; au seizième siècle, François Ier, qui dépense tout en beaux costumes, n'a pas de quoi payer sa rançon; sous Henri IV, les comtes vendent leurs biens et portent *leurs métairies sur leurs épaules*, comme dit Fœneste; sous Louis XIII, la gravité espagnole nous prête sa courtoisie, sa galanterie, ses romans dramatiques et son drame romanesque. Le même génie s'agrandit sous Louis XIV, époque merveilleuse pour l'esprit français; alors tous ces éléments anciens acquièrent un degré magnifique d'intensité et d'éclat; la sociabilité devient générale; l'intelligence est en honneur, le clergé civilisateur obtient pour récompense ce pontificat dont Bossuet est le roi. Les beaux-arts satisfont la vanité nationale et nos défaites mêmes se parent d'une teinte généreuse qui console un peuple facile à consoler. On ne peut qu'admirer cette efflorescence complète et splendide des qualités et des défauts français.

Quant à la bonne gestion des finances, aux progrès de l'industrie, au développement de l'esprit d'affaires en France, je les cherche inutilement. Des efforts partiels et des élans peu soutenus semblent trahir chez notre brillante nation peu d'aptitude à ce genre de succès modeste. L'histoire financière de la France se compose d'une série de spéculations insensées. En vain Louis XIV et Colbert prétendent faire naître l'industrie : elle ignore ses premières conditions; fille de l'indépendance, elle essaye ses forces dans la servitude. Colbert la soumet à l'esprit réglementaire; entourée de cette protection tracassière, les dragonades, l'invasion de la France, la guerre de la succession, la corvée, les levées d'hommes, la folle révocation de l'édit de Nantes l'étouffent dans le berceau.

Il y avait alors une secte hérétique et tolérée ; secte morale comme toutes les sectes persécutées, active et industrieuse comme on l'est après les épreuves du sort et devant les menaces de l'avenir. Les protestants avaient créé partout des foyers d'industrie. Ces foyers acquéraient de la puissance, car l'industrie prospère par la moralité; la révocation de l'édit de Nantes anéantit tout. Cinquante mille fabricants et ouvriers quittent la France, noyau d'une population industrielle qui fait aujourd'hui la prospérité de l'Angleterre et qui a commencé celle de la Prusse. Pas une ville industrielle de la Grande-Bretagne que la faute de Louis XIV n'ait fécondée. Les émigrés portent ailleurs leur richesse, leurs capitaux, leur travail et leur intelligence.

Le régent apparaît ensuite avec Law qui semble remuer dans sa poche les trésors du Pérou. L'industrie veut renaître, des sociétés de colonisation se forment, la compagnie des Indes expédie ses galions, le gouvernement est victime et compère du jongleur qui se dupe en dupant les autres. Une martingale universelle triple les fortunes ou les ruine sans ressource; le Mississipi et Chandernagor servent d'enjeu à ce pharaon effréné. Voilà ce qui a lieu en France, pendant que l'Angleterre fonde son crédit et que Guillaume III consacre les libertés des corporations, au moment où la compagnie des Indes jette les bases de sa conquête. Plus tard les sages enseignements de Turgot restent inutiles ainsi que les spéculations de Quesnay; alors les lois rigoureuses de l'ordre, de l'économie, de l'accumulation, de la combinaison des richesses et du travail ne peuvent rien. Les spirituels destructeurs du dix-huitième siècle, Voltaire, Diderot, d'Alembert ne songent qu'à renverser ou à dissoudre ce monde pourri; 1789 et 1793 justifient leurs prévisions et répondent à leurs efforts; bientôt viennent les quatorze années de la République, le maximum et la guillotine. Rien de tout cela ne peut créer une industrie florissante. Cependant les capitaux reçoivent une application nouvelle; les spoliations tournent au profit d'hommes énergiques; on entrevoit quelque apparence d'industrie; aussitôt le Directoire et les assignats les dévorent.

Napoléon règne; il croit se soutenir par la guerre, la guerre va le tuer. Pitt en Angleterre, et Napoléon en France, soumettent l'industrie à de rudes épreuves; quelle est sa destinée dans les deux pays? En la privant des ressources de l'extérieur, nous la forçons à subvenir par des moyens artificiels à tous les besoins de la France. Pitt en décuplant les impôts, oblige la Grande-Bretagne à produire outre mesure, mais à assez bas prix pour que les provenances anglaises puissent envahir tous les marchés : problème difficile, que Berthollet, Chaptal, d'Arcet, Fourcroy, Monge, Lavoisier ne résolvent pas en France, tandis que Watt, Arkwight et Davy plus pratiques le résolvent en Angleterre. Pendant quinze ans même opiniâtreté chez les deux maîtres du monde; pendant quinze ans, l'industrie anglaise remplit avec une précision surprenante le rôle difficile qu'on lui avait assigné; et tandis qu'au retour de la paix, l'Europe consternée jette un regard d'effroi sur les immenses richesses que la lutte a dévorées, l'industrie de l'Angleterre s'occupe à créer encore de nouvelles ressources pour réparer tant de désastres. Elle y parvient; par elle seize milliards sont payés pendant le conflit; d'elle toutes les armées de l'Europe reçoivent nourriture et solde, armes et munitions.

L'industrie anglaise avait pour atelier le globe, pour marchés les cinq parties du monde. L'industrie française au contraire, esclave inutilement active, était de toutes parts protégée par des lignes de douanes. Notre génie guerrier, en développant l'esprit inventif des chimistes, oblitéra l'esprit des affaires; comment concevoir de grandes entreprises, spéculer sur les produits du nouveau monde, établir des marchés au loin, combiner des spéculations hardies, quand on est accoutumé au système facile des licences, c'est-à-dire à la permission de faire entrer ou sortir des marchandises prohibées? Une licence créait la fortune d'une maison de commerce; c'était un brevet de monopole. La Restauration, à quelques exceptions près, continua ce système, cette habitude de protection, de primes et d'encouragement, si bien d'accord avec les vieilles coutumes de dépendances sous lesquelles la France avait fait la déplorable éducation de sa jeunesse.

IV

État moral de la France, entre 1825 et 1835. — Défaut de lien moral. — Religion de l'égoïsme. — Symptômes de décadence intellectuelle et littéraire.

Tels sont les faits que l'on peut recueillir sans beaucoup de peine à la surface de notre histoire. Il est impossible de ne pas reconnaître que les antécédents de la France opposaient aux développements de cette nouvelle phase sociale fondée sur l'industrie de graves obstacles. L'industrie ne peut conduire à la fortune individus ou peuples, que sous certaines conditions morales; la France les possédait-elle?

Elle renfermait tous les éléments contraires.

Fusion de tous les états, chaos de toutes les situations, amalgame de toutes les idées, destruction de tous les principes, anéantissement des bases sociales, mort des convictions, ennui profond et universel : telle était la France. La société manquait de centre et de point d'appui, l'individualité régnait, chacun se faisait centre, quand il pouvait et comme il pouvait : à peine une individualité était-elle parvenue, soit par la richesse, soit par le crédit ou par le bruit, à réunir autour d'elle quelques autres individualités qui formaient groupe, à peine ces dernières s'étaient-elles imprégnées de ses principes, une fois leur apprentissage fait, elles se détachaient de leurs planètes, pour se faire centres à leur tour; — elles appelaient cela de l'indépendance; c'était de la dissolution. Il y a liberté aussi, quand les éléments du cadavre s'éparpillent dans le tombeau. De 1825 à 1840 la spécialité était partout; partout de petits centres sans force, sans attraction suffisante, sans rayonnement énergique.

A ce malheur se rattachait le génie dévastateur de l'opposition critique, sans autre but que la critique; pas d'esprit léger ou faible qui ne critiquât selon sa portée l'esprit le plus haut et le plus fort. La capacité de critique et de dénigrement était commune et vulgaire comme la poudre des chemins; la capacité d'union et de centralisation ne se montrait nulle part. L'acide qui dissout coulait à torrents dans le corps social, l'harmonie qui constitue l'ensemble manquait; grande négation, vaste suicide, où mille volontés se tiraillaient et s'annulaient. Tout le monde disait que tout cela ne pouvait durer ainsi, que la société ne pouvait continuer de vivre de cette manière, et elle continuait de mourir.

Il ne s'était pas élevé depuis Napoléon un seul centre politique, littéraire, intellectuel, moral, qui eût la moindre solidité. Où étaient les grandes entreprises? les grandes choses? les théories adoptées, les écoles durables? Chaque nouveau point d'attraction apportait avec lui une vitalité fugitive, sortait de terre, se posait, appelait à lui le monde entier. Voilà le nouvel axe sur lequel la société va rouler, toutes les vanités sont invitées à le servir, tous les intérêts à le secourir. On l'environne, on le presse, le désir devient espérance, on salue avec joie le nouveau ciment qui reliera la société ; chimère ! deux années seulement, et le colosse disparaît. D'autres hérésies passagères vont bercer encore ce vieux monde qui se croit enfant; la procession des espérances destinées à périr s'avance en longue farandole. Une thèse qui se tînt debout, un système avoué qui groupât cent hommes, un prosélytisme fécond, une politique réelle, un drame vivant, une théorie qui ne fût pas un squelette, une opinion qui fût complète, une nuance qui ne fût pas indécise, une lumière qui ne fût pas vacillante; — cela n'existait nulle part.

Je ne sais si je dois aborder les symptômes littéraires. La littérature de ce temps-là était ce qu'elle devait être. La poésie devenue extérieure et sensuelle frappait l'œil et les sens, reproduisait des formes, groupait des draperies et faisait contraster des couleurs. En choisissant des teintes chaudes, en multipliant la saillie et le relief, elle sollicitait l'attention physique. L'histoire aussi se faisait matérielle; chaque jour elle tendait plus directement et plus exclusivement à recueillir des documents sans philosophie, sans liens, sans point de vue; l'histoire empilant des archives sans philosophie, devenait une greffière.

Cette littérature, il ne s'agit pas de la maudire, mais de la comprendre. Elle est fille d'un temps blasé; on se surexcite parce qu'on est faible. Si la société augmente par des lectures ardentes la somme de sa vie sensuelle, est-ce un crime? non, c'est une nécessité de son ennui; l'intelligence publique, devenue *mangeuse d'opium*, veut un monde au-dessus du monde, une ivresse peuplée de fantômes. C'est une jouissance toute matérielle que cette titillation et cet éréthisme de la pensée; on se livre éperdument à la volupté âcre dont certaines lectures pénètrent toutes les cavités du cerveau, dont elles excitent les lobes, saturent les replis, l'enivrant pour l'abattre ensuite. Des talents réels se laissent entraîner au cri public; ils donnent l'excitation dont tout le monde est avide; voici le poison que l'on aime et qui tue.

C'était là qu'en était venue une société bien fatiguée d'elle-même, dont les principes étaient ébranlés, dont les autels étaient en poudre, qui avait du mépris pour tous les dieux et respectait le *Veau d'Or*. Le pouvoir même ne s'obtenait que par l'argent, puisque la propriété était la seule route possible vers les hautes positions politiques. C'étaient une matérialisation et une poussière infinies : la société, battue comme le blé sur l'aire par un immense fléau, sable friable, se composait d'individualités sans cohésion qui cherchaient leur intérêt propre. Rien de lié, rien qui se tînt. Suspendus dans le vide entre un état de mœurs détruites et un état de mœurs qui demandaient à se former, nous cherchions la force et ne la trouvions pas. Une formation de Cabinet était chose presque impossible et l'on ne pouvait grouper trois hommes pour leur donner le gouvernement. Comment se fier à ces institutions tremblantes qui ne permettaient à personne de se lancer dans les opérations qui ennoblissent le trafic et font du négoce une politique grandiose? L'inquiétude des esprits ne désirait pas même le repos; on avait besoin d'être bercé par l'orage. Ce terrain mobile semblait une fatigue nécessaire, on se serait ennuyé s'il avait cessé d'être mobile. Les esprits arrivaient à ce résultat, que toute révolution est nécessairement bonne.

Ainsi l'armée du mécontentement grossissait et harcelait l'armée des possesseurs. Tout homme qui possédait plus était considéré comme l'ennemi des hommes qui possédaient moins; nulle raison pour que le grand combat se terminât ou s'apaisât. Le sentiment de l'égalité chez un peuple vain, contrariait le besoin d'acquérir chez un peuple qui veut jouir vite. Pour amener une égalité réelle, il aurait fallu détruire l'ardeur de la distinction; pour donner aux prolétaires la faculté d'acquérir, il eût fallu leur apprendre à ne pas chercher la sensation de chaque jour, la jouissance de chaque moment qui absorbant le gain détruit l'avenir. Voici quatorze théâtres à Paris, et le plus grand nombre destiné aux classes inférieures ; que leur apprennent ces théâtres ? quelle surexcitation ajoutent-ils à l'excitation générale ? quelles leçons d'aventure, de gain rapide, de liaisons voluptueuses donnent-ils ? De quelle espèce de lumières pénètrent-ils l'ouvrier en blouse et l'apprenti aux bras nus que Robert Macaire amuse et qui voient jeter, des secondes loges dans le parterre, le gendarme malencontreux, pauvre représentant de la morale publique ?

Voilà les idées qui me frappaient vivement et que du fond de ma solitude j'exprimais sans crainte, bien sûr qu'on les écouterait en riant, comme les boutades innocentes d'un humoriste rêveur[1]. C'était la sévère et naïve prophétie de cette aventure étrange qui en février 1848 est venue réveiller en sursaut les esprits frivoles ; — non qu'une sagacité particulière m'avertît des dangers de l'avenir, mais parce qu'isolé de tous les intérêts par la naissance et l'éducation, j'étais dépourvu de tous les préjugés.

1. Les vingt pages précédentes et suivantes ont paru en 1833 dans le Journal des Débats.

V

Le sentiment du devoir est nécessaire à l'ouvrier et aux populations industrielles. — De la bureaucratie et de son influence.

En face des misères morales que je viens de signaler, les âmes honnêtes et les esprits spéculatifs cherchaient des remèdes aux maux présents et aux catastrophes futures.

« Donnez du travail, encouragez le travail, disaient les plus sensés ! »

Ils avaient raison.

« Que l'homme produise et consomme, » ajoutaient-ils.

Si au lieu d'enfermer leurs pensées dans le monde matériel, ils eussent aperçu le monde moral qui pèse sur lui, l'embrasse et le domine, voici ce qu'ils eussent dit :

« Une population d'industriels sans principes constitue une population de machines furieuses. Le travail matériel exerce une action abrutissante, s'il n'a pour modérateurs l'esprit de famille et le respect de la dignité personnelle. Il faut du courage pour accomplir cette carrière sans gloire, dont les résultats passent inaperçus. Ne vantez plus les travaux et les faits d'armes des héros romains, l'abnégation de quelques martyrs : voici une résignation de toute la vie, une abnégation continuelle, non pas de quelques individus, mais de millions d'hommes. Leur vie est perpétuellement en question, ils doivent travailler ou périr. Gare à celui qui s'écarte des rangs! malheur à qui se détourne du chemin! la roue tourne et le broie. L'industrie, que vous croyez paisible, est inexorable : conquérante dont les victoires coûtent du sang, chacune de ses évolutions agrandit les ressources des populations à venir et chacune d'elles engloutit la génération présente. Toute population industrielle a besoin d'une moralité spéciale et d'un héroïsme particulier, chaque pas en avant est un danger pour elle. On invente la *machine à vapeur*, le *Mult-Jenny*, les *métiers à tisser* mécaniques, la production manufacturière de la Grande-Bretagne est centuplée ; mais que de larmes ces inventions font couler! que d'existences détruites! que de bien-être anéanti dans les chaumières où ces industries s'exerçaient! quel sinistre pour l'ouvrier! Il ne peut échapper à ces désastres qu'à force d'économie, de moralité, d'énergie, et par un austère sentiment du devoir.

« Des artisans qui vivent au jour le jour, des ouvriers prodigues, des filateurs ivrognes forment une armée d'ennemis vigoureux, affamés et frénétiques. Si l'industriel se relâche et se montre imprévoyant ; s'il ne met à profit le vent qui enfle sa voile ; s'il se néglige, n'épargne pas, vit pour le présent et pour la jouissance, sa ruine est certaine ; un concurrent, une invention, une mode nouvelle l'anéantissent. »

Voici quelques exemples. Les cordons de souliers substitués aux boucles d'acier enlèvent le pain à six mille ouvriers de Birmingham; *les tondeuses héli-coïdes* produisent les mêmes effets. En étendant les ressorts de l'industrie, le génie créateur ôte le pain à ceux qui l'exercent. Pas de faiblesse; une seule faute de l'ouvrier est payée de sa vie; elle le frappe de dégradation morale, et la patrie est bien plus punie que lui; il devient son ennemi. Elle le châtie, il se venge; elle l'écrase, il corrompt ses enfants et ses voisins; au premier jour d'émeute, il se lève et tue. On le tue à son tour. Il laisse derrière lui une race solidaire de ses fautes et de ses angoisses, de ses vengeances et de ses animosités. Ce levain de haine fermente dans les capitales. La justice accomplit son œuvre. Les capitales se dégorgent dans les bagnes; ces derniers se dégorgent à leur tour dans les campagnes et dans les cités. Le criminel rapporte au sein d'une société déjà malade la poésie du forçat, la gloire du bandit et le drame des argousins. Le bagne qui déteint sur la société et lui rapporte son argot comme élégance de langage, fait de nouveaux élèves recrutés dans les classes supérieures qui s'ennuient : échange atroce de vice et de malheur. Avant de dire que je calomnie mon époque, il faudrait se souvenir des scènes de prison et de bagne que la publicité nous a révélées. L'autre jour les Anacréons de Bicêtre et les Tyrtées du carcan chantaient la gloire, l'amour et la liberté en strophes que tous les journaux ont reproduites.

Une société qui a l'industrie pour base ne peut donc se passer d'une morale sévère. Le marquis et le lieutenant de carabiniers étaient jadis imprévoyants et légers sans danger pour l'État; un ouvrier immoral, fléau, bourreau et victime, est le plus infortuné des êtres. Il faut que l'ouvrier gagne peu et économise pour les temps de maladies, qu'il vive simplement et maintienne l'énergie de son corps et de son âme; une santé débile et une conduite vicieuse le jetteraient dans l'abîme. Sous les latitudes méridionales il doit plier les passions du climat, la paresse profonde, l'ardente indolence à cette vie d'horloge, à ce calcul perpétuel dont le moindre faux mouvement devient une calamité; dans le Nord il doit braver le froid, soutenir la fatigue, épargner et attendre. Au Midi comme au Nord l'imprévoyance et l'étourderie sont meurtrières pour lui.

La façon de mille épingles se paye quelques centimes, et chaque épingle passe par vingt-cinq mains différentes. Un compositeur d'imprimerie reçoit cinquante centimes pour placer et déplacer mille lettres et pour corriger les fautes qu'il commet en les combinant entre elles; sa main doit exécuter six mille mouvements dans une journée, et sa tête est obligée de concevoir à la première vue douze cents combinaisons différentes. Que cette tête s'appesantisse par l'abus des liqueurs, que cette main tremble sous la fièvre de la débauche, que l'émeute l'enlève à son atelier; — l'habitude se perd, l'agilité des doigts disparaît; cet ouvrier est perdu. Chaque vice moral entraîne un vice physique correspondant; chaque progrès industriel repousse une masse d'ouvriers vers la misère. A mesure et en proportion des progrès de l'industrie, la force morale doit donc devenir plus énergique et le lien social plus puissant. Je demande ce qui arrivera, si l'industrie s'accroît et que le lien social se relâche ; si le besoin de la production est immense et la force morale nulle ?

L'Angleterre elle-même a de la peine à lutter contre les forces productrices qu'elle met en jeu. Ce problème difficile n'a été résolu que par certaines populations placées dans des conditions spéciales ; par les ouvriers du Locle, de la Chaux-de-Fonds ou des forêts de la Franconie, riches de peu, industrieux, énergiques, jouissant de la nature et de l'industrie. A Manchester, l'industrie se montre dévorante et brutale ; l'usage des liqueurs fortes est la seule consolation de ces misérables que le labeur frappe de torpeur et d'animalité. La mortalité de Manchester est de un sur quarante-cinq individus, tandis qu'elle n'est que de un sur cinquante-huit pour la totalité de l'Angleterre. Copper, dans les recherches sur les populations manufacturières, avoue qu'on ne peut rien concevoir de plus hideux que le peuple de Manchester : l'ivrognerie, la malpropreté, le vice y déciment la vie par coupes réglées. Personne de ceux qui ont traversé Lyon n'a vu sans pitié le rachitisme de cette nation ouvrière, nation infortunée et courageuse; qui signale par une explosion de fureur et des coups de fusil chaque nouveau mouvement commercial, c'est-à-dire chacune des phases qui lui ôtent le pain de ses enfants.

Je montre la question sous toutes ses faces, j'en aborde tous les écueils. Ces faits qui n'attaquent pas l'industrie elle-même la présentent telle qu'elle est, avec ses misères et ses périls. Plus la loi donne de liberté à un peuple, plus il a besoin d'une sévère discipline ; plus il prétend à la richesse, plus son travail doit être intelligent et moral. Que l'on finisse donc par comprendre l'inutilité des théories matérialistes ; que l'on inaugure avant tout dans les classes ouvrières la religion et la sainteté du devoir. Un commerce sans patience et sans persévérance, une politique sans prévoyance et sans cohésion, une industrie sans moralité populaire, accomplissent le suicide d'un peuple.

Le Nord fournit plus aisément que le Midi les héros de cette lutte contre la nature. L'homme du Nord est homme de combat ; fils d'une nature âpre, souvent triste et cruelle, il s'assouplit à une vie réglée et économe ; religieux, il se résigne ; prévoyant, il économise. Les ouvriers de l'Angleterre possèdent dans leurs caisses d'épargne un capital de trois cent millions de francs ; en France, nos ouvriers ont à peine soixante millions de francs ainsi déposés.

L'ouvrier français, plus actif et plus prompt, plus adroit et plus intelligent, est plus étourdi et plus distrait. L'ouvrier anglais ne perd jamais de vue l'œuvre qu'il veut accomplir ; attentif avant tout, il *est à son affaire*. L'ouvrier français se montre plus *monsieur* ; l'ouvrier anglais est moins faraud. Qu'en résulte-t-il ? En Angleterre, tous les ouvrages aux pièces, qui se font également aux pièces en France, sont payés un cinquième, un quart ou un tiers de moins qu'en France; et à la fin du jour, l'ouvrier anglais a toujours gagné plus que l'ouvrier français, malgré cette infériorité de prix.

C'est ce qui a été observé par les statisticiens des deux pays :

Chez les terrassiers qui travaillent à la toise cube,

Chez les imprimeurs en taille douce qui travaillent à tant la pièce,

Chez les fileurs de coton qui filent à tant la bobine,

Chez les ouvriers en poterie qui font des vases à tant la pièce,

Chez les cloutiers qui font des clous à tant le mille.

Une activité soutenue, patiente et habituelle peut beaucoup; une demi-seconde gagnée par mouvement assure la prééminence d'une branche d'industrie, fait triompher un pays tout entier, crée des milliards pour l'avenir et des millions pour le présent. Une fraction imperceptible de la durée, un point du temps, un peu d'attention et de patience, c'est la fortune d'un pays. Avant de créer les industries, créez les habitudes.

La France, fille de la guerre et de la gloire, avait beaucoup à faire pour que son éducation politique et industrielle s'accomplît. Non-seulement il lui eût fallu jeter une nouvelle sève de moralité dans les rangs de ses ouvriers, et leur apprendre à protéger leur bien-être par la prudence, la patience, le respect du devoir, la discipline, l'amour de la famille ; mais il eût été nécessaire que les membres des classes moyennes et supérieures parvinssent à se faire une idée plus exacte de l'art de se gouverner soi-même, de ce qu'ils doivent à l'État et de ce que l'État leur doit. C'est chose curieuse, on pourrait dire ridicule si elle n'était triste, que l'indépendance des discours mêlée chez la plupart des hommes à la dépendance des actes ; et l'acharnement dans l'opposition, allié à la passion pour les faveurs. La nation la plus généreuse de l'Europe ne sait pas que cette alliance est sans dignité. Mieux vaudrait ne solliciter aucune faveur, et traiter avec plus de ménagement les pouvoirs. Cela serait moins servile et plus loyal.

Mme de Staël rapporte que Bonaparte, en devenant consul, fut épouvanté de la cohue des solliciteurs qui encombraient ses antichambres. Il vit dès lors que le despotisme était facile et que la France lui appartenait ; il favorisa cette tendance et opéra l'amortissement des hommes et de leur capacité au moyen des bureaux, devenus la principale espérance d'une multitude de familles. — « Mon fils sera employé ; il aura une place. » — Mais cette place, ce n'est pas la liberté, ce n'est pas l'activité, ce n'est pas le travail. Dans ces casernes de la plume oisive végètent beaucoup d'hommes honorables ; cependant le plus détestable pli que l'âme puisse devoir à une monarchie absolue, c'est la dépendance absolue ; là elle vient se combiner follement avec les idées d'égalité, de jalousie, de détraction et de critique que l'état social actuel nourrit et suscite. Les yeux restent fixés sur ceux qui possèdent davantage; l'envie, la haine, l'inquiétude augmentent; il faut vivre, les enfants naissent; on s'immobilise, on se tait, on courbe une tête mécontente sous un joug que l'on a sollicité. Avec une opposition sourde dans le cœur, un petit revenu à conserver, une jalousie permanente, une critique secrète et une dépendance nécessaire, les caractères se faussent et s'altèrent. Tel est le résultat de l'institution que j'analyse et qui invite tous les Français à venir s'abreuver à la source commune des faveurs. Depuis que le Directoire, entourant le pouvoir d'une armée de commis, a offert à quiconque voulait entrer dans ses bureaux et se taire du pain et du vin, le cri simultané de trente ou quarante mille plumes administratives a labouré le papier à travers toute la France, donnant pour résultat des protocoles. L'œuvre exécutée par vingt personnes, deux personnes la feraient aisément. On a beaucoup ri, mais inutilement, de cette armée à plumes occupée à formuler des correspondances et des registres : il faut qu'elle accroche son chapeau, taille sa plume, se pétrifie devant sa table, tire des millions d'écus du coffre de l'État et lui rende une masse de tautologies sur du papier tellière. Les ponts et chaussés, les mines, quelques autres administrations échappent à ces reproches. Comment déraciner cette habitude de donner sa vie, d'inféoder son existence, de rédiger des circulaires et d'attendre paisiblement la retraite?

Je concevrais un tel système dans ces pays où toute critique exercée contre le pouvoir est un parricide que la loi frappe. Mais là où l'opposition passe pour la vie commune et normale d'un bon citoyen; en France, où l'on aurait presque honte d'avouer que l'on penche pour l'autorité, cette anomalie est flagrante. Chacun ne sachant pas se pourvoir soi-même espère exploiter, non le sol, l'industrie ou le commerce, mais le gouvernement. A entendre les citoyens, le gouvernement est le débiteur universel. On se rue sur la moindre place. Il y a dix solliciteurs pour un emploi, ce qui constitue neuf mécontents lorsque l'emploi est donné. Tout en protestant de son indépendance, chacun n'attend rien de soi, mais seulement du gouvernement que l'on attaque. La France compte un million de places grandes et petites; à dix hommes par place, c'est une armée de dix millions de solliciteurs, escortés de leurs femmes, de leurs enfants, de leurs pères, le placet à la main; neuf millions de mécontents inévitables, les uns furieux, les autres prêts à le devenir! Plus du tiers de la France qui sollicite; plus du cinquième frémissant de rage. La France va-t-elle ressembler aux républiques de l'Amérique du Sud? Le Mexique dont les généraux tacticiens n'ont pu résister aux bandes du Texas compte cinq cent cinquante-trois généraux, dix-huit cents colonels, et douze mille capitaines, lieutenants, sous-lieutenants ou enseignes; le chiffre effectif de son armée ne dépasse pas dix mille soldats.

Il vaudrait mieux, je le répète, que chacun, retrouvant le sentiment de sa puissance personnelle et de son individualité énergique, libre et morale, choisît pour point d'appui une activité bien entendue ; personne ne se plaindrait du gouvernement. Forcer un mauvais gouvernement à bien faire est chose aisée aujourd'hui ; un ministère ne tient pas contre la Chambre des députés ; une loi ne tient pas contre les pétitions. Ressources, moyens, armes, trésors, tout est dans les mains de la communauté ; c'est elle qui est réellement le pouvoir.

FIN.

TABLE

	Pages
Préface primitive	1
Introduction	9
Premier souvenir	31
1805-1814	39
Hôtel Flavencourt	42
Vadier le voltairien	47
Amar le swedenborgien	52
1819	57
Mon éducation	60
La Révolution française	65

La prison en 1815.

I. Quelques mots sur la personnalité des Mémoires. — La conciergerie 67

II. Un adepte de Jean-Jacques Rousseau. — Émile mis en pratique... 72

III. Gessner. — La maison du maître. — L'arrestation. — La Salle Saint-Jean. — Le fanatique...................... 77

IV. L'interrogatoire. — L'écrou. — Le geôlier.............. 84

V. Les pensées de la prison. — La décadence sociale. — Histoire de la conciergerie. — Lectures. — La souricière. — Confession dans le cachot... 96

VI. Le préau. — Le lieutenant de cavalerie................ 104

TABLE.

Séjour en Angleterre.

I. Les approches de la côte	113
II. La maison de M. Ézéchiel	121
III. Les habitants du bourg. — Les notables. — Le rivage. — Lecture de Shakespeare. — Le départ	130
IV. La tragédie rustique	138

La société en 1817.

I. La société anglaise en 1818. — Quelques types	144
II. La maison d'Ugo Foscolo à Londres. — Vie de Foscolo	150
III, IV. Visite à Coleridge. — Les hallucinations. — L'improvisateur. — Philosophie de Coleridge	167
M. de Châteaubriand (de 1817 à 1819)	174
Retour en France	184
Sur Madame de Staël	205
Mon entrée chez Jouy (1825)	224
Ma vie (1827)	238
A propos de Faublas	264
Mort de ma mère	266
Ma vie (1829)	269
Ecouen (1831)	282
Sur le style	287

Portraits contemporains.

I. Le roi Louis-Philippe	293
II. Boufflers	297
III. Théophile Gautier	300
IV. Balzac	303
V. Marquis de Custine	308
VI. Le marquis de Foudras	311

Les femmes ... 314

Quelques portraits de femmes	318
Résumé littéraire	323
Le Pseudo-Christ	333

La morale.

I. De la morale, de l'intérêt et du bien-être. — Vues sur l'avenir	336

II. Vices sociaux. — *Organisme social et mécanisme social.*
— Nécessité de former en France des hommes politiques. 350
III. France industrielle en 1825. — Esprit des affaires, etc.. 361
IV. État moral de la France en 1825 et 1835, etc......... 372
V. Le sentiment du devoir chez l'ouvrier, etc........... 378

FIN DE LA TABLE.

16694. — Typographie Lahure, rue de Fleurus, 9, à Paris.

www.ingramcontent.com/pod-product-compliance
Lightning Source LLC
Chambersburg PA
CBHW050430170426
43201CB00008B/608